KÖLN

Stadtgeschichte für schlaue Füchse

Susanne Rauprich

KÖLN

Stadtgeschichte für schlaue Füchse

emons:

Illustrationen: Heribert Stragholz
Umschlaggestaltung, Satz und Layout: Weusthoff Noël (www.wnkd.de)
Druck und Weiterverarbeitung: Grafisches Centrum Cuno, Calbe
Printed in Germany 2007
ISBN-13: 978-3-89705-341-0

Weißt du, wie so ein Buch entsteht?

Zuerst hast du eine Idee und redest darüber mit Freunden. Die einen sagen »Mach das bloß nicht!«, die anderen machen dir Mut. Du willst dieses Buch schreiben, also fängst du an. Es soll ein Kölnbuch werden! Du überlegst dir, was in dein Buch hinein soll, du liest ganz viel über die Kölner Geschichte, du fragst ältere Leute, die selbst noch viel erlebt haben, und du unterhältst dich mit Fachleuten. Dann fängst du irgendwann an zu schreiben. Du brauchst Leute, die deinen Text lesen und dir ehrlich ihre Meinung darüber sagen. Außerdem brauchst du jemanden, der Korrektur liest, das heißt alle Fehler sucht, die du beim Schreiben gemacht hast. Irgendwann kommt dann eine Zeit, wo du nicht mehr weiterweißt, keine Lust mehr hast und am liebsten alles hinschmeißen möchtest. Gerade dann kommt es auf deine Familie und deine Freunde an. Schließlich kommt der Verlag ins Spiel. Er muss deine Idee, dein Buch gut finden und an dich glauben. Und plötzlich beschäftigen sich ganz viele Leute mit *deinem* Buch: die Lektorinnen, der Grafiker, Fotografen und die Verkäufer vom Verlag. Es nimmt Form an, und deine Idee ist Wirklichkeit geworden. So ist dieses Buch entstanden.

Köln ist seit mehr als 2000 Jahren besiedelt. Überall haben die Menschen ihre Spuren hinterlassen. Und – glaube es mir – es ist wirklich ungeheuer spannend, in Köln auf Spurensuche zu gehen. Viel Spaß dabei.

Für Paula und Felix

INHALT

Von der Frühzeit bis zu den Römern

Die spätrömische und fränkische Zeit

Die Entwicklung Kölns zur mittelalterlichen Großstadt

Höhepunkt und Ausklang des Mittelalters

DIE NEUZEIT

Köln unter französischer und preußischer Regierung

Vom Ersten bis zum Zweiten Weltkrieg

Von der Nachkriegszeit bis heute

Von der Frühzeit bis zu den Römern

Steinzeit bis Mitte 3. Jahrhundert

Die Frühzeit oder was vor den Römern war

Werfen wir zuerst einen kurzen Blick auf die Zeit, bevor die Römer nach Köln kamen. Gehen wir zurück in die Altsteinzeit. Schon vor ungefähr 100.000 Jahren lebten wahrscheinlich die ersten Menschen in diesem Rheintal, wo heute Köln liegt. Die Landschaft am Rhein sah damals ganz anders aus als heute. Dichte Urwälder standen bis an den Fluss, und es gab kaum freie Flächen. Diese Urahnen der heutigen Menschen zogen umher, jagten Tiere und sammelten essbare Pflanzen. Sie wohnten in Höhlen, Zelten oder Hütten, gerade da, wo sie für eine gewisse Zeit genug Nahrung fanden. Als Werkzeuge benutzten sie scharfe, spitze Steine.

Du fragst dich vielleicht, woher man wissen will, dass schon vor so langer Zeit Menschen hier lebten. Solche Erkenntnisse gewinnen die Wissenschaftler meistens von Fundstücken, die zufällig ausgegraben werden. Das älteste Stück, das in Köln bisher gefunden wurde, ist ein *Kernstein* von circa 100.000 v. Chr. Dieser Stein wurde in Köln-Dellbrück ausgegraben und ist im Römisch-Germanischen Museum zu sehen. An ihm kannst du deutlich erkennen, dass er von Menschen bearbeitet wurde. An den Seiten wurden Stücke abgespalten. Diese abgespaltenen Steinspitzen konnten dann beispielsweise als Messer oder Nadeln benutzt werden. Auch sie findest du im Museum.

Kernstein aus der Steinzeit.

Über die jüngste Periode der Steinzeit, auch *Jungsteinzeit* genannt, wissen wir heute mehr. 1929 wurde in Köln-Lindenthal eine Siedlung aus der Jungsteinzeit entdeckt. Sie entstand zwischen 4500 und 3500 v. Chr. Damals bauten die Menschen ihre ersten Siedlungen, in denen sie ihr Leben lang wohnen

Modell der bandkeramischen Siedlung in Köln-Lindenthal.

blieben. Das konnten sie nur, weil sie von nun an ihre Nahrung selbst erzeugten und nicht mehr nur das aßen, was sie fanden. Sie bauten Getreide an und züchteten Vieh. Außerdem legten sie Vorräte an. Für die Lagerung der Nahrungsmittel eigneten sich Tongefäße besonders gut. Die Ausgräber fanden in Lindenthal auch Scherben von solchen Gefäßen. Sie sind alle mit streifenartigen Bandmustern verziert. Deshalb wird die Zeit, in der die Siedlung entstand, auch die *Bandkeramikzeit* genannt.

Auch aus den Metallzeiten (seit circa 1500 v. Chr.) konnten Gebrauchsgegenstände ausgegraben werden. Die Menschen formten und bearbeiteten nun Metalle, um ihren Alltag leichter zu be-

nachgefragt

Wie ist das eigentlich mit der Zeitrechnung?

Ist dir schon einmal aufgefallen, dass nicht alle Menschen die gleichen Jahreszahlen benutzen? Das hat etwas mit den unterschiedlichen Religionen zu tun. Die Menschen haben das Zählen der Jahre immer mit einem bestimmten religiösen Ereignis verbunden. Die Christen haben sich an der Geburt Jesu orientiert. Das Jahr der Geburt Christi gilt als das Jahr Null. Die Zeit davor wird mit dem Zusatz »vor Christi Geburt«, kurz: v. Chr., *gekennzeichnet, die Zeit danach entweder mit dem Zusatz »nach Christi Geburt«, kurz:* n. Chr., *oder es wird auf diesen Zusatz ganz verzichtet. Diese Zeitrechnung gilt allerdings nur für die Christen oder die Gegenden und Länder, die überwiegend von Christen bewohnt werden. Die Juden rechnen ihre Jahre anders. Sie beginnen die Zeitrechnung mit der Schöpfung von Erde und Mensch, die sie in das Jahr 3760 v. Chr. datieren. Im Jahr 2000 zählten die Juden bereits das Jahr 5760. Für die islamische Zeitrechnung spielt das Leben Mohammeds die entscheidende Rolle. Mohammed ist der wichtigste Prophet der Moslems. 622 n. Chr. floh er von Mekka nach Medina, um dort die erste große islamische Gemeinde zu gründen. Mit diesem Ereignis beginnen die Moslems ihre Zeitrechnung. Und so zählten sie im Jahr 2000 erst das Jahr 1378.*

wältigen. Mit Bronze und später auch mit Eisen konnten sie härtere Waffen für die Jagd, festere Äxte zum Bauen und schönere Schmuckstücke anfertigen. In Köln-Dellbrück und Köln-Dünnwald wurden Urnen (= Gefäße für die Asche verstorbener Menschen) aus der Zeit von 700–400 v. Chr. gefunden. Daher wissen wir, dass dort zu jener Zeit Menschen gelebt haben müssen. Du siehst, wie uns heute ein paar alte Eisentöpfe etwas über die Vergangenheit unserer Stadt erzählen können. Die Urnen kannst du ebenfalls im Römisch-Germanischen Museum sehen.

Ton-Urne aus der Eisenzeit, gefunden in Köln-Dellbrück.

Seit dem 2. Jahrhundert v. Chr. haben die Menschen, die sich im Gebiet des heutigen Kölns niederließen, einen Namen. Man nennt sie die *Germanen*. Weißt du, wie Deutschland auf Englisch oder Italienisch genannt wird? Richtig: *Germany* bzw. *Germania*. Die Germanen lebten damals in vielen Teilen des heutigen Deutschlands. Als im 1. Jahrhundert v. Chr. die Römer an den Rhein kamen und dort auf die Germanen trafen, begann für Köln eine neue Zeit.

Wie die Römer nach Köln kamen

Wieso die Römer an den Rhein kamen? Von Rom aus eroberten die römischen Legionen immer mehr Länder und Regionen, und das Römische Reich wurde immer größer und mächtiger. Unter ihrem Herrscher Julius Cäsar (100–44 v. Chr.) zogen die römischen Legionäre auch über die Alpen und den Rhein entlang nach Norden. Der Rhein verlief damals nicht so gerade wie heute. Er hatte viele Flussarme und Nebenflüsse. Die ganze Rheinebene war versumpft. So war es ein günstiger Umstand, dass sich direkt neben dem Rhein – wo heute die Kölner Innenstadt liegt – circa 20 Meter über dem Wasserspiegel eine kleine trockene Hochebene befand. Auf dieser Hochebene wollten die Römer nun ein Lager errichten. Den Höhenunterschied kannst du heute noch deutlich erkennen, wenn du die Treppen von der Rheinseite aus zum Rathaus oder zur Domplatte hochsteigst.

Als die Römer ins Rheintal kamen, trafen sie zunächst auf die Eburonen, ein germanisches Volk. Viel wissen wir über dieses Aufeinandertreffen nicht, auch nicht, was damals wirklich passierte. Ein paar Jahre vorher hatte es bereits Auseinandersetzungen zwischen den Römern und den Eburonen gegeben. Offensichtlich verstanden sich diese beiden Völker nicht besonders gut. Ob die Römer die Eburonen damals ausgerottet haben und wie viele fliehen konnten, bleibt im Dunkel der Geschichte. Sicher ist, dass die Eburonen aus der Kölner Gegend seit circa 53 v. Chr. verschwunden waren.

Anders verlief der Kontakt zwischen den Römern und den Ubiern, einem weiteren germanischen Volksstamm. Die Ubier lebten rechts des Rheins. Hast du dich schon einmal gefragt, woher die Bezeichnungen *rechtsrheinisch* und *linksrheinisch* kommen? Das hängt mit dem Verlauf des Flusses von den Alpen bis zur Nordsee zusammen. Wenn du auf einer Brücke stehst und dem Lauf des Wassers nach Norden nachschaust, dann ergeben sich ganz von selbst eine rechte und eine linke Rheinseite. Nun aber zurück zu den Ubiern: Die waren den Römern gegenüber freundlich gesinnt – im Gegensatz zu anderen Germanenstämmen. Deshalb schlug der römische Feldherr Marcus Vipsanius Agrippa ihnen vor, unter dem Schutz der römischen Armee auf der Hochebene links des Rheins eine Siedlung zu bauen. Das geschah um das Jahr 19 v. Chr. Etwa zehn Jahre später errichteten römische Soldaten dann die erste befestigte Ubiersiedlung, die den Ursprung des heutigen Kölns darstellte.

Für die Römer hatte diese Ubiersiedlung einen wichtigen strategischen Stellenwert. Um das zu verstehen, müssen wir einen kurzen Blick über die Grenzen Kölns hinaus werfen: Im Jahr 9 n. Chr. hatten die Römer unter ihrem Anführer Quinctilius Varus eine große Niederlage gegen die Germanen erlitten, die vom Cheruskerfürsten Arminius angeführt wurden. Das war die sogenannte *Schlacht im Teutoburger Wald*, die nach neuen Erkenntnissen gar nicht im Teutoburger Wald stattfand, sondern nördlich von Osnabrück. Mit dieser Niederlage waren die Römer in ihren Eroberungszügen Richtung Norden gestoppt worden. Sie zogen sich an den Niederrhein zurück und bauten dort ihre Verteidigungslinien aus. Köln war dadurch eine wichtige Grenzstadt der römischen Provinz geworden. Der römische Feldherr Germanicus kommandierte von hier aus seine Armeen.

Über eine ungewöhnliche Römerin namens Agrippina

Julia Agrippina die Jüngere wurde im Jahr 15 n. Chr. in Köln geboren. Sie war die Tochter von Germanicus und Agrippina der Älteren. Ihr Urgroßvater war der berühmte Kaiser Augustus. Schon als kleines Mädchen zog sie von Köln nach Rom. Dort gehörte Agrippina zur Oberschicht. Sie war gebildet und wurde, wie es damals üblich war, bereits mit dreizehn Jahren zum ersten Mal verheiratet. Dieser und ihr zweiter Mann starben jedoch schon bald. Frauen hatten zu dieser Zeit in der Öffentlichkeit keine große Bedeutung. Agrippina aber hatte schon früh den Wunsch, in Rom mitzuregieren und Ruhm, Einfluss und Macht zu erlangen. Als ihr Onkel Claudius Kaiser von Rom wurde, sah sie ihre Chance. Sie brachte Claudius dazu, sie zu heiraten, obwohl sie seine Nichte war. Als Frau des Kaisers gewann sie nun endlich die Macht in Rom, von der sie immer geträumt hatte. Um ihre Macht auf Dauer zu sichern, wollte Agrippina ihren Sohn Nero aus ihrer ersten Ehe als Nachfolger des Claudius zum römischen Kaiser machen. Sie erreichte, dass Claudius ihn adoptierte und ihn seinem leiblichen Sohn vorzog. So wurde Nero im Jahr 54 nach dem plötzlichen Tod von Claudius Kaiser von Rom. Viele Stimmen behaupteten, dass Agrippina ihren Gatten vergiftet hätte. Wie auch immer es zu dem Tod von Claudius gekommen war, Agrippina konnte ihren Triumph als Kaisermutter nicht lange auskosten. Ihr Sohn Nero wollte nicht mehr länger unter ihrem Einfluss stehen und ließ im Jahr 59 seine Mutter ermorden. Dem Volk sagte er, dass sie die Mörderin von Claudius gewesen sei. Alle Statuen von ihr wurden zerstört, und ihren Geburtstag erklärte man zu einem Unglückstag. So ging Agrippina als machtbesessene und mordende Frau in die Geschichte ein.

Büste von Agrippina der Jüngeren.

Du wirst dich vielleicht fragen, warum ich dir so ausführlich von dieser Römerin erzähle. Die Antwort ist einfach: Köln verdankt Agrippina seinen Stadtnamen und den Aufschwung zu einer großen römischen Stadt. Denn auf ihren Wunsch hin verlieh der römische Kaiser Claudius der Ubiersiedlung am Rhein im Jahr 50 n. Chr. die römischen Stadtrechte. So entstand hier eine römische Kolonie, nach dem großen Vorbild von Rom. Sie bekam den Namen Colonia Claudia Ara Agrippinensium, was so viel bedeutet wie eine römische Stadt (= Colonia) unter Kaiser Claudius (= Claudia), mit einem Altar (= Ara), gegründet auf Veranlassung von Agrippina (= Agrippinensium), kurz *CCAA*. Aus der Bezeichnung *Colonia* entwickelte sich später der Stadtname *Köln*. Die

Menschen, die hier lebten, nannten sich *Agrippinenser*. Im Laufe der Zeit kamen auch viele ausgediente römische Soldaten an den Rhein, um hier den Rest ihres Lebens zu verbringen. Die Bevölkerung mischte sich immer mehr, und Römer und Ubier lebten friedlich zusammen. Die Colonia entwickelte sich prächtig, und zwischen 85 und 90 n. Chr. wurde Köln dann sogar die Hauptstadt der Provinz Niedergermanien.

Wie das römische Köln aussah

Um sich das römische Köln vorstellen zu können, brauchst du viel Fantasie. Meistens sind nur noch die Grundmauern oder kleinere Mauerreste wirklich zu sehen. Wie sah nun das römische Köln aus? Begeben wir uns auf die Suche nach den römischen Spuren.

Die Agrippinenser bauten eine Stadt, die der Hauptstadt Rom möglichst ähnlich sein sollte. Das Besondere der römischen Bauweise war das Material: Sie verwendeten Steine. Damit konnten sie hohe Mauern und Gebäude errichten. Die ältesten erhaltenen Mauerreste des frühen Köln gehören zum Ubiermonument. In der Straße *An der Malzmühle* kannst du es besichtigen.

nachgefragt

Was ist die Dendrochronologie?

Die Dendrochronologie ist eine wissenschaftliche Methode, mit der das Alter von Holzstücken festgestellt werden kann (griechisch: dendron = Baum, chronos = *Zeit,* logos = *Lehre). Besonders geeignet ist diese Methode für Eichenhölzer. Irgendwann hat jemand entdeckt, dass Eichen aus einer Gegend immer die gleichen Jahresringe aufweisen: in regenreichen Jahren breite Ringe, in trockenen Jahren eher schmale Ringe. Nun wurden Holzstücke aus möglichst vielen Jahren zusammengetragen und beschrieben. Das Ergebnis war der sogenannte* Jahresringkalender. *Wenn du einmal ein sehr altes Holzstück findest, könntest du es mit diesem Kalender vergleichen und genau festlegen, wie alt es ist. Das machen auch die Archäologen. Mit dieser Forschungsmethode können sie Holzfunde aus den verschiedensten Epochen sehr genau datieren. So geben die gefundenen Holzreste oft Auskunft darüber, wann beispielsweise der Bau, für den sie verwendet wurden, entstanden ist oder aus welcher Zeit ein Grab stammt, in das Gegenstände aus Holz als Grabbeigaben gelegt wurden.*

hingeschaut

Das Ubiermonument

1965 entdeckten Bauarbeiter bei Renovierungsarbeiten im Südosten der Innenstadt die Reste eines mächtigen, quadratischen, steinernen Bauwerks. Schnell waren sich die Archäologen sicher, dass sie hier auf ein wirklich altes Zeugniss aus der römischen Zeit gestoßen waren. Aber wie alt es wirklich war, konnten sie nur deshalb so genau bestimmen, weil noch Reste der Holzpfähle vorhanden waren, auf denen das Bauwerk errichtet worden war. Die Holzreste wurden dendrochronologisch *untersucht. (Über* Dendrochronologie *erfährst du mehr auf der linken Seite.) Das Ergebnis war eindeutig: Die gefundenen Mauerreste stammten aus den Jahren 4 oder 5 n. Chr. Da dies die Zeit der ersten Ubiersiedlung in Köln war, nannten es die Archäologen das* Ubiermonument. *Es ist allerdings höchst unwahrscheinlich, dass die Ubier selbst dieses Bauwerk errichtet haben, denn die Ubier hatten keine Erfahrung mit der Steinbauweise. Sie hatten überwiegend mit Holz und Lehm gebaut. Erst die Römer brachten neben vielen anderen Dingen auch neue Kenntnisse zum Bauen mit Steinen mit nach Köln. Vermutlich hatten römische Soldaten den Auftrag bekommen, hier auf der Hochebene eine Siedlung für Römer und Ubier zu bauen. Bis heute ist nicht ganz geklärt, wozu das Ubiermonument genutzt wurde. Es könnte sein, dass die gefundenen Mauerreste der Unterbau eines Turms waren, der an der Südostecke der Siedlung stand, vielleicht an der Hafeneinfahrt. Jedenfalls entstand hier ein beeindruckendes Steinbauwerk, das zu den ältesten nördlich der Alpen gehört.*

Ubiermonument.

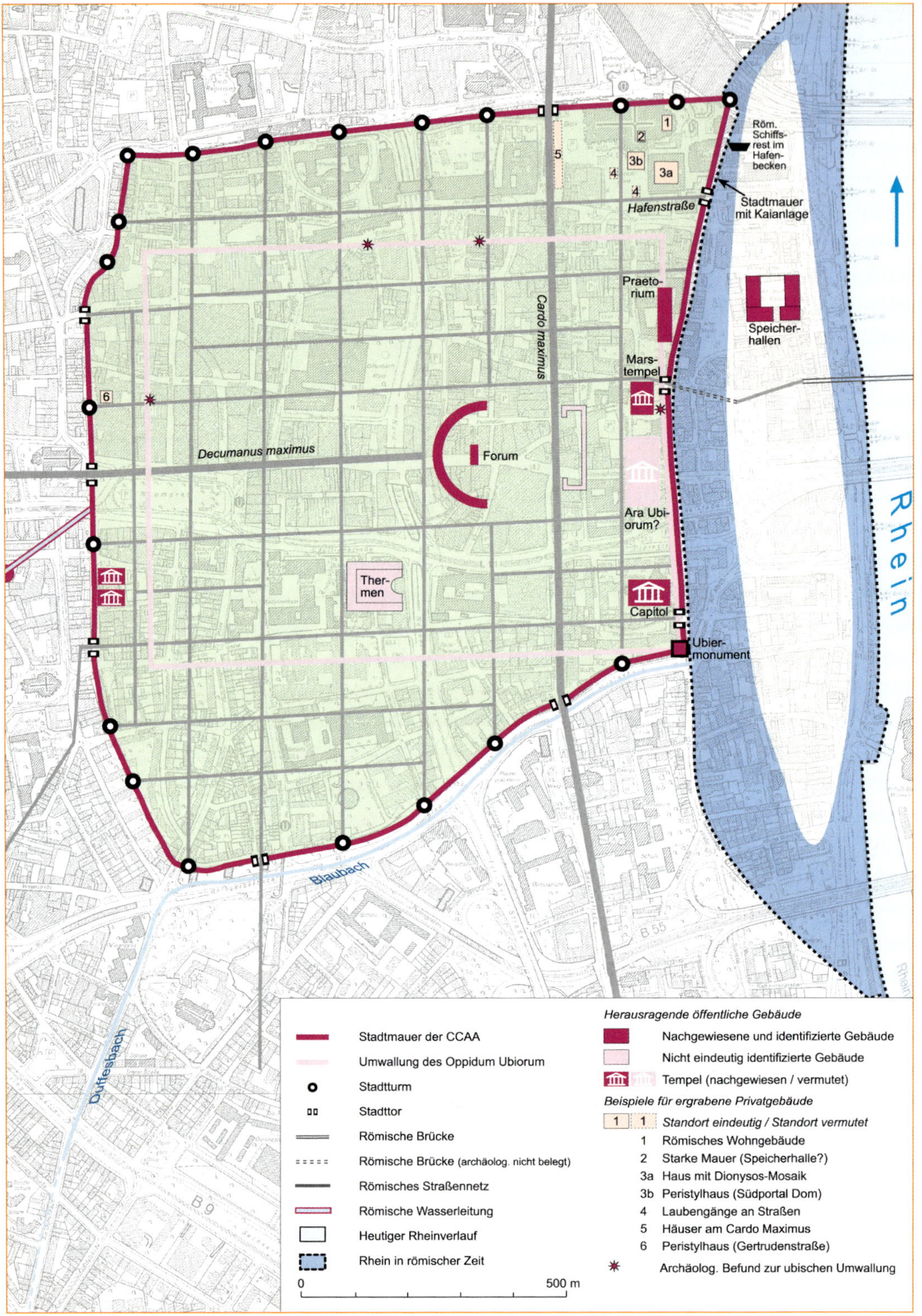

1
2
3b
3a
4
4
5
6
Röm. Schiffsrest im Hafenbecken
Hafenstraße
Stadtmauer mit Kaianlage
Praetorium
Speicherhallen
Cardo maximus
Marstempel
Forum
Decumanus maximus
Ara Ubiorum?
Thermen
Capitol
Ubiermonument
Rhein
Blaubach
Duffesbach
B 55
B 9
Stadtmauer der CCAA
Umwallung des Oppidum Ubiorum
Stadtturm
Stadttor
Römische Brücke
Römische Brücke (archäolog. nicht belegt)
Römisches Straßennetz
Römische Wasserleitung
Heutiger Rheinverlauf
Rhein in römischer Zeit
0
500 m
Herausragende öffentliche Gebäude
Nachgewiesene und identifizierte Gebäude
Nicht eindeutig identifizierte Gebäude
Tempel (nachgewiesen / vermutet)
Beispiele für ergrabene Privatgebäude
1 1 Standort eindeutig / Standort vermutet
1 Römisches Wohngebäude
2 Starke Mauer (Speicherhalle?)
3a Haus mit Dionysos-Mosaik
3b Peristylhaus (Südportal Dom)
4 Laubengänge an Straßen
5 Häuser am Cardo Maximus
6 Peristylhaus (Gertrudenstraße)
Archäolog. Befund zur ubischen Umwallung

Ansicht des römischen Köln.

Zum Schutz ihrer Stadt errichteten die Einwohner eine große Stadtmauer. Auf dem Plan des römischen Kölns kannst du den Verlauf dieser Mauer sehen. Im Vergleich zum heutigen Köln war die Colonia relativ klein. Aber innerhalb der Stadtmauer befand sich nur das Zentrum. Viele Menschen, wie beispielsweise die Bauern, Handwerker und Händler, lebten vor den Mauern der Stadt. Reste von Glas-, Keramik- oder Lederwerkstätten wurden außerhalb der Stadtmauern gefunden. Alles in allem gehörte Köln damals zu den größten römischen Städten nördlich der Alpen. Schauen wir uns nun die *Reste* der römischen Stadtmauer an: Dazu gehen wir zuerst in die Tiefgarage des Domparkhauses. Dort sind Mauerreste entdeckt und freigelegt worden, die zeigen, wie groß die Stadtmauer war. Mit 2,40 Meter Breite und mindestens 7,80 Meter Höhe war die Mauer ein beeindruckendes Bauwerk. Jetzt fragst du dich vielleicht, warum man in Köln meistens irgendwo hinabsteigen muss, um die römischen Zeugnisse zu besichtigen? Die Antwort ist recht einfach: weil im Laufe der Jahrhunderte durch die Einwohner der Stadt immer

Nördlicher Bogen des römischen Nordtors auf der Domplatte.

Stadtplan des römischen Köln.

mehr Müll, Schutt und Erde aufgehäuft wurden und sich dadurch das Bodenniveau allmählich erhöhte.

Weiter geht es auf der Suche nach der römischen Stadtmauer. Auf dem Vorplatz des Doms steht ein kleiner Bogen, auf dem immer einige Kinder oder Jugendliche herumklettern. Er gehörte zu dem großen Nordtor, dass sich ungefähr an dieser Stelle befand. Das gesamte Nordtor bestand aus zwei Türmen und drei Durchgängen. Dieser kleine Bogen hier vor dem Dom war ein Nebeneingang, durch den die Fußgänger in die Stadt schritten. Außerdem ist noch

hingeschaut

Der Römerturm

Der Römerturm kann dir einen Eindruck davon geben, wie kunstvoll die römischen Baumeister arbeiteten. Die Steine und die schönen Verzierungen im Mauerwerk sind noch original aus der Römerzeit. Die Baumeister verwendeten unterschiedliche farbige Steinarten, um die Muster mit den Zickzacklinien, den Halbkreisen und weißen Linien entstehen zu lassen. So viel Mühe machten sie sich nur bei wenigen Bauwerken. Da dieser Turm ein Eckturm der Stadtmauer war, sollte er besonders hervorgehoben werden.

Der Römerturm stand während der ganzen Kölner Geschichte an seinem Platz. Aber er wurde sehr unterschiedlich genutzt. In der Stadtmauer des Mittelalters hatte er keinen Platz mehr, denn die verlief in einem größeren Bogen um die Stadt. Irgendwann übernahmen die Nonnen des benachbarten Klosters den Turm. Sie gebrauchten ihn – du wirst es nicht glauben – als Toilette. Dieses traurige Schicksal des schönen Römerturms hatte 1802 ein Ende. Die Nonnen verließen das Kloster, und der Turm wurde als Privathaus genutzt. Dazu bauten ihn die neuen Eigentümer in ein zweigeschossiges Wohnhaus um. Ende des 19. Jahrhunderts kaufte die Stadt den Turm, um ihn als römisches Bauwerk zu bewahren. Die oberen, neuen Geschosse wurden wieder entfernt, und nur die wirklich antiken Teile blieben erhalten. Allerdings wurde der Turm um 1900 mit einem Zinnenkranz ergänzt. Die Menschen stellten sich damals so den originalen römischen Turm vor. Heute ist im Römerturm eine Kunstgalerie untergebracht.

Römerturm.

Rekonstruktion des römischen Nordtors.

Mittelbogen des römischen Nordtors.

das obere Bogenstück der mittleren, größeren Durchfahrt erhalten, die für die Fuhrwerke bestimmt war. Es befindet sich im Römisch-Germanischen Museum. Auf dem Bogen sind die Buchstaben CCAA für den Namen der Stadt eingemeißelt. Dieser Bogen ist sozusagen das erste *Ortsschild* von Köln. Den einzigen gut erhaltenen Turm findest du, wenn du den Spuren der römischen Stadtmauer auf der Komödienstraße und der Zeughausstraße folgst. An der Ecke zur Sankt-Apern-Straße triffst du auf den 2000 Jahre alten Römerturm.

Innerhalb der Stadtmauer verliefen alle Straßen nur in zwei Richtungen. Das war typisch römisch. Die beiden Einkaufsstraßen *Hohe Straße* und *Schildergasse* spiegeln das römische Straßensystem heute noch wider. Die Hohe Straße hieß in römischer Zeit *cardo maximus* und die Schildergasse wurde *decumanus maximus* genannt. Das bedeutete: *Hauptstraßen*. Der cardo maximus verlief vom Südtor bis zum Nordtor einmal quer durch die ganze Stadt. Er gehörte zur römischen Militärstraße, die den Rhein entlang vom südlichen Bonn bis zum nördlichen Xanten verlief und sich schnurgerade durch Köln erstreckte. Wenn du die Bonner Straße, Severinstraße, Hohe Pforte, Hohe Straße, Marzellenstraße, den Eigelstein und die Neusser Straße entlanggehst, dann folgst du der römischen Stadtdurchquerung in Nord-Süd-Richtung. Mitten in der Stadt, an der Kreuzung des cardo maximus und des decumanus maximus befand sich vermutlich das römische Forum, der Versammlungsplatz der Bürger. Etwas weiter südöstlich, dort, wo später Sankt Cäcilien und Sankt Peter gebaut wurden, waren die Thermen, die römischen Badeanstalten.

Weil die Götter für die Römer eine ganz wichtige Rolle spielten, errichteten sie an vielen Stellen in der Stadt Tempel. Von einem ganz speziellen Tempel hast du vielleicht schon einmal gehört: dem Kapitolstempel. Er lag im Süden der Stadt. Später wurde auf seinen Fundamenten eine Kirche gebaut. Der

Kirchenname erinnert uns noch heute an den römischen Tempel: Sankt Maria im *Kapitol*. In der Nähe des Gürzenichs könnte die vom römischen Schriftsteller Tacitus erwähnte *Ara* gestanden haben. Das war ein Altar, den die Ubier zu Ehren der römischen Götter errichtet hatten. Möglicherweise befanden sich zum Rhein hin noch weitere Tempel. Ob dort, wo heute der Dom steht, ein Mercuriustempel stand, wird von den Fachleuten immer noch heftig diskutiert.

Unterhalb der Hochebene, auf der die Stadt gebaut worden war, lag im Rhein eine circa 1250 Meter lange und 300 Meter breite Insel. Hier haben Archäologen ein Becken ausgegraben, das ein Schwimmbecken gewesen sein könnte. Vielleicht waren hier auch Sportplätze. Später wurden dort große Lagerhallen für die Waren, die mit Schiffen ankamen, errichtet. Diese Ausgrabungen kannst du unter der Kirche Groß Sankt Martin besichtigen. Der Flussarm zwischen der Insel und der höher gelegenen Stadt diente den Römern als Hafen. Um das Jahr 150 n. Chr. wurde der Hafen allerdings aufgegeben und nicht weitergenutzt. Warum? Es war doch eine sehr praktische Sache, dass sich auf natürlichem Weg zwischen der Insel und der Hochebene dieser Hafen

Das Praetorium

*Der Statthalter sorgte anstatt des Kaisers für Recht und Ordnung in der Colonia. Daher kommt auch das Wort Sta*TT*halter. Dieser Statthalter regierte nicht nur die Colonia, sondern von hier aus auch die ganze römische Provinz Niedergermanien. Der große Palast sollte die Macht und Bedeutung des Statthalters bezeugen. So entstand unmittelbar hinter der Stadtmauer ein lang gestreckter Bau, der sich zum Rhein hin mit einer majestätischen Fassade zeigte. Immer wieder wurde das Praetorium erweitert und erneuert. Der letzte Umbau wurde erst Ende des 4. Jahrhunderts vollendet. Wie lange das Praetorium in diesem Zustand dort gestanden hat und seit wann es Stück für Stück verfallen ist, wissen wir heute nicht so genau. Im Mittelalter errichteten die Kölner Bürger ihr Rathaus direkt über dem römischen Statthalterpalast. Auf diese Weise blieben die Reste des Praetoriums für lange Zeit unter den neuen Gebäuden versteckt. Ihre Entdeckung in den fünfziger Jahren des 20. Jahrhunderts war eine große Sensa-*

gebildet hatte. Die Antwort ist überraschend einfach: Der Rheinarm *verlandete*. Das heißt, dass durch Anschwemmungen und Abfall das Wasser immer mehr verdrängt wurde und dort langsam festes Land entstand.

Eine der bedeutendsten Entdeckungen aus der Römerzeit war die Ausgrabung des Praetoriums. Das war ein großer Palast für den Statthalter, der seit dem 1. Jahrhundert von Rom nach Köln entsandt wurde. Friedhöfe findest du übrigens nicht in der römischen Stadt. Ihre Toten begruben die Einwohner der Colonia außerhalb der Stadtmauern. Das wurde von einem Gesetz vorgeschrieben, damit die Bürger nicht vom Gestank der Leichen belästigt wurden oder sich aufgrund der Verwesung Krankheiten ausbreiten konnten. Die reichen Bürger ließen sich besonders große und beeindruckende Grabbauten errichten. Wenn du das 14,60 Meter hohe Grabmal des Poblicius im Römisch-Germanischen Museum siehst, verstehst du, was ich mit *groß* und *beeindruckend* meine.

Konntest du dir auf unserem Rundgang durch das römische Köln mit ein bisschen Fantasie die römischen Mauern vor deinen Augen wieder aufbauen und dich für einen Moment als Römer fühlen? Dann möchte ich dir jetzt noch etwas über die Lebensgewohnheiten der Römer erzählen.

hingeschaut

tion. Und so kommt es, dass du heute unter *dem Rathaus die gefundenen Mauerreste besichtigen kannst. Der Eingang liegt in der Kleinen Budengasse. Direkt am Anfang der Ausgrabungen steht ein Modell des Praetoriums, an dem du erkennen kannst, welche Mauerreste des Palastes vor dir stehen. Es sind nur die Fundamente, Teile des Kellergeschosses. Der gesamte Bau muss demnach sehr groß gewesen sein. Das wird auch deutlich, wenn du nun einmal um die Ausgrabungen herumgehst.*

Modell des Praetoriums in der Ausgrabung.

hingeschaut

Das Grabmal des römischen Veteranen Lucius Poblicius

Das Grabmal des Poblicius ist ein mehrgeschossiges, hoch aufragendes Bauwerk. In der Mitte stehen zwischen Säulen drei Statuen. Auf der rechten Seite befindet sich außerdem noch eine kleine weibliche Figur. Wer könnten diese Personen sein? Die mittlere, gut erhaltene Statue zeigt einen Mann mit Toga. Die Toga war das Kleidungsstück der reichen, römischen Bürger. Dieser Mann ist wahrscheinlich Poblicius selbst. Poblicius kam als Veteran (= Soldat im Ruhestand) in die Siedlung am Rhein, nachdem er vom römischen Kaiser für seinen Dienst im Militär reich belohnt worden war. So lebte er nun in der Colonia als angesehener, wohlhabender Mann. Siehst du die Waffen, die unterhalb des Daches in den Stein geritzt sind? Sie deuten auf die erfolgreiche Militärzeit des Poblicius hin. Rechts neben Poblicius ist nur der Teil einer Statue erhalten. Der Ausschnitt deutet auf eine männliche Figur hin. Es könnte sein Sohn sein. Links hingegen ist eine römische Frauenkleidung zu erkennen. Diese Figur gibt noch Rätsel auf. Ist es die Ehefrau? Dann gibt es aber auch noch die Inschrift auf dem Sockel, die von der Tochter namens Paulla berichtet. Dort steht unter anderem: »L(ucio) POBLICIO ... VETERA(no) LEG(ionis) V ALAUDA(e) EX TESTAMENTO ET P(a)ULLAE F(iliae) ...« (übersetzt: »Für Lucius Poblicius, ... dem Veteranen der 5. Legion Alauda, nach seinem Testament errichtet und für seine Tochter Paulla ...«). Könnte die kleine, auf der Seite des Grabmals stehende Figur diese Tochter sein? Es ist aber auch möglich, dass die Ehefrau bereits früher verstorben war und die Frauenfigur neben Poblicius die Tochter Paulla darstellt. Dann wäre die kleine Figur vermutlich die Darstellung einer Sklavin. An diesem Fall kannst du sehen, wie kompliziert es sein kann, solche Fundstücke richtig zu deuten.

Die Entdeckung des Grabmals war – wie so viele Ausgrabungen römischer Stücke in Köln – ein großer Glücksfall. 1964 wurden die einzelnen Steinstücke des Grabmals bei einem Hausbau in der Nähe des Chlodwigplatzes gefunden. Die Lage der Steine, wie sie gefunden wurden, lässt vermuten, dass das Grabmal vor langer Zeit umgestürzt ist, vielleicht wegen eines Hochwassers. Dann begruben Schlammmassen die Steine. Später wurden darüber Häuser gebaut. Die Fundstücke wurden von Wissenschaftlern des Römisch-Germanischen Museums in mühevoller Arbeit wieder als Grabmal zusammengesetzt. Da das Grabmal höher als der ursprüngliche geplante Museumsbau war, musste das Museum genau über dem Monument um drei Meter erhöht werden.

Grabmal des Poblicius. ⋯⋯►

Wie die Römer lebten

Ihre Sitten und Gebräuche brachten die Römer aus ihrer Heimat mit nach Köln. Die Römer lebten gerne luxuriös – natürlich nur die reichen Römer. Da sie für die mühevollen alltäglichen Arbeiten ihre Sklaven hatten, konnten sie sich den angenehmen Dingen des Lebens widmen. Dabei spielte die Sauberkeit und Körperpflege eine besonders wichtige Rolle. Die Römer liebten es zu baden, sich einzuölen und ihren Körper zu pflegen. Die vielen unterschiedlichen Öle und Salben bewahrten sie in kleinen, teilweise sehr kunstvollen Ton- oder Glasgefäßen auf. In manchen dieser ausgegrabenen Gefäße steckt heute noch ein Hauch der Düfte von vor 2000 Jahren. Die Öle brauchten die Römer zum Baden. Zuerst ölten sie ihren Körper damit ganz ein, dann strichen sie das Öl zusammen mit dem Körperschmutz mit einem speziellen Spachtel wieder ab. Erst dann stiegen sie in das Wasser. Alle diese Dinge, die die Römer für ihre Körperpflege nutzten, fanden Archäologen bei ihren Ausgrabungen in Köln.

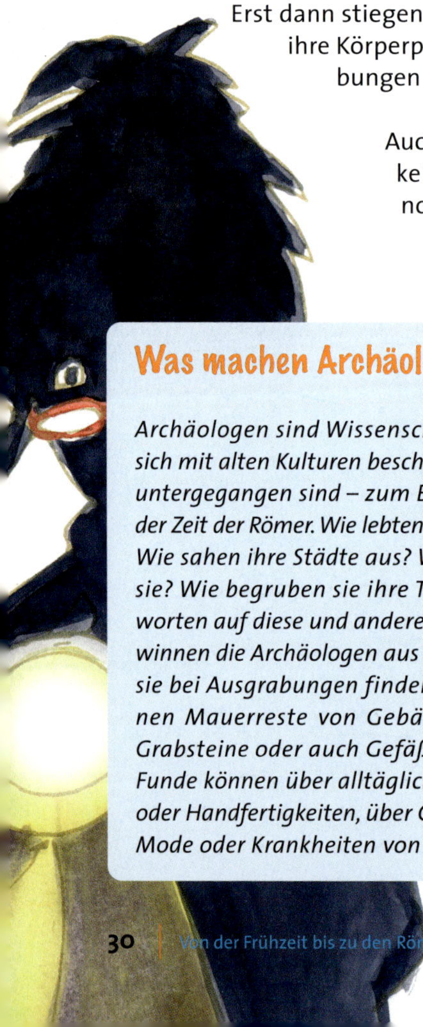

Auch beim Essen wollten die Römer nicht auf die Köstlichkeiten aus ihrer Heimat verzichten. Das waren damals noch nicht Pizza, Spaghetti oder Eis, sondern Wein, Oli-

nachgefragt

Was machen Archäologen?

Archäologen sind Wissenschaftler, die sich mit alten Kulturen beschäftigen, die untergegangen sind – zum Beispiel mit der Zeit der Römer. Wie lebten die Römer? Wie sahen ihre Städte aus? Wie bauten sie? Wie begruben sie ihre Toten? Antworten auf diese und andere Fragen gewinnen die Archäologen aus Dingen, die sie bei Ausgrabungen finden. Das können Mauerreste von Gebäuden sein, Grabsteine oder auch Gefäße. Kleinste Funde können über alltägliche Bräuche oder Handfertigkeiten, über Geschmack, Mode oder Krankheiten von damals erzählen. Die ausgegrabenen Gegenstände sind meistens zerstört. Sie müssen erst wieder zusammengesetzt werden. Das kann eine richtige Puzzlearbeit sein. Glücklicherweise gibt es auch schriftliche Überlieferungen von römischen Schriftstellern. Alle Informationen zusammen ergeben dann ein umfassendes Bild der vergangenen Zeiten. In einer Stadt wie Köln werden die Archäologen niemals ohne Arbeit sein, denn überall finden sich Spuren der Vergangenheit. Vieles ist bereits ausgegraben, aber vieles ist auch noch verborgen.

ven und viele Kräuter und Gewürze. Die Römer hatten eine ganz besondere Angewohnheit beim Essen. Kennst du sie? Richtig, sie *lagen* zu Tische – aber nur die Männer. Eine typische römische Tischszene zeigt dir der Grabstein des Marcus Valerius Celerinus und seiner Frau im Römisch-Germanischen Museum. Darauf ist ein vornehm gekleidetes Ehepaar beim Essen zu sehen. Der Mann *liegt* zu Tische, während die Frau auf einem Sessel sitzt. Unterschiedliche Gefäße sind auch zu sehen. Stell dir vor, dass es solche Gläser, Tonkrüge oder Silberschalen sein könnten, wie sie auch im Museum aufbewahrt werden. Und noch einen Hinweis auf römische Tischsitten kannst du auf diesem Grabstein entdecken: Der Mann hält in seiner Hand eine Serviette, um sich nach der Hauptspeise den Mund abzuwischen. Die Römer benutzten oft Servietten, weil sie mit den Fingern aßen. Die Sauberkeit war ihnen eben besonders wichtig.

Grabstein des Marcus Valerius Celerinus.

Das Bedeutendste aber, was die Römer mit in den Norden brachten, war die lateinische Schrift. Die Menschen, die hier vorher lebten, schrieben noch nichts auf. Sie kannten keine Schrift. Erst jetzt konnten sie Regeln und Gesetze aufschreiben oder Pläne und Vorstellungen schriftlich festlegen. Im Untergeschoss des Museums sind Bronzefedern und Tintengefäße ausgestellt, die von den Römern zum Schreiben benutzt wurden. Auch Kinder wurden im Schreiben unterrichtet. Mit Stäben aus Bronze (= Griffeln), die auf der einen Seite flach und auf der anderen Seite spitz waren, ritzten sie Worte in Wachstafeln. Wenn sie Fehler gemacht hatten, konnten sie die Tafeln mit der flachen Seite ihres Schreibgriffels wieder glatt streichen und einen neuen Versuch starten.

Und schließlich noch ein Wort zu den Spielsachen der römischen Kinder: Sie spielten gerne mit verschiedenen hübschen kleinen Tierfiguren. Einige dieser Tierfiguren waren mit Tonkügelchen gefüllt, so dass man sie als Rasseln benutzen konnte. Das römische Kinderspielzeug war leider sehr zerbrechlich, da es aus Ton gefertigt war. Da ging sicher oft ein schönes, lieb gewonnenes Spielzeug kaputt.

Die spätrömische und fränkische Zeit

Mitte 3. Jahrhundert bis um 900

Wie die Römerzeit in Köln zu Ende ging

Wie du im Laufe dieses Buches immer wieder feststellen wirst, gehen alle Epochen (= bestimmte Zeitabschnitte in der Weltgeschichte, wie zum Beispiel die *römische Epoche*) irgendwann zu Ende. Dann ändern sich die Formen des Zusammenlebens, die Vorstellungen über Gott und die Menschen und auch die Kunstwerke. So ging auch die römische Zeit in Köln langsam dem Ende zu. Nachdem die Menschen hier über 150 Jahre ein angenehmes Leben geführt hatten, deutete sich seit der Mitte des 3. Jahrhunderts eine Veränderung an. Es wurde unruhiger in der Stadt. Was war passiert, und wodurch wurden diese Unruhen ausgelöst?

Schuld daran waren vor allem die Machtkämpfe, die die Römer untereinander führten. Im Jahr 260 spitzten sich die Auseinandersetzungen zu. Der römische Heerführer Postumus erhob sich gegen seinen Kaiser in Rom und ließ sich selbst zum Herrscher eines *Gallischen Sonderreichs* ausrufen. Dieses gallische Sonderreich umfasste das heutige England, Frankreich, Belgien, Teile Westdeutschlands und zeitweilig sogar Spanien. Nun gab es zwei Kaiser: den römischen Kaiser Gallienus und den Gegenkaiser Postumus. Postumus regierte sein gallisches Reich von Köln aus. In dieser Zeit blühte Köln noch einmal richtig auf. Das Dionysosmosaik erzählt davon.
Aber Köln war nicht für lange Zeit Regierungssitz; denn 269 wurde Postumus ermordet, und seine Nachfolger blieben nur noch bis 271 in der Stadt. Dann zogen sie nach Trier um. Kaiser Aurelian (Kaiser von 270 bis 275) gelang es schließlich, die Einheit des Römischen Reichs wieder herzustellen.

Diese aufregenden und anstrengenden Jahre hatten die Römer geschwächt. Da Köln eine Grenzstadt des Römischen Reichs war – der Rhein bildete die Grenze –, mussten die Kölner nun Angriffe der Germanen fürchten, die rechtsrheinisch lebten. Um die Stadt vor den Angriffen der Germanen wirkungsvoll zu schützen, ließ Kaiser

Konstantin im heutigen Deutz das Kastell *Divitia* erbauen, ein befestigtes Römerlager. Als feste Verbindung zwischen den beiden Rheinufern errichteten die Römer 310 eine stabile Brücke aus Holz und Stein.

Das römische Köln mit dem Deutzer Kastell und der spätrömischen Brücke.

hingeschaut

Das Dionysosmosaik

Das Dionysosmosaik wurde im 3. Jahrhundert an derselben Stelle verlegt, wo es sich heute befindet. Erst 1941 entdeckten es Bauarbeiter beim Bau eines Luftschutzbunkers zufällig wieder. Das Museum wurde sozusagen um das Bodenmosaik herum gebaut. Das Mosaik besteht aus über einer Million Mosaiksteinchen. In der Mitte ist ein betrunkener, schwankender Weingott zu sehen, der sich auf einen jungen Satyr (= ein Waldwesen) stützen muss, um nicht zu fallen. Vor ihm liegt ein umgestürzter Weinbecher. Dieser Gott heißt Dionysos. *Von ihm hat auch das Mosaik seinen Namen. In den anderen Feldern sind Blumen, Früchte, Tiere, Tänzer und Musiker dargestellt. Alles wird von einem kunstvoll verwobenen Zopfmuster eingerahmt. Das gesamte Mosaik ist das Bild eines rauschenden Festes. Wein trinken, Tanzen und Feiern waren bei den Römern sehr beliebt. Dadurch sollten die Gedanken frei werden von den alltäglichen Sorgen. Ob das Mosaik der Fußboden eines Festsaals oder eines religiösen Kultraums war, wissen wir nicht genau. Beim Einfall der Franken brannte das luxuriöse Wohnhaus, in dem sich das Mosaik befand, vermutlich ab und begrub es unter dem Schutt. So wurde es zwar nicht zerstört, geriet aber in Vergessenheit, bis es im 20. Jahrhundert wiedergefunden wurde.*

Dionysosmosaik.

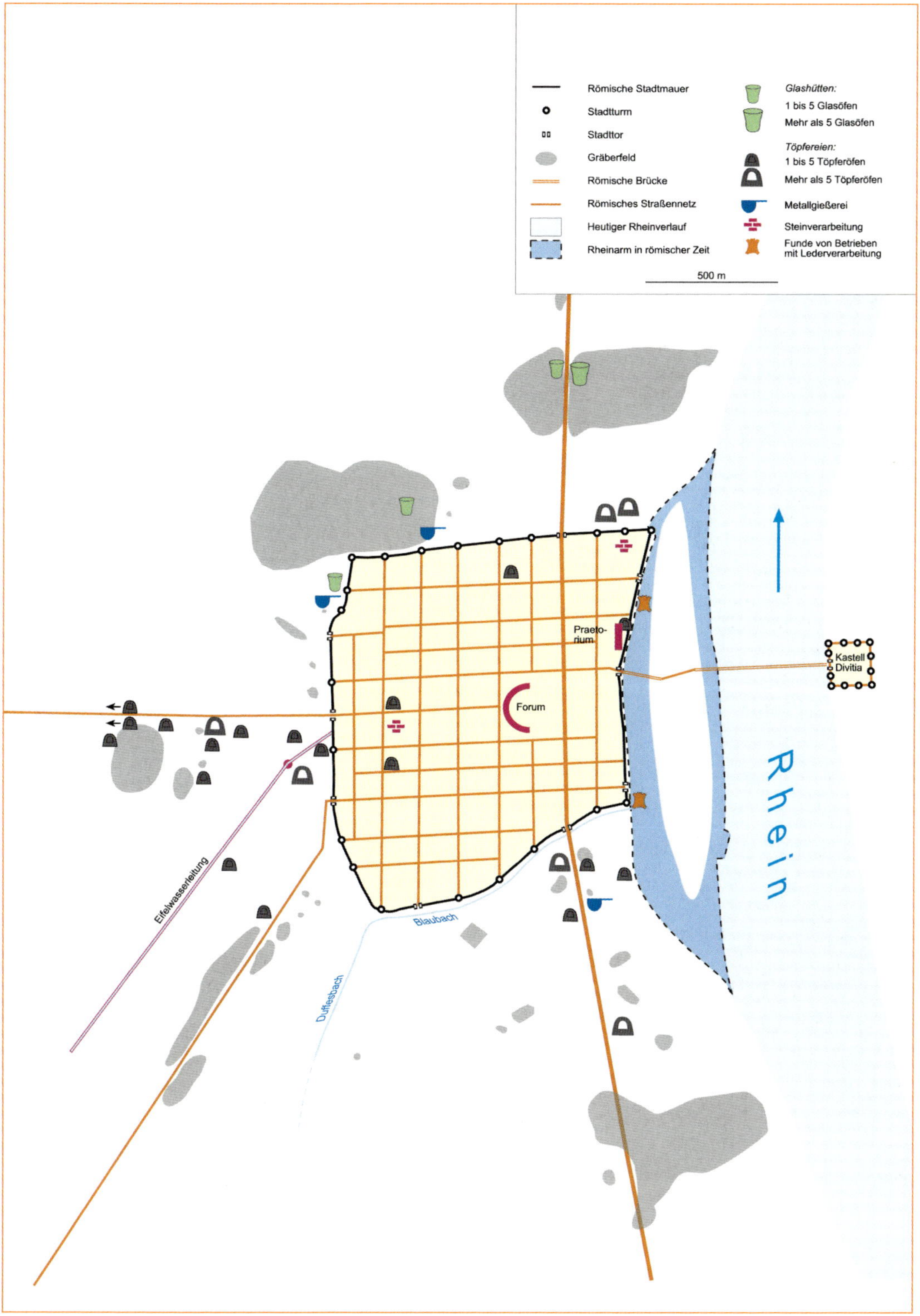

Römische Stadtmauer
Stadtturm
Stadttor
Gräberfeld
Römische Brücke
Römisches Straßennetz
Heutiger Rheinverlauf
Rheinarm in römischer Zeit
Glashütten:
1 bis 5 Glasöfen
Mehr als 5 Glasöfen
Töpfereien:
1 bis 5 Töpferöfen
Mehr als 5 Töpferöfen
Metallgießerei
Steinverarbeitung
Funde von Betrieben mit Lederverarbeitung
500 m
Praetorium
Forum
Kastell Divitia
Rhein
Eifelwasserleitung
Blaubach
Duffesbach

nachgefragt

Wie war das mit der Christenverfolgung?

Fangen wir mit einer anderen Frage an: Wie konnte sich das Christentum überhaupt so schnell und so weit in Europa verbreiten? Jesus hatte in Palästina gelebt und war in Jerusalem gekreuzigt worden. Damals gab es noch keine Fernsehübertragungen und keine Telefonverbindungen. Wie erfuhren also die Menschen in Europa die Geschichten vom Leben Jesu? Da gab es einen sehr frommen und angesehenen Juden, der zum gläubigen Christen geworden war. Er hieß Paulus. Dieser Paulus reiste im 1. Jahrhundert weit herum und berichtete an vielen Orten von den Ereignissen in Palästina (heute: Israel). So kam er schließlich auch bis nach Rom. Viele Menschen ließen sich taufen, nachdem sie ihm zugehört hatten. Obwohl den Römern der neue christliche Glaube etwas unheimlich und geheimnisvoll vorkam, duldeten sie die Christen in ihrer Stadt. Es gab keine römischen Gesetze, die das Christentum verboten. Allerdings gab es ein paar entscheidende Unterschiede zwischen den Gesetzen der Römer und den Geboten der Christen, die mit der Zeit zu großen Konflikten führten. Das römische Gesetz schrieb den Kaiserkult vor. Das bedeutete, dass an den zahlreich aufgestellten Kaiserstatuen Weihrauch gestreut und der Kaiser als Gott verehrt werden sollte. Die Christen befolgten zwar die römischen Gesetze, aber den Kaiser anbeten, das konnten sie nicht. Sie beteten zu ihrem Gott und für den Kaiser. Dadurch kam es zu Spannungen zwischen den römischen Machthabern und den Christen. Aus Briefen und schriftlichen Berichten wissen wir, dass immer mehr Christen deswegen angeklagt und verurteilt wurden. Übrigens – auch Paulus wurde im Jahr 67 n. Chr. in Rom verurteilt und dann enthauptet.

Seit dem 2. Jahrhundert gab es gesetzliche Verfügungen, die das Christentum verboten. Dahinter stand natürlich vor allem die Sorge der römischen Kaiser um ihre Macht und ihren Einfluss. Ihren traurigen Höhepunkt erlebte die Christenverfolgung unter der Herrschaft des römischen Kaisers Diokletian (römischer Kaiser von 284 bis 305). Er war besonders verärgert darüber, dass mittlerweile immer mehr Soldaten der römischen Armee Christen geworden waren. Wie sollten diese Christen im Sinne Roms kämpfen, wenn sie ihren Herrscher nicht wie einen Gott verehrten und seine Gesetze nicht bedingungslos befolgten? Diokletian ließ viele christliche Soldaten töten. Erst mit dem sogenannten Toleranzedikt *von Mailand im Jahr 313, das Kaiser Konstantin der Große (römischer Kaiser von 306 bis 337) erlassen hatte, bekamen die Christen die gleichen Rechte wie die Römer.*

Wie Köln eine Bischofsstadt wurde

Wie war das nun mit den Christen? Wie und wann kamen sie nach Köln? Jetzt wirst du dich vielleicht wundern, wenn ich dir sage, dass sie gar nicht nach Köln *kamen*. Sie waren schon hier. Es waren dieselben Römer und Germanen, die schon immer in Köln lebten. Nur jetzt nahmen einige von ihnen den christlichen Glauben an und ließen sich taufen. Du siehst: Nicht die Christen waren nach Köln gekommen, sondern das Christentum. Seit der Mitte des 3. Jahrhunderts hatte es sich über Rom bis nach ganz Europa rasend schnell verbreitet. Immer mehr Menschen folgten diesem neuen Glauben. Wie die Lebensumstände der ersten Christen in Köln waren, wissen wir nicht genau. Mussten sie sich heimlich treffen? Hatten sie bestimmte Versammlungsorte? Die Legenden von Heiligen, die in Köln ermordet wurden, könnten ein Hinweis darauf sein, dass auch in Köln Christen verfolgt wurden. Sicher ist, dass hier mit der Zeit eine große christliche Gemeinde entstand. Bereits 313 wurde ein Kölner Bischof erwähnt. Köln gehörte somit zu den ältesten Bischofsstädten im ganzen Römischen Reich. Dieser Kölner Bischof hieß Maternus. In einer Urkunde wird berichtet, dass er 313 zu einer wichtigen Versammlung nach Rom gereist war. Ein Jahr später reiste er nach Arles, wo er ebenfalls an einer Versammlung teilnahm. Er scheint ein sehr gefragter und einflussreicher Mann im Kaiserreich gewesen zu sein. Maternus ließ vermutlich auch die erste Bischofskirche erbauen. Sie entstand um 300 direkt an der Stadtmauer im Nordosten der Stadt, dort, wo heute der Dom steht.

So eindeutige schriftliche Überlieferungen wie zu Maternus gibt es leider selten aus diesen Jahrhunderten. Meistens handelt es sich um Legenden. So ist es auch mit dem heiligen Severin. Viel wissen wir nicht über ihn. Er lebte vermutlich um 400 und war auch Bischof von Köln. Möglicherweise ließ er südlich der Stadtmauern eine kleine Kirche erbauen, in der er später auch begraben wurde. Dort steht heute die mittelalterliche Kirche Sankt Severin. Seinen Namen findest du außerdem noch an vielen anderen Stellen: Severinstraße, Severinbrücke, Severinviertel, Severintorburg.

Was können wir also über die frühe Christenzeit in Köln sagen? Die Hinweise zu Maternus und Severin sowie die Heiligengeschichten der verfolgten Christen zeigen uns, dass das Christentum bereits im 4. Jahrhundert in Köln eine wichtige Rolle spielte.

Über ein sagenhaftes Bauwerk und den heiligen Gereon

Gegen Ende des 4. Jahrhunderts entstand im Nordwesten der Stadt inmitten eines Gräberfeldes ein monumentaler Kuppelbau. Wer dieses Bauwerk in Auftrag gab, ist unklar. Es könnte ein Römer gewesen sein, der hier sein Grabmal errichten ließ. Vielleicht war es aber auch eine erste Grabkirche für den heiligen Gereon und seine Gefährten. Der Legende nach war Gereon der Anführer einer Legion, die im Dienste des römischen Herrschers stand. Seine Soldaten wurden nach ihrer Heimat Theben die *Thebäische Legion* genannt. Gereon und seine Soldaten waren zum Christentum übergetreten. Das römische Gesetz verlangte von den Soldaten, den römischen Kaiser wie einen Gott anzubeten. Das war aber nicht mit dem christlichen Glauben zu vereinbaren. Und so verweigerten Gereon und seine Gefährten diesen Befehl. Daraufhin wurden sie alle getötet. Dies soll in Köln geschehen sein. Schon seit dem 6. Jahrhundert erzählte man die Geschichte des heiligen Gereon.

Zurück zu dem Kuppelbau: In alten Schriften wird er als überaus prachtvoll beschrieben. Im Inneren schmückten goldene Mosaike die Wände und die mächtige Kuppel. Der Boden war ebenfalls mit Mosaiken ausgeschmückt. Dieser alte Bau ist heute noch in Köln vorhanden, allerdings ohne die wertvolle Ausschmückung und auch nicht mehr ganz vollständig. Wo du ihn finden kannst? In der Kirche Sankt Gereon. Wenn du in dem großen Zentralbau stehst, kannst du im unteren Geschoss teils grob gemauerte Nischen erkennen. Das sind noch die alten spätrömischen Mauern. Die mittelalterliche Kirche wurde um das alte, einzigartige Bauwerk herum gebaut. Fast könnte man sagen, dass Sankt Gereon wie eine Hülle den alten Bau umfasst.

Der heilige Gereon und seine Gefährten, Seitentafel vom Altar der Kölner Stadtpatrone im Dom von Stefan Lochner1.

Wie die Franken nach Köln kamen

Gleichzeitig mit dem Untergang des Römischen Reichs begann der Aufstieg der fränkischen Herrschaft. Seit dem 3. Jahrhundert waren die Franken immer wieder auch in Köln eingefallen und hatten die Stadt geplündert. Die Kölner Bürger hatten nun ständig Angst vor Überfällen. Anfangs konnten sie die Eindringlinge jedes Mal wieder vertreiben. Im Jahr 355 gelang den Franken ein erster großer Sieg, und sie ließen sich in Köln nieder. Doch schon ein knappes Jahr später eroberte Julian Apostata die Stadt für die Römer zurück. So ging es noch eine Weile hin und her. Spätestens in der Mitte des 5. Jahrhunderts war die Römerherrschaft in Köln dann endgültig zu Ende. 455 eroberten die sogenannten *ripuarischen* Franken (= eine der vielen fränkischen Gruppen) die Stadt. Sie machten Köln zu ihrer Hauptstadt.

nachgefragt

Wer waren die Franken?

Die Franken waren ein bewaffneter und kriegerischer germanischer Stamm, der aus dem Westen Europas kam. Erstmals tauchten sie im 3. Jahrhundert auf. Sie sollen besonders tapfer und kühn gewesen sein. Aber Franke war nicht gleich Franke. Es gab viele verschiedene fränkische Gruppen, die sich untereinander bekämpften. Im 5. Jahrhundert übernahm schließlich eine Familie die alleinige Führung: die Merowinger. *Der Merowinger Chlodwig I. (466–511) vereinte – nicht ohne List und Verrat – alle fränkischen Familien und Stämme zu einem großen Frankenreich. Das erstreckte sich über das heutige Frankreich bis hin zum Rhein mit Köln als Grenzstadt. Er selbst wurde der erste gemeinsame König. Die Franken lösten damit endgültig die römische Vorherrschaft im nördlichen Europa ab.*

Mit seiner Entscheidung, sich als Christ taufen zu lassen, ebnete König Chlodwig I. den Weg für das Christentum im ganzen Frankenreich. Nach Chlodwigs Tod wurde das Reich unter seinen Söhnen aufgeteilt. Erst 100 Jahre später, im Jahr 629, gab es wieder ein geeintes fränkisches Reich, das von dem merowingischen König Dagobert regiert wurde. Nun wollten aber auch andere fränkische Familien an der Macht beteiligt werden, allen voran die Karolinger. *Nach und nach sicherten sie sich die wichtigsten Ämter im Reich, bis sie schließlich die Merowinger gänzlich aus der Herrschaft vertreiben konnten. 751 wurde der Karolinger Pippin der Jüngere zum König der Franken ernannt. Er war der Vater von Karl dem Großen (um 742–814), dem bedeutenden, ersten* Kaiser *des Frankenreichs.*

Auch wenn die Herrschaft der Römer beendet war, lebten Römer und Franken weiterhin zusammen in der Stadt. Die Bevölkerung hatte sich mittlerweile vollkommen gemischt. Wer konnte schon sagen, ob er von seinen Wurzeln her Römer, Ubier oder Franke war. Römische Männer hatten Ubierfrauen geheiratet und umgekehrt. Die einen sind früher, die anderen später zum Christentum übergetreten, manche gar nicht. Ein ziemliches Durcheinander, wirst du jetzt sicher sagen. Stimmt! Aber letzten Endes waren es die Toleranz und das friedliche Zusammenleben der Kölner untereinander, die zu diesem Gemisch führten – unabhängig davon, wer die Stadt regierte. Wir können heute also

Die fränkischen Fürstengräber

Mitte des 20. Jahrhunderts wurden unter dem Dom zwei fürstlich ausgestattete Gräber entdeckt. Mit Hilfe moderner Wissenschaften konnte festgestellt werden, dass die Gräber aus fränkischer Zeit stammen. Aber der Reihe nach: Die Entdeckung der beiden Fürstengräber ähnelte einem Krimi. 1959 waren Arbeiter unter dem Chor des gotischen Doms damit beschäftigt, eine neue Grabkammer für einen verstorbenen Erzbischof auszuheben. Dabei stießen sie auf zwei versteckte Grabkammern, aus denen ihnen Gold und Silber entgegenblitzte. Wie sich später herausstellte, waren hier seit über 1400 Jahren zwei Gräber unentdeckt geblieben. In der einen Grabkammer war eine junge Frau bestattet, in der anderen ein Junge. Da man Angst hatte, die Gräber könnten einstürzen und von Erdmassen zugeschüttet werden, öffnete man nur jeweils ein kleines Loch. Dadurch holten die Archäologen die wertvollen Grabbeigaben ganz vorsichtig, eine nach der anderen aus den Gräbern heraus. Sie fanden goldene Armbänder und Ringe, kostbare Halsketten, aufwendig gearbeitete

Knabenhelm aus fränkischem Fürstengrab.

sagen, dass die Kölner sowohl von den Römern als auch von den Germanen abstammen.

Nach der Machtübernahme durch die Franken veränderte sich das Stadtbild Kölns ganz erheblich. Die Franken hatten kein Interesse an den römischen Tempeln, den Thermen und den anderen öffentlichen Gebäuden. Viele Bauwerke verfielen langsam. Im Vergleich zur römischen Zeit wohnten nun auch deutlich weniger Menschen in Köln. Trotzdem bauten die Franken neue Häuser in der Stadt. Woher man das weiß? Das weiß man tatsächlich noch gar nicht so lange. Erst in den neunziger Jahren des 20. Jahrhunderts wurden bei Ausgrabungen am Heumarkt die entscheidenden Hinweise dazu gefunden. Die Archäologen entdeckten Reste eines Stadtviertels, das im 4., spätestens im 5. Jahrhundert direkt am Rheinufer entstanden war. Sie verglichen die Bautechniken und die verwendeten Materialien mit anderen bekannten Franken-

hingeschaut

Waffen, Gegenstände des täglichen Lebens wie Trinkhörner und Trinkbecher, eine Nadel mit Wollfaden, einen Holzkasten mit Haselnüssen, einer Walnuss und einem Dattelkern, schmuckvolle Glasgefäße und Stoffreste mit Goldbrokat. Außerdem fanden sie das Totenbett des verstorbenen Jungen, das tatsächlich wie ein Kinderbett von heute aussieht.

Kinderbett aus fränkischem Fürstengrab.

Nun lass uns noch einmal zur zeitlichen Bestimmung der Gräber zurückkommen. Erinnerst du dich noch an die Methode der Dendrochronologie? *(siehe Seite 20.) Mit ihrer Hilfe können Wissenschaftler das Alter von Holzstücken bestimmen. Und das machten sie auch bei diesen Gräbern. Sie untersuchten einige der gefundenen Holzstücke. Das Ergebnis war klar: Die Gräber waren im Jahr 537 angelegt worden. Besonders interessant waren auch einige Goldmünzen. Sie konnten mit ihren Jahreszahlen zusätzliche wichtige Hinweise für die Entstehungszeit der Gräber geben.*

Die vielen wertvollen Schmuckstücke und kostbaren Waffen weisen darauf hin, dass hier zwei Mitglieder einer reichen, adeligen Familie begraben wurden, vielleicht sogar Angehörige der Königsfamilie. Die Grabfunde erzählen uns auch, wie kunstvoll die Franken Schmuck und Waffen anfertigen konnten und wie sie ihre Toten für das Leben nach dem Tod ausstatteten.

siedlungen. Die Ähnlichkeit lässt keinen Zweifel zu: Hier bauten die Franken neue Häuser direkt am Rhein. Da sie überwiegend mit Holz bauten, waren die Häuser im Vergleich zu den römischen Steinhäusern nicht so stabil und verfielen mit der Zeit. Deswegen sind auch kaum Häuser aus fränkischer Zeit erhalten.

Und wie ging es weiter? Lange behielten die ripuarischen Franken ihre Macht nicht. Denn die unterschiedlichen fränkischen Stämme wurden vereint und schließlich von den *merowingischen* Franken angeführt. Köln war nicht länger eine Hauptstadt, sondern – ganz im Gegenteil – nur noch eine Grenzstadt, ganz am Rand des neuen großen fränkischen Reichs. Ein Zeugnis aus der Zeit, als Köln zum fränkischen Königreich gehörte, sind die fränkischen Fürstengräber, deren Grabbeigaben in der Domschatzkammer gezeigt werden.

Wie Kunibert Bischof in Köln wurde

Als Bischof Kunibert nach Köln kam, erlebte die Stadt einen deutlichen Entwicklungsschub. Wer war dieser Kunibert? Zunächst hatte er nichts mit Köln zu tun. Um 590 wurde er als Sohn einer adeligen Familie in der Nähe von Metz in Frankreich geboren. Dort residierten auch die fränkischen Könige. Es wird berichtet, dass er zusammen mit dem Königssohn Dagobert aufwuchs und wie ein Mitglied der Herrscherfamilie erzogen wurde. Schon früh wurde er auf ein Kirchenamt vorbereitet. Seine Kölner Zeit begann um 625, als Dagobert, der nun selbst König geworden war, seinen Freund und Vertrauten Kunibert als Bischof nach Köln schickte. Die enge Verbindung Kuniberts zum fränkischen Königshof war für Köln, das ganz im Osten des fränkischen Reichs lag, von Vorteil. Köln gewann langsam wieder an Bedeutung.

Heute erinnert uns eine romanische Kirche an Bischof Kunibert. Sie trägt seinen Namen. Kunibert gründete sie mitten in einer kleinen fränkischen Fischersiedlung vor der Stadtmauer. Er gab der Kirche den Namen *Sankt Clemens*. Als er 663 starb, wurde er dort begraben. Weil die Kölner Kunibert sehr verehrten, nannten sie diese Kirche bald nur noch *Sankt Kunibert*.

Der Frankenkönig Dagobert ernennt Kunibert zum Bischof von Köln, Glasfenster aus Sankt Kunibert.

Die Kölner verehrten Kunibert auch deshalb wie einen Heiligen, weil er das Grab der heiligen Ursula entdeckt haben soll. Die Legende erzählt, dass ihm während einer Messe in einer Kirche vor der Stadt (dort, wo heute Sankt Ursula steht) eine weiße Taube auf den Kopf geflogen sei, die sich dann an einer bestimmten Stelle auf dem Boden niedergelassen habe. Dort wären dann tatsächlich die Knochen der heiligen Ursula gefunden worden.

Über ein fränkisches Fürstenpaar in Köln: Pippin und Plektrudis

Pippin von Heristal (um 640–714) wird auch *Pippin der Mittlere* genannt. Er war ein wichtiger Mann am fränkischen Königshof, ein sogenannter *Hausmeier*. Unter einem Hausmeier kannst du dir eine Art Minister vorstellen. Es war die Zeit, als die merowingischen Könige langsam ihre Macht verloren und die karolingischen Hausmeier ihren Einfluss ständig ausbauten. Pippin der Mittlere hatte schon eine so starke Position erlangt, dass er sich selbst sogar *Fürst der Franken* nannte. Pippin war mit einer Frau namens Plektrudis verheiratet. Was haben nun dieser Pippin und seine Gemahlin Plektrudis speziell mit Köln zu tun?

Grabplatte der Plektrudis.

Auf ihren Reisen durch das Land kamen sie gerne nach Köln. Irgendwie mochten sie die Stadt, so dass sie auf den Fundamenten des ehemaligen römischen Kapitoltempels im Jahr 689 eine kleine Kirche errichten ließen. Hierhin kam Plektrudis später für immer zurück, auch wenn sie das ursprünglich nicht geplant hatte. Sie hatte sich so sehr in Machtstreitigkeiten verstrickt, dass sie vom fränkischen Hof fliehen musste. Nach dem Tod ihrer beiden Söhne und ihres Mannes Pippin hatte sie nämlich versucht, ihren Enkel zum Nachfolger ihres Mannes zu machen. Aber ein anderer unehelicher Sohn Pippins, Karl Martell, entschied diesen Machtkampf für sich. Und so floh Plektrudis nach Köln, wo sie weit weg vom fränkischen Hof in Ruhe leben konnte. Sie blieb dort bis zu ihrem Tod. In der kleinen von ihr und ihrem Mann gebauten Kirche wurde sie begraben. An derselben Stelle wurde später die Kirche Sankt Maria im Kapitol erbaut. An Plektrudis erinnern heute noch eine Grabplatte nahe dem Eingang und ein Steinsarkophag im nödlichen/linken Seitenschiff.

Wie Köln ein Erzbistum wurde

Zum Ende des 8. Jahrhunderts wurden die Weichen für die große Zeit Kölns im Mittelalter gestellt. Karl der Große war seit 771 der Alleinherrscher der Franken. Er eroberte große Gebiete im Osten Europas. Diese Osterweiterung sollte für Köln von großer Bedeutung werden. Erinnerst du dich an die frühe fränkische Zeit? Köln war damals Grenzstadt. Nun rückte Köln vom Rand ins Zentrum. Als Karl der Große dann auch noch Köln zum Erzbistum erhob, war Köln eine zentrale Stadt des fränkischen Reichs geworden.

Köln im frühen Mittelalter.

Wie kam es dazu, dass Köln Erzbistum wurde? Die genauen Umstände kennen wir nicht, aber eine Legende erzählt uns von diesem Ereignis – und wie immer mag ein Kern Wahrheit darin stecken: Der Legende nach soll Karl der Große einmal nach Köln gekommen sein. Dazu musst du wissen, dass die mittelalterlichen Herrscher keinen festen Wohnsitz hatten, sondern mit ihrem Hof von Stadt zu Stadt zogen. Keine Stadt konnte die ganze Hofgesellschaft über längere Zeit mit Essen und Trinken versorgen. Außerdem konnte der Kaiser auf diese Weise in den verschie-

nachgefragt

Was ist ein Erzbistum?

In der mittelalterlichen Geschichte spielten Bischöfe und Erzbischöfe eine große Rolle. Immer wieder ist die Rede von dem einen oder anderen Bistum oder Erzbistum. Ein Bistum ist der Bereich und der Besitz, dem ein Bischof vorsteht. Seit der spätrömischen Zeit gab es Bischöfe in den größeren Städten. Sie leiteten die christlichen Gemeinden und ließen die ersten Kirchen bauen. Mit der Zeit kamen immer mehr Besitztümer dazu, wie beispielsweise die Bischofskirche, Wohnhäuser, Ländereien oder Einnahmen durch Steuern und Zoll. Im Mittelalter war der Bischof oft gleichzeitig der Herrscher über die ganze Stadt.

Noch viel mächtiger waren die Erzbischöfe. Wenn ein Bistum zum Erzbistum ernannt wurde, vergrößerten sich seine Macht und Besitz um ein Vielfaches. Dann wurden andere kleinere Bistümer mit ihrem ganzen Besitz dem Erzbischof unterstellt. Die Ernennung zum Erzbistum war daher von großer Bedeutung für eine Stadt. Die mittelalterlichen Erzbischöfe gehörten zu den mächtigsten Personen im ganzen Reich.

denen Städten nach Recht und Ordnung sehen. Als er nun nach Köln kam, soll Karl der Große bei einer kleinen Kapelle vor der Stadt mit einem Priester namens Hildebold zusammengetroffen sein. Dies könnte dort gewesen sein, wo heute noch das Krieler Dömchen in Lindenthal steht. Hildebold lud Karl zum Essen ein und feierte mit ihm die Messe, ohne ihn erkannt zu haben. Als Karl ihm zum Dank ein Goldstück geben wollte, lehnte Hildebold dies ab. Er soll gesagt haben, dass man in der Kirche nicht mit Gold bezahle. Von diesem Tag an waren Karl der Große und Hildebold Freunde. Und als sich 787 die Domherren in Köln auf keinen neuen Bischof einigen konnten, erklärte der Kaiser seinen Freund Hildebold zum neuen Kölner Bischof. Um 795 ernannte Karl

Der Alte Dom

Den Kölner Dom kennt jeder. Aber wusstest du schon, dass es auch einen Alten Dom gab? Das war der Vorgänger des heutigen Doms. Und davor gab es noch andere Kirchen an derselben Stelle. Wissenschaftler haben bei Ausgrabungen unter dem Dom sogar römische Mauerreste gefunden. Sie stammen von einem Haus mit einer ausgedehnten Heizungsanlage. Vielleicht wurde dieses Haus von Bischof Maternus bereits als Kirche genutzt. Mit Sicherheit können wir heute sagen, dass seit dem 4. Jahrhundert an dieser Stelle eine Bischofskirche stand. Die war dem heiligen Petrus geweiht. Auf dem Abhang zum Rhein hinunter befand sich eine Taufkapelle. Zwischen diesem frühen Kirchenbau und der Taufkapelle lag ein Friedhof. Im Laufe der Jahrhunderte wurden weitere Kapellen und Gebäude angefügt. Nachdem Köln zum Erzbistum ernannt wurde, veranlasste vermutlich der erste Kölner Erzbischof Hildebold die Renovierung und den Umbau der vorhandenen Kirche. Mitte des 9. Jahrhunderts brannte dieser Bau ab. So begann man um das Jahr 857 mit einem völligen Neubau. Erzbischof Willibert (Erzbischof von 870 bis 889) konnte den vollendeten Alten Dom 870 weihen.

Wie diese neue Bischofskirche aussah, können wir heute nur ungefähr rekonstruieren. Dabei helfen uns die Ausgrabungen unter dem heutigen Dom und eine Buchzeichnung aus dem 9. Jahrhundert, auf der eine Darstellung des Alten Doms zu sehen ist. Der ehemalige Dombaumeister Arnold Wolff hat eine Zeichnung angefertigt, wie der Alte Dom ausgesehen haben könnte. Demnach befand sich im Osten nach wie vor die Taufkapelle, die schon bei den Vorgängerbauten vorhanden war. Dahinter lag der imposante, lang gestreckte Kirchenbau. Dem schloss sich im Westen das ebenso lange Atrium (ein mit Säulen umstellter Hof) an, in dessen Mitte sich ein Brunnen befand. Die ganze Anlage war direkt an das römische Nordtor angebaut.

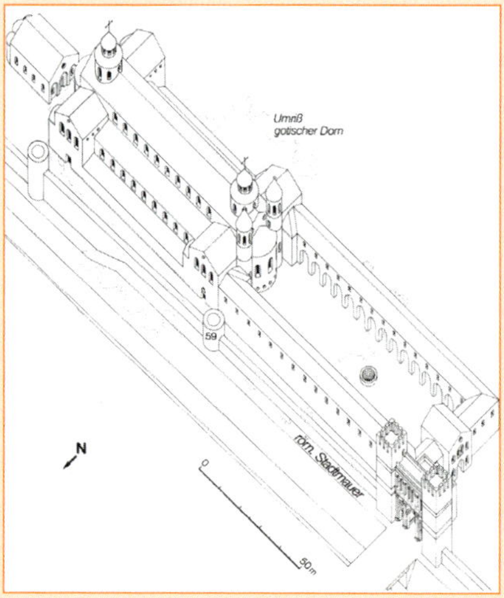

Der Alte Dom um 870.

Köln dann schließlich auch zum Erzbistum, und Hildebold wurde der erste Kölner Erzbischof. Er liegt in Sankt Gereon begraben.

Die Kölner Erzbischöfe spielten in der folgenden Zeit eine besondere Rolle. Sie waren nicht nur die Stadtherren von Köln, sondern zählten auch zu den mächtigsten Männern im Reich. Um ihre Macht und ihren Einfluss auch nach außen zu demonstrieren, ließen sie den Alten Dom erbauen, ein eindrucksvolles Bauwerk.

Wie die Wikinger Köln zerstörten

Hast du schon einmal etwas von den Wikingern gehört? Natürlich. Aber wusstest du, dass sie auch in Köln waren? In den Jahren 881 und 882 kamen sie aus dem Norden den Rhein entlang nach Süden, bis nach Köln. Die Wikinger waren erfahrene Seeleute und hervorragende Schiffbauer. Seit dem Ende des 8. Jahrhunderts unternahmen sie ihre Raubzüge. Mit ihren leisen Schiffen kamen sie fast unbemerkt an eine Stadt heran. Dann stürmten sie auf Pferden von den Schiffen, raubten Schätze und steckten die Häuser in Brand, um ihre Verfolger abzuschütteln. Genauso machten sie es in Köln. Sie verwüsteten viele Gebäude und richteten großen Schaden an. Bis auf die Kirchen Sankt Severin, Sankt Gereon und den Alten Dom war fast die ganze Stadt zerstört. Doch die Kölner erholten sich sehr schnell von diesem Schreck. Sie bauten ihre Häuser und Kirchen wieder neu auf.

Seit dem 10. Jahrhundert wurden die Wikinger friedlicher. Viele von ihnen ließen sich taufen. Von den Franken bekamen sie ein Gebiet im Norden des heutigen Frankreichs, um sich dort niederzulassen. Und da die Wikinger auch *Normannen* genannt wurden, heißt das Land der Normannen bis heute *Normandie*.

Wikingerboot.

EXTRA: Wer war die heilige Ursula?

Keine andere Heilige wurde in Köln so verehrt wie die heilige Ursula. Sie taucht in vielen Gemälden auf, eine romanische Kirche wurde nach ihr benannt, und sie hatte einen entscheidenden Anteil an dem wirtschaftlichen Aufschwung Kölns im Mittelalter. Aber wer war diese Ursula? Hat sie wirklich jemals gelebt? Das, was wir über sie wissen und was uns von ihr erzählt wird, beruht auf einer Legende. Demnach war die heilige Ursula eine Prinzessin aus der Bretagne (Nordfrankreich), deren Schönheit weithin gepriesen wurde. Der englische König hörte von der sagenhaften Schönheit der Ursula und erbat sie als Frau für seinen Sohn. Seine Bitte war nicht ungefährlich für Ursula und ihren Vater, denn der englische König drohte Gewalt an, falls Ursula sich weigerte. Ursula war Christin, der englische Prinz aber nicht. Ursula wollte keinen Mann heiraten, der nicht wie sie an Christus glaubte. Aber gleichzeitig

Ankunft der heiligen Ursula in Köln und ihr Martyrium, Gemälde im Wallraf-Richartz-Museum, um 1450.

Clematiusstein.

hatten sie und ihr Vater Angst vor den Drohungen des englischen Königs. Da stellte Ursula eine Bedingung: Sie wolle den Prinzen heiraten, wenn dieser sich taufen ließe. Außerdem erbat sie sich drei Jahre Zeit, um mit elf Jungfrauen nach Rom zu reisen und sich dort vom Papst segnen zu lassen. Der Prinz willigte ein. Ursula zog mit den Jungfrauen und einer großen Zahl von Mägden auf Schiffen den Rhein bis nach Basel hinauf und dann zu Fuß weiter bis nach Rom. Immer mehr Menschen schlossen sich den Jungfrauen an. Die römischen Herrscher sahen mit Sorge, dass sich so viele Leute taufen ließen. Als Ursula und die Jungfrauen auf ihrer Rückreise von Rom nach Köln kamen, wurden sie von einem Heer von Hunnen ermordet, das von den Römern zu dieser Tat angetrieben worden war. So starben Ursula und ihre Begleiterinnen in Köln den sogenannten *Märtyrertod*.

Heiligenlegenden können keinen Anspruch auf die volle Wahrheit erheben. Aber oft haben sie einen wahren Kern. Lass uns untersuchen, wo der wahre Kern der Ursulalegende liegen könnte. Gehen wir zurück zu den ersten echten Hinweisen auf Ursula und ihre Jungfrauen. Nach einer alten Überlieferung sollen tatsächlich in frühchristlicher Zeit (4. Jahrhundert) einige junge Frauen in Köln wegen ihres christlichen Glaubens getötet worden sein. Da ist allerdings keine Rede von einer Ursula. Diese älteste Nachricht ist in einen Stein eingemeißelt, der aus dem späten 4. Jahrhundert stammt. Er wurde in der Kirche Sankt Ursula gefunden. Schauen wir ihn uns ein bisschen genauer an: Darauf steht, dass ein vornehmer Mann namens Clematius eine Kirche dort bauen ließ, wo die heiligen Jungfrauen ihr Blut vergossen hätten. In dieser sogenannten *Clematius-Inschrift* werden keine Namen der Jungfrauen genannt und keine Zahlen. Es wird auch nicht weiter erwähnt, warum die Jungfrauen sterben mussten. Wir erfahren aber, dass an dem Ort, wo heute die ro-

Ursula-Reliquienbüste.

manische Kirche Sankt Ursula steht, schon im 4. Jahrhundert eine Kirche gestanden haben muss.
Seit dem 9. Jahrhundert tauchte die Geschichte um die Jungfrauen dann erneut in verschiedenen Schriften auf. Und nun war plötzlich die Rede von elf Jungfrauen, die alle einen Namen bekamen. Eine der Jungfrauen hieß von nun an *Ursula*. Die Namen stammten vermutlich von Grabsteinen, die man neben der Kirche gefunden hatte. Dazu musst du wissen, dass die kleine Kirche, die auf Clematius zurückzuführen ist, inmitten eines römischen Gräberfeldes lag. Während der Arbeiten zur Stadterweiterung von 1106 entdeckten die Arbeiter immer mehr Gräber an dieser Stelle. Dass dies überwiegend römische Gräber waren, interessierte die Menschen damals nicht. Sie brachten die Funde mit der Geschichte der heiligen Ursula in Verbindung. Einige wichtige Männer der Kirche übernahmen dann sogar die Leitung der Grabungen. Die enorme Menge von gefundenen Knochen ließ die Zahl der Jungfrauen, die Ursula begleitet haben sollen, stetig anwachsen. Irgendwann sprachen die Kölner von sagenhaften 11.000.

Viele Menschen kamen nach Köln, um hier zu der Heiligen zu beten und *Reliquien* der Ursula oder ihrer Begleiterinnen zu kaufen. (Über *Reliquien* erfährst du mehr auf Seite 64. Besonders beliebt waren die *Ursulareliquiare*. Das waren aus Holz gefertigte Oberkörper von Frauen, die ein kleines Fach im Inneren hatten. Darin wurden die Knochen aufbewahrt. Die meisten Büsten waren am Schädel aufzuklappen. Vorne konnte man manchmal durch eine Öffnung die Reliquien auch sehen. Die Holzbüsten wurden mit leuchtenden Farben angemalt und mit Gold verziert. Die Gesichter ähneln sich alle. Eine hohe Stirn, breite Wangen, eine schmale Nase und ein kleiner Mund gehörten zum Schönheitsideal des Mittelalters. Die Ursulareliquiare wurden bis in entfernteste Länder verkauft. Sie waren im 14. und 15. Jahrhundert ein wirklicher Verkaufsschlager der Kölner Kunsthandwerker.

Grabmal der heiligen Ursula

Nun lass uns zum Schluss noch zu dem Ort in Köln kommen, an dem die heilige Ursula noch heute verehrt wird, zur romanischen Kirche Sankt Ursula. Im Innern des Kirchenbaus sind – ganz typisch für die Romanik – Emporen eingebaut. Das sind erhöhte Räume, die sich zur Mitte hin öffnen. Im Westbau ist eine besonders große Empore. Dort hielten sich während der Messe die Stiftsdamen auf. Denn Sankt Ursula war früher ein Damenstift. Auch an den Seiten des Kirchenraums ziehen sich Emporen entlang. So bekommst du fast den Eindruck, in einem zweigeschossigen Gebäude mit einem überdachten Innenhof zu stehen. Gegen Ende des 13. Jahrhunderts wurde der gotische Chor neu gebaut. Im Chor kannst du an der rechten Seitenwand den Clematius-Stein entdecken, eingemauert in der Wand. Die elf Fenster des Chores sollen an die 11.000 Jungfrauen erinnern. Links vor dem Chor steht das Grabmal der heiligen Ursula. Auf dem Deckel des großen Sarkophags liegt Ursula als feine, liebliche Figur aus weißem Marmor. Noch ein anderer Sarkophag befindet sich in der Kirche. Es ist ein kleiner Kindersarg, der auf vier Säulen steht. Warum der Sarg auf Säulen steht, hat einen bestimmten Grund: In dem Sarg ist Viventia, Tochter eines fränkischen Königs, begraben. Ihre Eltern waren sehr traurig, als ihr Kind so jung verstorben war. Damit ihre Tochter nach dem Tod von vorbildhaften Heiligen umgeben werde, wollten sie Viventia möglichst nahe bei den heiligen Jungfrauen bestatten. Aber Clematius, der Bauherr der Kirche, hatte allen Menschen unter Androhung fürchterlicher Strafen verboten, sich in derselben Erde begraben zu lassen, in der die heiligen Jungfrauen ihr Blut vergossen hatten. So steht es auf dem Stein geschrieben, von dem ich dir erzählt habe. Aus diesem Grund ließen die Eltern den Sarkophag ihrer Tochter auf Säulen stellen. So berührte er nicht die Erde, war aber ganz in der Nähe der Jungfrauen.

Schließlich gibt es in dieser Kirche noch etwas ganz Besonderes zu entdecken: die *Goldene Kammer*. Sie wurde 1643 für die vielen Reliquien eingerichtet. Alle vier Wände dieses Raumes sind mit Knochen von Heiligen dekoriert. Davor stehen zahlreiche Reliquienbüsten. Wenn du diesen Raum betrittst, wirst du neben einem kleinen Schaudern auch einen Hauch von der Bedeutung der Reliquienverehrung und der besonderen Verehrung der heiligen Ursula in Köln spüren können.

Goldene Kammer.

Entwicklung Kölns zur mittelalterlichen Großstadt

Um 900 bis Mitte 13. Jahrhundert

Nun kommen wir zu einem der spannendsten Kapitel der Kölner Geschichte. Und das Schöne an dieser Zeit ist, dass wir heute noch viele Bauwerke und Kunstwerke finden können, die uns von damals erzählen. So wird es dir sicher leichtfallen, dich in diese Zeit hineinzudenken.

Über Erzbischof Bruno, den Bruder von Kaiser Otto dem Großen

Bruno war von 953 bis 965 Kölner Erzbischof. Er war der jüngste Bruder von Kaiser Otto dem Großen (912–973), einem der bedeutendsten Kaiser des Mittelalters. Die beiden Brüder sollen sich gut verstanden haben. Durch die enge Verbindung zum Kaiserhaus konnte Bruno wichtige Rechte für die Stadt durchsetzen, wie zum Beispiel, Zoll für Güter zu verlangen, die in Köln gehandelt wurden. Das Rheinviertel unterhalb des hochgelegenen Stadtkerns, wo sich der Großteil des Handels abspielte, ließ Bruno sanieren. So entwickelte sich Köln zu einer wichtigen Handelsstadt. Aber Bruno wollte noch mehr. Er wollte die ganze Stadt verändern. Er hatte eine genaue Vorstellung davon, wie Köln einmal aussehen würde. Dazu sollten möglichst viele Kirchen gebaut werden. Er ließ den Alten Dom vergrößern und einige Kirchen und Klöster erneuern. Wie ein Netz würden die Wege von einer zur anderen Kirche das

Erzbischof Bruno mit Sankt Pantaleon.

Stadtbild überspannen. Damit sollte den Menschen gezeigt werden, dass sie ständig auf Gottes Wegen gehen und dass die Kirche überall gegenwärtig ist. Bruno wollte aus Köln eine *Gottesstadt* machen. Sie sollte Vorbild auch für andere Städte werden. Seine Vorstellungskraft war sehr groß. Heute würden wir ihn als großen Stadtplaner bezeichnen.

nachgefragt

Was heißt eigentlich »Mittelalter«?

Das mittlere Alter *oder das* Alter in der Mitte*; es ist schon ein seltsames Wort. Tatsächlich ist mit* Mittelalter *die Zeit gemeint, die zwischen der römischen Epoche und der Neuzeit liegt – also in der Mitte. Wie war das noch: Das Weströmische Reich endete 476. Danach regierten nördlich der Alpen unterschiedliche Volksstämme und Familien, bis die merowingischen Franken große Teile Germaniens zu einem Reich vereinten. Den Merowingern folgten die Karolinger. Mit Karl dem Großen und seiner Machtübernahme machte das Mittelalter dann einen wichtigen Entwicklungsschritt. Im Jahr 800 ließ Karl sich vom Papst in Rom zum Kaiser krönen. Er war der erste fränkische Kaiser. Der Kaisertitel ist der höchste Herrschertitel. Karl der Große wollte mit seiner Krönung zum Kaiser an das römische Kaisertum anknüpfen. Deshalb wurde das Herrschaftsgebiet auch das* Heilige Römische Reich *genannt. Es umfasste große Teile des heutigen Frankreichs, die Alpenländer mit Norditalien und das heutige Deutschland. Später erhielt das Heilige Römische Reich den Zusatz* Deutscher Nation*, weil es über 450 Jahre bis 1250 von vier deutschen Familiengeschlechtern regiert wurde: den Karolingern, den Ottonen, den Saliern und den Staufern.*

Die Bezeichnung Mittelalter stammt nicht aus der Zeit selbst, sondern wurde von den nachfolgenden Epochen eingeführt und zunächst als abfällige Bewertung benutzt. Mittlerweile wissen wir, dass diese Zwischenzeit*, das Mittelalter eine sehr vielseitige, hochinteressante und geistreiche Zeit war. Wenn du heute den Begriff* Mittelalter *liest oder hörst, dann hat er nicht mehr diese negative Bewertung.*

Brunos Lieblingskirche war Sankt Pantaleon mit dem dazugehörigen Kloster. Die Fertigstellung des Baus konnte er nicht mehr erleben, denn er starb mit 40 Jahren während einer Reise nach Reims in Frankreich. Von dort wurde sein Leichnam nach Köln gebracht. Nach einem feierlichen Trauerzug durch die Stadt wurde Bruno auf eigenen Wunsch in seiner Lieblingskirche Sankt Pantaleon begraben. Der Sarkophag Brunos steht dort in der Krypta. Bruno war ein großer Mann – im wahrsten Sinn des Wortes: Er maß 1,90 Meter. Das war im Mittelalter eine außergewöhnliche Größe. Als Wissenschaftler im 20. Jahrhundert seinen Sarkophag öffneten, konnten sie das Skelett vermessen und kamen so zu diesem erstaunlichen Ergebnis. Sein Bruder, Kaiser Otto der Große, war übrigens auch so ein Riese.

Skelett Brunos.

Wie Kaiserin Theophanu nach Köln kam

Otto der Große hatte sich schon lange eine Verbindung des fränkischen Reichs mit dem bedeutenden und reichen byzantinischen Reich gewünscht. Solche Verbindungen zweier Reiche wurden im Mittelalter oft durch Hochzeiten geschaffen. Dabei kam es nicht darauf an, ob sich die Eheleute schon kannten oder gut verstanden. Es ging darum, Herrscherhäuser zusammenzulegen, die Macht zu sichern und den Einfluss zu vergrößern. Also schickte Otto der Große einen Gesandten nach Konstantinopel, dem heutigen Istanbul. Dieser Gesandte war Erzbischof Gero von Köln (Erzbischof von 969 bis 976). In Konstantinopel sollte Gero im Auftrag des Kaisers für Ottos Sohn eine Ehefrau finden. Die erhoffte Kaisertochter konnte Gero zwar nicht als Braut für Otto II. gewinnen, dafür aber immerhin die Nichte des byzantinischen Kaisers mit Namen Theophanu. Wie sich später herausstellen sollte, war sie eine hochbegabte junge Frau. 972 wurde Theophanu im Alter von 17 Jahren in Rom mit Otto II. verheiratet und zur Kaiserin gekrönt. Obwohl Theophanu und Otto II. sich vor der Hochzeit nicht kannten, sollen sie sich wirklich geliebt haben. Schon ein Jahr nach der Hochzeit starb Otto der Große und sein Sohn Otto II. folgte ihm auf den Thron. Jetzt wurde deutlich, wie gut die Wahl seiner Frau Theophanu gewesen war. Sie beriet ihn bei vielen wichtigen politischen Entscheidungen. Nachdem dann auch Otto II. 983 mit nur 28 Jahren gestorben war, übernahm Theophanu die Regierungsverantwortung für ihren erst dreijährigen Sohn Otto III.

Theophanu wird als eine feinsinnige und kluge Frau beschrieben. Sie war unglaublich reich und brachte viele Schätze mit in das Ottonenreich. Sie hielt sich gerne in Köln auf und un-

hingeschaut

Das Gerokreuz

Im Kölner Dom hängt eines der ältesten Kunstwerke des Mittelalters: Im Chorumgang findest du das fast drei Meter große Gerokreuz. Das Kreuz ist nach dem Erzbischof Gero (Erzbischof von 969 bis 976) benannt, von dem ich dir im Abschnitt über die Kaiserin Theophanu bereits erzählt habe. Er war vermutlich der Auftraggeber für dieses monumentale Kreuz, das um 975 entstanden ist. Somit zählt es zu den ältesten großen Kreuzen, die heute noch erhalten sind.

Der gekreuzigte Christus wird hier so dargestellt, als ob er schlafe. Das grausame Sterben am Kreuz wird nicht gezeigt. Jesus sollte den Menschen ein Vorbild sein und ihnen vermitteln, dass ihr Leben nach dem Tod weitergeht. Die Menschen konnten diesem Jesus vom Gerokreuz glauben, dass der Tod eine Erlösung und gleichzeitig der Übergang in das himmlische Leben sei.

Gerokreuz.

terstützte großzügig die Bauarbeiten an der Kirche Sankt Pantaleon. Auf ihren eigenen Wunsch hin wurde sie nach ihrem Tod 991 dort begraben. Ihr Sarkophag steht im nördlichen Westbau. Es ist allerdings ein neuer Sarkophag von 1965. Auf der Stirnseite siehst du eine Darstellung von Theophanu und Otto II. als Hochzeitspaar. Der ursprüngliche Sarkophag bestand aus rotem Porphyr, dem teuersten Stein der damaligen Zeit.

Noch eine Bemerkung zu Erzbischof Gero: An ihn erinnert uns heute noch das Gerokreuz im Kölner Dom. Gero und Otto der Große waren gute Freunde geworden. Als der Kaiser 973 starb, saß Gero an seinem Sterbebett.

Elfenbeintafel mit Otto II. und Theophanu unter dem Schutz Gottes.

Über Erzbischof Heribert und seine Freundschaft zu Otto III.

Die guten Beziehungen zwischen den Ottonen und den Kölner Erzbischöfen setzten sich im Verhältnis zwischen Otto III. und Erzbischof Heribert (Erzbischof von 999 bis 1021) fort. Otto III. war der Sohn des Kaiserpaares Otto II. und Theophanu. Im Jahr 999 wurde Heribert vom Kaiser zum neuen Kölner Erzbischof ernannt. Als Heribert sein Kirchenamt in Köln antrat, tat er das barfüßig. Ja, du hast richtig gelesen: Heribert zog barfüßig im kalten Winter in die Stadt ein bis zum Dom, wo er geweiht wurde. Damit wollte er seinen Respekt vor dem Erzbistum Köln zeigen. Barfuß gehen galt im Mittelalter als Zeichen der Demut und Unterwerfung.

Um das Jahr 1000 besuchte Otto III. Köln und betete an den Gräbern seiner Mutter, der Kaiserin Theophanu, und seines Großonkels, des Erzbischofs Bruno. Gemeinsam mit Heribert plante er ein neues Kloster auf der rechten Rheinseite. Doch schon 1002 starb Otto III. mit etwa 22 Jahren. Er wurde in einem Leichenzug durch Köln getragen und anschließend in Aachen neben Karl dem Großen begraben. Heribert ließ das Kloster in Deutz erbauen, wie er es seinem Freund Otto noch auf dem Totenbett versprochen hatte. Neben vielen anderen wertvollen Dingen schenkte er dem Kloster die angrenzenden Gebiete, die heutigen Stadtteile Vingst, Kalk, Poll sowie ein Viertel des Königsforstes. 1020 weihte Heribert den fertigen Bau. Als er ein Jahr später starb, wurde er vor dem Altar der neuen Kirche begraben. Heribert gehört zu den Kölner Erzbischöfen, die schon bald nach ihrem Tod heiliggesprochen wurden, wie auch Bruno und Anno II. Seine Gebeine werden in einem kunstvollen Hei-

hingeschaut

Der Kamm des heiligen Heribert

Kamm des heiligen Heribert.

Vermutlich gehörte dieser Kamm dem Kölner Erzbischof Heribert, der ihn entweder gekauft oder vielleicht auch geschenkt bekommen hatte. Der Kamm ist aus Elfenbein geschnitzt und wurde in der zweiten Hälfte des 9. Jahrhunderts angefertigt. In feinster Schnitzarbeit sind Pflanzenmotive dargestellt, die die Kreuzigungsszene in der Mitte einrahmen. Der Kamm ist kunstvoll nach oben gebogen und mehr ein Kunstwerk als ein Gebrauchsgegenstand. Mit so einem Kamm sollte der Priester vor einem feierlichen Gottesdienst seine Haare kämmen und gleichzeitig – symbolisch –seine Gedanken damit ordnen und reinigen. Der kostbare Kamm befindet sich heute im Museum Schnütgen. Solche Gegenstände, die für den Gottesdienst und die Messfeier eine wichtige Rolle spielen, nennt man liturgische Geräte.

ligenschrein des 12. Jahrhunderts in der Kirche Neu-Sankt Heribert aufbewahrt, die anstelle der alten Klosterkirche errichtet wurde. Und noch ein ganz besonderes kleines Kunstwerk trägt den Namen von Erzbischof Heribert: der Kamm des Heribert.

Wie Erzbischof Anno II. in Köln regierte

Niemand stellte damals die Stadtherrschaft der Erzbischöfe ernsthaft in Frage. Als aber die Erzbischöfe sich immer mehr wie Könige aufführten und die Rechte der Bürger stark einschränkten, verschlechterte sich das Verhältnis zwischen dem Erzbischof und den Kölnern drastisch. Die ersten heftigen Konflikte gab es mit Erzbischof Anno, der im Jahr 1056 die Stadtherrschaft in Köln übernommen hatte.

Ich möchte dir eine Geschichte von Anno erzählen, die dir zeigt, wie machtbesessen, aber auch raffiniert Anno war: Als der damalige Kaiser Heinrich III. 1056 gestorben war, hatte stellvertretend für ihren Sohn Heinrichs Frau Agnes die Regierungsgeschäfte übernommen. Anno war mit den Entscheidungen der Königsmutter oft nicht zufrieden und entführte 1062 kurzerhand den jungen König. Dann erklärte er, dass derjenige, bei dem sich der junge König gerade aufhalte, die Regierungsgeschäfte zu übernehmen habe. Und da er den jungen König in seine Stadt hatte bringen lassen, regierte Anno nun selbst das Land. Das dauerte bis 1065, als Heinrich IV. alt genug für die Regierung war.

Auch innerhalb von Köln regierte Anno rücksichtslos und hart. Davon erzählt eine andere Geschichte: Was würdest du sagen, wenn dein Lehrer dir dein Fahrrad wegnehmen würde mit der Begründung, dass sein Sohn eine Fahrradtour machen wolle? Darüber würdest du dich sicher zu Recht ärgern, und das würdest du dir auch bestimmt nicht gefallen lassen. So ähnlich musst du dir die Situation vorstellen, die sich 1074 in Köln abspielte: Anno ließ das Schiff eines Kaufmanns beschlagnahmen, um damit einen Gast nach Hause bringen zu lassen. Der Kaufmann wollte das nicht einfach hinnehmen. Viele andere Kaufleute unterstützten ihn. Sie bedrängten den Erzbischof. Anno musste sogar aus der Stadt fliehen, aus Angst, man würde ihm etwas antun. Er kroch durch ein Loch in der Stadtmauer direkt hinter dem Dom. Im Domparkhaus kannst du das berühmte *Anno-Loch* sehen. Aber Anno kam kurze Zeit später in Begleitung vieler Soldaten zurück in die Stadt. Seine Rache war fürchterlich. Er ließ seine Gegner hart bestrafen. Viele wurden getötet, und vielen ließ er die Augen ausstechen.

Erzbischof Anno mit den von ihm gegründeten Kölner Kirchen.

Auch wenn du es dir vielleicht nur schwer vorstellen kannst, dieser Anno tat auch Gutes für Köln. Er brachte viele bedeutende Reliquien in die Stadt und verhalf ihr so zu immer mehr Ruhm und Wohlstand. Neben Bruno zählte er zu den großen Stadtplanern des mittelalterlichen Kölns. Unter seiner Herrschaft entstanden viele neue Kirchen, mit denen er die Macht der Kirche zur Schau stellen wollte. Anno ließ auch den Neumarkt als weiteren Handelsplatz für die Stadt anlegen. Als Anno 1075 starb, wurde sein Leichnam acht Tage lang durch die Stadt getragen und in allen großen Kirchen aufgebahrt. Begraben wurde er schließlich in der Klosterkirche Sankt Michael in Siegburg, seinem Lieblingskloster.

Wie es zur Stadterweiterung von 1106 kam

Die Ereignisse aus dem Jahre 1106 sind ein gutes Beispiel für die Auseinandersetzungen zwischen den Kölnern und ihrem Erzbischof, wie sie seit der Regierungszeit von Erzbischof Anno immer wieder vorkommen sollten – du wirst sehen! Zu Beginn des 12. Jahrhunderts kam es zu einem heftigen Streit zwischen Heinrich IV. und Heinrich V. Das waren Vater und Sohn, beide Mitglieder der salischen Kaiserfamilie. Sie wollten beide Kaiser sein. Die Kölner Bürger unterstützten den noch herrschenden Heinrich IV. Der Kölner Erzbischof Friedrich I. von Schwarzenburg hingegen stand auf der Seite von Heinrich V., der seinen Vater vom Thron stoßen wollte. Mit dem Einverständnis des noch amtierenden Kaisers Heinrich IV. vertrieben die Kölner ihren Erzbischof aus der Stadt. Um sich gegen die Truppen des Erzbischofs besser verteidigen zu können, erlaubte der Kaiser ihnen, ihre Stadt neu zu befestigen. Und so begannen die Kölner 1106 mit der ersten Stadterweiterung Kölns im neuen Jahrtausend. Die alten römischen Stadtmauern wurden, soweit dies möglich war, repariert. Gleichzeitig wurden einige Wohnviertel, die bislang außerhalb der Stadtmauern lagen, in die Stadt einbezogen, so auch die Siedlungen um die Kirchen Sankt Kunibert, Sankt Ursula und Sankt Andreas im Norden, Sankt Georg im Süden und Sankt Aposteln im Westen.

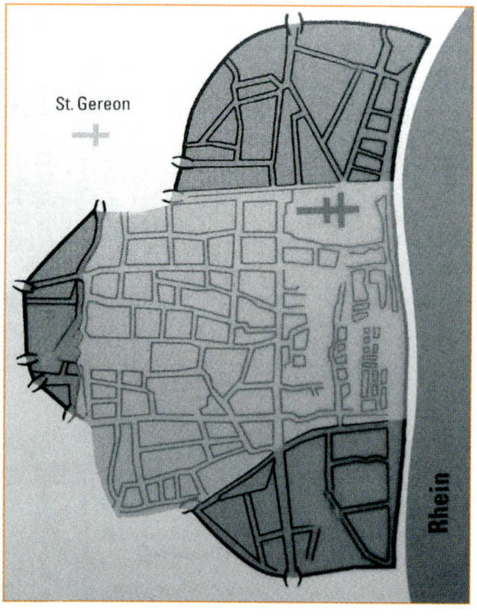

Stadterweiterung von 1106.

Hast du noch den viereckigen römischen Stadtgrundriss vor Augen? Nun hatten die Kölner eine halbrunde Stadt, die an der geraden Seite vom Rhein begrenzt wurde.

Übrigens, nachdem Heinrich IV. gestorben war, belagerte Heinrich V. über längere Zeit weiter erfolglos Köln. Um diesen Belagerungszustand zu beenden, schlossen die Kölner mit dem neuen Kaiser Frieden. Dafür mussten sie ihm aber eine große Geldsumme übergeben.

Über das »Heilige Köln«

Was für ein merkwürdiger Name: *Heiliges Köln*. Kann eine Stadt heilig sein? Zumindest war das die Auffassung der Kölner im Mittelalter. Auf dem Kölner Stadtsiegel aus dem 12. Jahrhundert steht es so geschrieben, genauso wie auf Kölner Münzen dieser Zeit: *Sancta Colonia*; das ist Latein und heißt: *Heiliges Köln*. Das *Heilige* in Köln waren die vielen Andenken und Geschichten von Heiligen und vor allem die *greifbaren* Erinnerungen an sie, die sogenannten *Reliquien*. Erinnere dich an die Legenden von Ursula und Gereon und die vielen

hingeschaut

Das Stadtsiegel

Das erste Kölner Stadtsiegel entstand vermutlich im frühen 12. Jahrhundert. Aus dem Jahr 1149 ist eine Urkunde mit diesem Stadtsiegel bekannt. Köln war eine der ersten Städte in Europa, die ein Stadtsiegel führten. Im Mittelalter war es üblich, Urkunden, Gesetze und Vereinbarungen mit einem Siegel zu bedrucken, um damit die Gültigkeit zu bestätigen. Normalerweise besaßen sie Könige und Fürsten. Auch die Kölner Erzbischöfe hatten als Stadtherren von Köln ihre eigenen. Aber dass die Kölner Bürger ein Siegel hatten, war sehr ungewöhnlich. Sie sahen sich und ihren Einfluss in der Stadt als so wichtig an, dass sie ihr eigenes Siegel anfertigen ließen, mit dem sie von nun an ihrerseits Beschlüsse und Verträge unterzeichnen konnten.

Auf dem Siegel sitzt, umgeben von gotischen Bauelementen und einer angedeuteten Stadtmauer, Petrus mit dem Schlüssel in der Hand als Beschützer der Stadt. Im äußeren Kreis steht in Latein geschrieben: SANCTA COLONIA DEI GRATIA ROMANAE ECCLESIAE FIDELIS FILIA (= Heiliges Köln, von Gottes Gnade der römischen Kirche getreue Tochter). Damit beziehen sich die Bürger Kölns eindeutig auf die Kirche und den Reichtum ihrer Stadt an Reliquien.

Dieses alte Stadtsiegel ging 1267 bei Unruhen in der Stadt verloren. Aber bereits ein Jahr später wurde ein neues angefertigt, das bis 1794 gültig war und heute im Kölnischen Stadtmuseum aufbewahrt wird.

Kölner Stadtsiegel.

Gräber, in denen angeblich Reliquien gefunden wurden. Aber auch aus anderen Orten und Gegenden kamen Reliquien nach Köln. Viele Kölner Erzbischöfe beschenkten damit ihre Stadt. Schon Bruno hatte aus Rom den Petrusstab und die Ketten des Petrus nach Köln gebracht. Einige der Kölner Erzbischöfe wurden nach ihrem Tod selbst als Heilige verehrt, wie beispielsweise Bruno, Heribert oder Anno II.

Die bedeutendsten Reliquien kamen 1164 in die Stadt: die Gebeine der Heiligen Drei Könige. Woher kamen sie, und wie gelangten sie nach Köln? Die Geschichte dieser Reliquien beginnt in Italien, genauer gesagt in Mailand. Der Kölner Erzbischof Rainald von Dassel (Erzbischof von 1159 bis 1167) war damals ein enger Berater des Kaisers Friedrich I. (Kaiser von 1155 bis 1190), der aufgrund seines roten Bartes den Beinamen *Barbarossa*

nachgefragt

Was sind Reliquien?

Mit Reliquien *werden die Überreste von Heiligen bezeichnet. Das können Knochen, Haare, aber auch Kleiderreste oder Gegenstände sein, die mit den Heiligen zu tun hatten. Viele Heilige sind sogenannte* Märtyrer. *Das waren Menschen, die in den Anfängen des Christentums trotz Verfolgung und Bedrohung dem christlichen Glauben treu blieben und deswegen – oft grausam – sterben mussten. Den Tod, den sie erlitten, nennt man das* Martyrium. *Für die nachfolgenden Generationen wurden diese Märtyrer zu Heiligen. Sie verehrten sie und flehten sie um Hilfe an. Es gab allerdings auch Menschen, die, ohne grausam getötet worden zu sein, zu Heiligen wurden. Das konnten Kaiser, Bischöfe oder Gelehrte sein.*

Reliquien galten als besonders wertvoll. Die Menschen glaubten, dass sie Wunder vollbringen könnten. Außerdem glaubten sie, dass sie mit Hilfe einer Reliquie eher in den Himmel kommen würden. Ob die Geschichten der Heiligen, von denen die Reliquien stammten, sich wirklich so abgespielt haben, war für die Menschen im Mittelalter nicht entscheidend. Sie glaubten an die Echtheit der Reliquien und deren Kraft, die sie in schwierigen Situationen unterstützen sollte. Die Verehrung der Heiligen und der Reliquien war im Mittelalter ein wichtiger Bestandteil des täglichen Lebens. Für die meisten Reliquien wurden kostbare Behältnisse angefertigt, die sogenannten Reliquiare. *So entwickelte sich ein richtiger Handel mit aller Art von Knochen und Knöchelchen und anderen teilweise seltsamen Dingen. Kunsthandwerk und Kunsthandel kamen dadurch gut in Schwung, und die Kölner Handwerker konnten mit Reliquien und Reliquiaren viel Geld verdienen.*

(= Rotbart) erhalten hatte. Barbarossa hielt sich lange Zeit in Italien auf, weil sich die norditalienischen Städte nicht länger dem deutschen Kaiser unterwerfen wollten. So kam es zu vielen kämpferischen Auseinandersetzungen zwischen den kaiserlichen Soldaten und den Italienern. Mit der Hilfe Rainald von Dassels gelang es dem Kaiser schließlich, Mailand zu besiegen. Als Dank schenkte Barbarossa dem Kölner Erzbischof die Gebeine der Heiligen Drei Könige, die bis dahin in Mailand aufbewahrt worden waren. Kannst du dir vorstellen, wie mühevoll der Weg von Mailand nach Köln war? Auf Pferdekarren mussten die Särge über die Alpen gezogen werden. Das letzte Wegstück konn-

hingeschaut

Der Dreikönigenschrein

Betrittst du den Dom, leuchtet und glänzt er dir schon von Weitem entgegen: der Dreikönigenschrein im Langchor des Kölner Doms. Wusstest du, dass in dem Schrein zusätzlich zu den Gebeinen der Heiligen Drei Könige auch noch die Gebeine von drei weiteren Heiligen aufbewahrt werden? Damit alle diese Reliquien darin Platz fanden, musste der Schrein sehr groß werden. Zwischen 1180 und 1225 wurde er von dem Goldschmied Nikolaus von Verdun und anderen Meistern geschaffen. Mit viel Gold und kostbaren Edelsteinen verziert, sollte der Schrein den Heiligen Drei Königen ein königliches Grab sein. In seiner äußeren Form ähnelt er dem gotischen Dom und ist damit so etwas wie eine Kirche in der Kirche. *Die Heiligen Drei Könige sind an einer Stirnseite dargestellt, wie sie zu Maria mit dem Jesuskind kommen. Rundherum sitzen unter Bogen und zwischen Säulen Propheten und Apostel, über die in der Bibel berichtet wird. Die dargestellten Figuren zeigen alle eine gewisse Eigentümlichkeit, als ob die Künstler versucht hätten, wirklich alle Figuren unterschiedlich zu gestalten. So sind sehr lebendige Darstellungen entstanden. Der Kölner Dreikönigenschrein ist eine der kostbarsten und schönsten Goldschmiedearbeiten des gesamten Mittelalters und weltberühmt.*

Dreikönigenschrein.

ten sie per Schiff auf dem Rhein transportiert werden. Schließlich kamen die wertvollen Reliquien 1164 in Köln an. Feierlich wurden sie in den Alten Dom gebracht. Ein kostbarer Schrein wurde für sie angefertigt, der Dreikönigenschrein.

Nun kamen aus allen Himmelsrichtungen die Menschen nach Köln, um hier den Heiligen möglichst nahe zu sein. Diese Gläubigen werden *Pilger* genannt. Sie brachten viel Geld in die Stadt, denn alle diese Menschen wollten in Köln etwas essen, und sie mussten irgendwo schlafen. Das freute die Wirtsleute. Viele der Menschen, die ursprünglich nur zu Besuch nach Köln gekommen waren, blieben hier. Der Aufschwung Kölns zu einer der bevölkerungsreichsten und bedeutendsten Hauptstädte des Mittelalters war nicht mehr aufzuhalten.

Porträtplastik Rainald von Dassel.

Noch ein Wort zu Rainald von Dassel, dessen Wirken so entscheidend für die Entwicklung Kölns gewesen ist: Rainald hielt sich während seiner Zeit als Kölner Erzbischof nur kurze Zeit in Köln auf. Trotzdem ließ er hier einen großen neuen erzbischöflichen Palast mit vielen Nebengebäuden erbauen, den sogenannten *Domhof*. Mit eigener Kornkammer, Bäckerei, Fleischerei und Brauhaus, einem Brunnen und einer Waffenschmiede war der Domhof ein riesiger, selbstständiger Bezirk innerhalb der Stadt. Von all dem ist nichts erhalten geblieben. Nur der Straßenname *Am Hof*, wo sich heute die *Hof*brauerei Früh befindet, erzählt uns noch, dass hier einmal der große Domhof gestanden hat.

Über die Stadt der 100 Kirchen

Seit der Mitte des 12. Jahrhunderts entstanden mehr als 300 kirchliche Gebäude wie Kirchen, Kapellen, Klöster und Hospitäler in Köln. Nur ganz wenige dieser Bauten sind erhalten. Sicher hast du schon einmal von den *zwölf romanischen Kirchen* gehört, die noch heute in Köln stehen. Dazu kannst du mehr in einem EXTRA lesen. Nun aber möchte ich dir von den Klöstern, Stiften und Pfarrkirchen erzählen, die Köln im Mittelalter zur *Stadt der 100 Kirchen* machten. Übrigens: Im Stadtmuseum gibt es ein Modell des mittelalterlichen Köln.

Modell aus dem Stadtmuseum.

Die Klöster und Stifte spielten damals in Köln eine wichtige Rolle. Ich möchte dir kurz den Unterschied zwischen einem Kloster und einem Stift erklären: Die Mönche und Nonnen in einem Kloster versprachen, ein Leben lang Gott zu dienen und auf Geld und Reichtum zu verzichten sowie darauf, selbst Familien zu gründen und Kinder zu bekommen. Stiftsdamen oder Stiftsherren dagegen konnten ihren eigenen Besitz behalten, wenn sie in ein Stift einzogen. Dort beteten sie und aßen zwar zusammen wie in einem Kloster, mussten aber nicht das Gelübde der Armut und Keuschheit (= Versprechen, auf eigenen Besitz und körperliche Liebe zu verzichten) ablegen. Sie konnten jeder-

Minoritenkirche.

Sankt Kolumba, Aufnahme von 1929.

zeit das Stift wieder verlassen. Besonders für unverheiratete Töchter aus reichen Familien boten die Stifte eine gute Unterbringung, gute Verpflegung und gute Ausbildung. Stifte in dieser Form gibt es heute nicht mehr. Klöster und Stifte waren wie kleine *Städte* in der Stadt. Dazu gehörten neben der Kirche auch Wohnhäuser, meistens auch eine eigene Schule und ein eigener Friedhof. Arme, kranke oder alte Menschen konnten hier Unterstützung finden. Alle Gebäude waren von einer Mauer umgeben. Ob Stift oder Kloster, beides waren Orte der Bildung, Kultur und Wissenschaft. Ein Beispiel dafür war das Minoritenkloster. Im 13. Jahrhundert erbauten Bettelmönche des Franziskanerordens die Minoritenkirche Sankt Mariä Empfängnis. Kirche und Kloster entwickelten sich schnell zu einem solchen Ort des Studiums und der Wissenschaften, an den viele Gelehrte aus ganz Europa kamen. Unter ihnen war auch der Franziskaner Johannes Duns Scotus (1265/66–1308), einer der ganz großen Gelehrten seiner Zeit. Sein Grab befindet sich in der Minoritenkirche.

Neben den Kloster- und Stiftskirchen gab es die Pfarrkirchen. Sie waren für die Menschen der einzelnen Stadtviertel zuständig. Jeder Einwohner gehörte einer Pfarrei an, von seiner Geburt bis zu seinem Tod. Dort wurden Gottesdienste, Trauungen, Taufen und Beerdigungen ausgerichtet. Die größte Pfarrkirche Kölns war Sankt Kolumba. Sie war auch die wichtigste Kirche für die Kölner Bürger. Hier wurden etwa 40 Bürgermeister bestattet. Die Kirche wurde schon vor 900 gegründet und im Laufe der Jahrhunderte immer wieder erneuert und umgebaut. Innen war sie durch Bürgerstiftungen reich ausgestattet, zum Beispiel mit Altarbildern, die heute im Wallraf-Richartz-Museum hängen. Im Zweiten Weltkrieg wurde sie weitgehend zerstört, genauso wie die Pfarrkirchen Sankt Alban und Klein Sankt Martin. Von Sankt Kolumba und Sankt Alban kannst du heute nur noch Ruinen sehen, von Klein Sankt Martin steht nur noch der Turm. Aber eine Pfarrkirche des Mittelalters ist noch vollständig erhalten und wird auch heute noch als Pfarrkirche genutzt: Sankt Peter.

Sankt Nikolaus in Dünnwald.

Lass uns nun noch einen kurzen Blick auf die rechte Rheinseite werfen: Auch hier wurden im Mittelalter Kirchen und Klöster gebaut. Sie gehörten nicht zur eigentlichen Stadt, aber zum Machtbereich des Kölner Erzbischofs. Die größte romanische Kirche im Rechtsrheinischen ist Sankt Nikolaus in Dünnwald. Früher war sie eine Klosterkirche mit dazugehörigen Klostergebäuden.

hingeschaut

Sankt Peter

Wann genau der erste Bau von Sankt Peter errichtet worden ist, wissen wir nicht. In der Mitte des 12. Jahrhunderts wurde auf jeden Fall ein Umbau oder Neubau in Angriff genommen. Aber auch dieser Bau hatte keinen Bestand. Denn von 1515 bis 1530 wurde die ganze Kirche noch einmal erneuert, so wie sie heute dasteht. Mit breiten Emporen ist ein heller, großzügiger Kirchenraum entstanden, der durch besonders schöne Fenster beleuchtet wird. Nur der Turm stammt noch aus dem 12. Jahrhundert. Und das kannst du heute noch gut erkennen, denn der Fußboden des Turms liegt tiefer als der restliche Boden der Kirche. Außerdem wirst du feststellen, dass sich der Turm nicht genau in der Mitte des Kirchenraums befindet, sondern etwas seitlich verrückt ist. Sankt Peter war der letzte Kölner Kirchenbau des Mittelalters.

Sankt Peter, Innenraum.

Heute wird sie als Pfarrkirche genutzt. Sie lag in der Nähe eines alten Handelswegs, der schon in vorrömischer Zeit rechts des Rheins verlief. Da die Menschen für ihre Waren hier eine Abgabe, die sogenannte *Maut*, entrichten mussten, nannte man den Weg auch den *Mautpfad*. Daraus wurde schließlich der *Mauspfad*, der sich heute noch als eine Hauptstraße durch mehrere rechtsrheinische Stadtteile zieht. Erst seit dem 20. Jahrhundert gehören diese Vororte mit allen ihren Kirchen zu Köln.

Wie die große Stadtmauer gebaut wurde

Als die Bevölkerung immer weiter anwuchs und die Stadt immer enger und voller wurde, begannen die Kölner im Jahr 1180 damit, eine neue, größere Stadtmauer zu errichten. Die Reichen der Stadt bezahlten den Mauerbau. Aber die Kölner hatten ihren Erzbischof vorher nicht um Erlaubnis gefragt. So kam es – wie du dir vorstellen kannst – zu einer heftigen Auseinandersetzung mit dem Erzbischof Philipp von Heinsberg (Erzbischof von 1167 bis 1191), der sich übergangen fühlte. Doch Kaiser Barbarossa, der zu dieser Zeit regierte, konnte den aufgebrachten Erzbischof beruhigen und den Konflikt schlichten. So blieb dem Erzbischof nichts anderes übrig, als den Mauerbau zu gestatten. Dafür verlangte er jedoch eine große Summe Geld von den Kölnern.

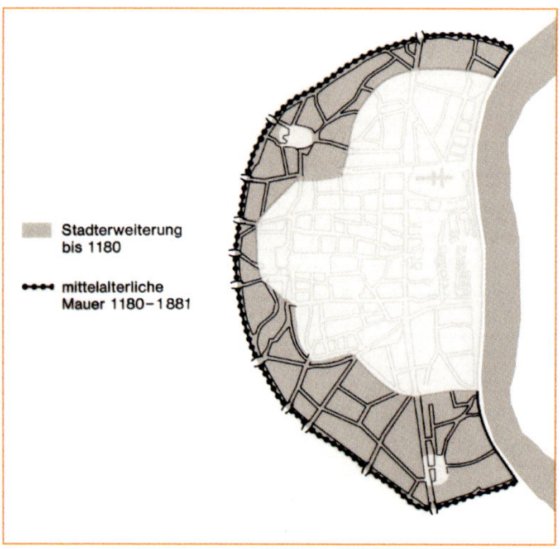

Stadterweiterung von 1180.

In einem großen Halbkreis zog sich die 7,5 Kilometer lange Stadtmauer mit zwölf Toren um die Stadt. Es war eine eindrucksvolle Mauer. Wir wollen gemeinsam die alte Mauer abgehen und die noch erhaltenen Mauerreste anschauen. Ein paar kleine Geschichten, die sich an der Mauer zugetragen haben, sollen dir das Bauwerk mit Leben füllen.

Beginnen wir den Rundgang in der Südstadt am Rhein. Dort steht der Bayenturm mit seinem achteckigen Obergeschoss. Dieser Turm war von großer strategischer Bedeutung für die Verteidigung. Von hier aus konnten der Landweg und der Wasserweg beobachtet werden. Für die Kölner war der Turm immer auch ein Symbol ihrer Unabhängigkeit. Vom Bayenturm aus verlief die Mauer weiter

Bayenturm.

Ulrepforte.

zur mächtigen Severinstorburg, einem Stadttor, das mit einem Turm überbaut war. An diesem alten Stadttor kannst du dir eine Vorstellung von der Größe der gesamten Mauer machen. Gehst du nun ein Stück weiter auf den Ringen Richtung Westen, kommst du an ein kleineres altes Stadttor, die Ulrepforte. Hier soll sich 1268 ein aufregendes Ereignis zugetragen haben. Die Kölner hatten ihren Erzbischof Engelbert II. von Falkenburg (Erzbischof von 1261 bis 1274) nach einem Streit aus der Stadt vertrieben. Mit einer List versuchte der Erzbischof an der Ulrepforte in die Stadt zurückzukehren. Dort soll ein Schuster für viel Geld unter seinem Haus, das direkt an die Stadtmauer gebaut war, ein Loch gegraben haben. Durch diesen Durchschlupf konnten sich die Soldaten des Erzbischofs nachts in die Stadt hineinschleichen. Die Eindringlinge wurden jedoch überrascht und zurückgeschlagen. Ein Relief am Turm der Ulrepforte erinnert an diese Geschichte. Der Turm selbst stammt von einer Windmühle, die dort im 14. Jahrhundert errichtet worden war. Die nächste Station auf den Spuren der Stadtmauer finden wir am Rudolfplatz. Hier steht das Hahnentor. Es war das Haupttor nach Westen. Wenn du nun dem Hansaring folgst, dann kannst du noch ein gutes Stück der eigentlichen Stadtmauer sehen.

Eigelsteintorburg.

Schließlich kommst du zum Ebertplatz, wo das größte aller Stadttore auf dich wartet, die Eigelsteintorburg. Durch dieses Tor mussten Pilger, Kaufleute und alle anderen Menschen gehen, die von Norden her nach Köln kamen.

Zum Abschluss unseres Rundwegs möchte ich dir noch eine kurze schaurige Geschichte erzählen: An der Rheinuferstraße steht ein weiteres, kleines Türmchen aus dem Mittelalter, die *Weckschnapp*. Dies war ein Gefängnis für diejenigen, die zum Hungertod verurteilt worden waren. An der Decke der Zelle hing ein kleines Brot (= Weck). Wenn der Hunger der Verurteilten zu groß wurde, schnappten sie nach dem Brot. Damit aber lösten sie eine Falltür aus, durch die sie in ein Loch fielen, das mit vielen spitzen Messern gespickt war. Die Toten wurden dann unterirdisch in den Rhein gespült. Heute wissen wir, dass dieser Turm gar nicht die eigentliche Weckschnapp ist. Die muss hier ganz in der Nähe gestanden haben.

Nun aber zurück zur Stadtmauer: Mit den erhaltenen Toren und Mauerresten kannst du eine gute Vorstellung von der ursprünglichen Stadtmauer bekommen. Sie war eines der größten Bauwerke im ganzen Reich – und sie war sehr sicher! Die Kölner Stadtmauer konnte nie von Gegnern bezwungen werden. Und wie beurteilte Erzbischof Philipp von Heinsberg schließlich die neue Mauer? Offensichtlich war der Erzbischof später doch zufrieden damit. Das verstehst du, wenn du im Kölner Dom sein Grabmal siehst. Es ist ein schwerer, großer Sarkophag, auf dem die Figur des verstorbenen von Heinsberg von einer Mauer – der neuen Stadtmauer – umgeben ist.

Grabmal von Erzbischof Heinsberg.

Über die Menschen, die im mittelalterlichen Köln lebten

Die Zahl der Einwohner von Köln stieg bis ins Spätmittelalter auf circa 40.000. Damit war Köln die größte Stadt nördlich der Alpen. Wer waren die Einwohner dieses mittelalterlichen Kölns? Nur eine Minderheit teilte sich den Reichtum und den politischen Einfluss. Das waren die adeligen Familien und die reichen Kaufleute. Auf einer etwas niedrigeren Stufe standen die Handwerker. Sie schlossen sich seit dem 12. Jahrhundert in den *Zünften* zusammen. Die Zünfte boten ihnen Schutz bei Krankheiten und im Alter. Die älteste Zunft in Köln war die Weberzunft. War man Mitglied in einer Zunft, so stand man schon auf der besseren Seite der Bevölkerung. »Was die Handwerker können, können wir auch«, dachten sich die Reichen und Adeligen und gründeten ihre eigene Zunft, die *Richerzeche*. Diese Zunft stellte den Bürgermeister und hatte die Marktaufsicht. Damit waren die wichtigsten Ämter in der Stadt der Richerzeche vorbehalten. Es gab auch Reiche, die sich nicht nur um den politischen Einfluss in der Stadt bemühten, sondern auch den Armen helfen wollten. Sie gründeten Mitte des 13. Jahrhunderts in der Johannisstraße eine Niederlassung des Johanniterordens.

Den Großteil der Bevölkerung bildeten die Menschen, die keine Bürgerrechte und keinerlei politischen Einfluss in der Stadt hatten. Dazu gehörten auch die Frauen. Du musst wissen, dass es im Mittelalter kaum alleinstehende oder selbstständige Frauen gab, bis auf ganz wenige Ausnahmen. Entweder waren sie verheiratet, oder sie gingen ins Kloster oder in ein Stift. Seit dem 12. Jahrhundert gab es außerdem die *Beginenhöfe*. Da lebten unverheiratete und verwitwete Frauen ohne klösterliche Versprechungen und kirchliche Pflichten zusammen. Sie erwirtschafteten ihren Lebensunterhalt selbst und waren daher unabhängig. Sie kümmerten sich beispielsweise um Arme und Kranke, besorgten die Leichenwäsche und machten viele Handarbeiten. In Köln gab es aber auch einige der ganz wenigen Frauenzünfte im ganzen Reich: die Zünfte der Garnmacherinnen, der Goldspinnerinnen, der Seidenweberinnen und der Seidenspinnerinnen. Und schließlich sind auch die Geschichten einiger sehr erfolgreicher Unternehmerinnen bekannt. Aber das waren – wie schon gesagt – die Ausnahmen.

Überhaupt keine Rechte hatten die vielen Hilfsarbeiter, Mägde und Knechte. Auch Henker, Musikanten und Gaukler galten nicht als Bürger. Außerdem gab es die Frauen, die als Hexen oder Wahrsagerinnen bezeichnet wurden und deshalb aus der Bürgerschaft ausgeschlossen waren, genauso wie die Juden – egal, ob reich oder arm, Mann oder Frau. Die meisten Pfarrer und Priester hatten auch keine Bürgerrechte und waren dazu sehr arm.

Die unterste Schicht der Gesellschaft bildeten die Kranken und Bettler. Der Aussatz – auch *Lepra* genannt – war eine der schlimmsten Krankheiten im Mittelalter. Man konnte die Krankheit nicht behandeln, und sie war sehr ansteckend. Die Leprakranken hatten deutlich sichtbare Flecken auf der Haut und waren so für jedermann erkennbar. Die Gesunden mieden jeden Kontakt zu den Kranken. Der Kölner Rat beschloss, dass sich Leprakranke wegen der Ansteckungsgefahr nur außerhalb der Stadtmauern aufhalten durften. Das größte Kölner *Leprosenhaus* lag dort, wo heute der Melatenfriedhof ist. Der Name des Friedhofs stammt noch aus dieser Zeit: *Melaten* kommt von *Maladen*. So wurden damals die Kranken bezeichnet.

Den Bettlern ging es da schon etwas besser. Sie waren in der Stadt geduldet. Denn mit einer Spende an die Bettler konnten die Reichen ihr Gewissen beruhigen und sich ein Stück Seelenheil erkaufen. Die ranghöchsten Bettler standen vor dem Dom. Überall dort, wo sich die Pilger aufhielten, waren auch die Bettler zugegen.

Wie das alltägliche Leben im Mittelalter aussah

Der Unterschied im Alltag der Reichen und der Armen war im Mittelalter besonders groß. Während sich die Reichen prachtvolle Kleidung leisten konnten, trugen die Armen einfache, raue Hosen, Röcke und Hemden. Vor allem die reichen Männer kleideten sich gerne mit bunten, auffallenden, leuchtenden Farben. Reiche Frauen wie Männer schminkten sich, trugen teure Pelze und wertvollen Schmuck. Erst seit Anfang des 13. Jahrhunderts gab es Knöpfe zum Verschließen der Kleider. Vorher benutzten die Menschen Broschen und andere Nadeln. Neu war in dieser Zeit außerdem der Spiegel, ein wahrer Luxusgegenstand.

Auch das Essen war sehr unterschiedlich. Die Speisetafeln der Reichen waren reichhaltig gedeckt. Sie aßen viel Fisch und Fleisch. Bei der Zubereitung der Speisen verwendeten sie exotische Spezialitäten wie Korinthen, Kapern, Nüsse und Marzipan. Gewürze waren teuer, da sie aus fernen Ländern herbeigeschafft werden mussten. Pfeffer, Ingwer, Nelken, Safran, Zimt und

hingeschaut

Das Overstolzenhaus

Overstolzenhaus.

In der Rheingasse Nr. 8 findest du das einzige erhaltene Wohnhaus aus der Romanik. Die meisten Wohnhäuser des Mittelalters waren Fachwerkhäuser. Nur Kirchen wurden damals aus Steinen gebaut. Dann aber begannen die reichen Bewohner der Stadt, auch ihre Privathäuser aus Steinen zu errichten. Daher kommt auch die Bezeichnung steinreich. *Die Familie der Overstolz war eine reiche Kaufmannsfamilie und zählte zu den wenigen adeligen Familien der Stadt, die im sogenannten* Engen Rat *vertreten waren. Sie hatten wichtige politische Ämter inne und führten einen aufwendigen Lebensstil. Immer wieder spielten Mitglieder der Familie Overstolz besondere Rollen in der Stadtgeschichte. Zwischen 1220 und 1230 erbauten sie das Haus mit der auffallenden Fassade und dem gestuften Giebel als krönendem Abschluss. Dahinter verbargen sich im unteren Geschoss die Geschäftsräume, darüber ein Festsaal und ganz oben die Warenlager. Die Familie selbst wohnte in einem Fachwerkbau im Hof des Hauses. Dort war es deutlich wärmer und gemütlicher, denn die großen Fensteröffnungen des Steinhauses besaßen keine Glasscheiben. Heute ist nur noch die Fassade original erhalten, der Rest des Hauses wurde neu aufgebaut. Im Inneren fand man bei den Wiederaufbauarbeiten wunderbare Wandmalereien, die Ritterkämpfe zeigen. Im 19. Jahrhundert wurde das Overstolzenhaus als Börse genutzt, und seit 1989 ist dort ein Teil der Kunsthochschule für Medien untergebracht.*

Muskatnuss konnten sich nur die reichen Leute leisten. Dagegen waren die vielen verschiedenen Kräuter und Gewürze aus den heimischen Gärten, wie Petersilie, Salbei, Minze und Meerrettich, Kümmel oder Knoblauch, günstig zu beschaffen. Zucker war ein ganz besonderes Luxusgut. Zum Essen tranken die Reichen Wein.

Das einfache Essen der meisten Menschen bestand häufig aus Suppen, Eintöpfen oder aus einem Brei, zum Beispiel Hafer- oder Griesbrei mit Milch und Honig, oder aus Kohlsuppe mit Speck und Rüben. Sie aßen das, was der Boden je nach Jahreszeit hergab. Es gab in Köln damals immer genügend Getreide und eine große Auswahl an Gemüsesorten. Große Hungersnöte blieben daher aus. Für wenig Geld konnten die Armen die Fleischreste kaufen, die sonst keiner mehr haben wollte, wie Därme, Hirn, Herz, Nieren oder die Knochen. Den Verkaufsstand dafür am Alter Markt nannte man *Kotzbank*. Aus Holland und von der Ostsee kamen außerdem große Mengen von billigem Hering, der in Salz eingelegt war. Das Hauptgetränk der meisten Menschen in Köln war Bier.

Möchtest du einmal sehen, wie die reichen Kölner wohnten? Das Overstolzenhaus ist ein typisches Beispiel dafür, wie die wohlhabenden Kaufmannsfamilien lebten. Im Unterschied zu den Stadthäusern der Reichen mit ihren vielen Zimmern bewohnten die einfachen Menschen meist nur einen Raum, der zugleich Wohnzimmer, Schlafzimmer und Küche war. In diesem Raum befand sich eine Feuerstelle, die möglichst immer brennen sollte. Wenn sie einmal ausging, musste man auf den Nachtwächter warten, der glühende Kohlen bei sich hatte. Mit denen konnte das eigene Feuer wieder angezündet werden.

Nun stell dir einmal vor, du gehst durch die engen Straßen einer mittelalterlichen Stadt: Du wirst auf Schritt und Tritt von Lärm und Gestank begleitet. Hufeklappern, Glockengeläut, Hämmern und Schmieden verbreiten eine ohrenbetäubende Geräuschkulisse; Abfälle und Abwässer, die überall in kleinen Bächen durch die Stadt fließen, stinken fürchterlich. Das war eine ganz andere Welt als heute.

Lass uns noch einen kurzen Blick auf das Leben der Kinder werfen. Die Kinder lebten im Mittelalter wie kleine Erwachsene. Oft mussten sie bereits mit sieben Jahren viele Aufgaben übernehmen und gingen nur in den seltensten Fällen in eine Schule. Lesen und schreiben zu lernen war nur den Kindern der reicheren Bürger vorbehalten. So kam es, dass viele Menschen im Mittelalter nicht lesen, schreiben oder rechnen konnten. Einige Griffel und Wachstafeln aus dem 13. und 14. Jahrhundert kannst du im Stadtmuseum sehen. Die Kinder des Mittelalters spielten gerne mit Würfeln, die aus Knochen geschnitten waren, und mit Murmeln. Sie kannten auch schon das Topfschlagen. Beson-

Mittelalterliche Reiterfigürchen aus Ton.

ders beliebt waren Pferdespiele, bei denen entweder mit Steckenpferden oder mit kleinen Reiterfigürchen aus Ton Reiterkämpfe und Reitturniere nachgespielt wurden. Die Kindheit war jedoch schon früh beendet, denn mit 14 Jahren waren die Kinder heiratsfähig.

Über die Juden im mittelalterlichen Köln

Blicken wir noch einmal zurück in die spätrömische Zeit: 321 erlaubte der römische Kaiser Konstantin den Juden in Köln, sich in den Senat wählen zu lassen. Damit ist sicher, dass es in Köln die älteste bezeugte jüdische Siedlung in Deutschland gab. Im Laufe des Mittelalters wuchs die jüdische Gemeinde deutlich an. Die Juden wohnten im Viertel zwischen der Judengasse, Obenmarspforten, Unter Goldschmied, der Kleinen Budengasse und der Bürgerstraße. Auf einer Bronzeplatte auf dem Rathausvorplatz kannst du die Bebauung des jüdischen Viertels im Mittelalter erkennen. Auf dem Rathausplatz selbst stand die Synagoge. Außerdem gab es in diesem Viertel noch eine Frauensynagoge, ein Hospital, ein Hochzeits- und Spielhaus, eine Backstube, in der das spezielle jüdische *ungesäuerte* Brot gebacken wurde (= Brot, das ohne Hefe oder Sauerteig gebacken wird), eine Badestube und ein Kultbad, Mikwe genannt.

Das Verhältnis zwischen Juden und Christen war von Anfang an schwierig. Wo immer es möglich war, wurde den Juden das Leben erschwert. So durften Juden beispielsweise nicht in die Zünfte aufgenommen werden und konnten deshalb viele Berufe nicht ausüben. In Bildern, Glasfenstern oder Wandbildern wurden Darstellungen gezeigt, die Juden als Kobolde oder Schweine verun-

hingeschaut

Die Mikwe

Mikwe.

Die rituelle Reinigung *spielt in der jüdischen Religion eine wichtige Rolle. Diese rituelle Reinigung ist mehr als ein bloßes Saubermachen. Menschen, die die Mikwe besuchen, haben sich bereits vorher gewaschen. In der Mikwe wollen sie dann ihren Körper und ihre Seele* symbolisch *reinigen. Eine solche Reinigung ist den Juden beispielsweise vorgeschrieben, wenn sie einen Toten berührt haben. Dazu soll der ganze Mensch in sogenanntem* lebendigem Wasser *untertauchen. Damit ist Wasser gemeint, das fließt oder sich irgendwo als Grundwasser gesammelt hat.*

Die Mikwe am Rathausplatz ist das einzige erhaltene Bauwerk aus dem mittelalterlichen jüdischen Viertel. Schon früh wurde an dieser Stelle der tiefe Brunnen für das rituelle Bad gegraben. Im 12. Jahrhundert entstand der Bau, von dem heute noch der Brunnenschacht mit dem Treppenabgang zu besichtigen ist. Der Brunnen reichte bis zum Grundwasser. Je nach Wasserstand des Rheins stieg auch das Wasser in der Mikwe. Die Menschen mussten, nachdem sie sich vom äußeren Schmutz gereinigt hatten, die Treppe hinabsteigen und dann im Grundwasser komplett untertauchen. Auf halbem Weg nach unten befindet sich ein kleiner Umkleideraum. Dort wurde die Kleidung abgelegt. Nach der Judenvertreibung im Mittelalter wurde die Mikwe weiter als Brunnen und später als Abwasserkanal benutzt. Seit 1989 ist sie mit einer gläsernen Pyramide überbaut und wieder begehbar. Heute befindet sich die moderne Mikwe in der Synagoge in der Roonstraße.

glimpften. Erzbischof Anno II. schützte die Juden in Köln vor diesen Anfeindungen. Nach Annos Tod stimmten die Kölner Juden laute Klagelieder an. Sie hatten Angst vor der Zukunft. Zu Recht! Denn im Jahr 1096 zerstörten Kreuzfahrer zusammen mit aufgestachelten Kölnern das Judenviertel in Köln. Doch die jüdische Gemeinde erholte sich von diesem Schock und entwickelte sich im Verlauf des 13. und 14. Jahrhunderts zur wichtigsten deutschen Judengemeinde. Trotz allem verfügte der Rat um 1300, dass das jüdische Viertel mit Mauern umschlossen werden müsse und nur ein Tor und ein paar kleinere Durchgänge den Eingang und Ausgang ermöglichen durften. So entstand ein *Ghetto*. Das heute noch so genannte Laurenzgittergässchen zeigt dir, wo die Grenze (das Gitter) des jüdischen Ghettos verlief.

Die Spannungen zwischen Juden und Christen nahmen weiterhin zu. Als 1348 und 1349 eine große Pestepidemie – der *Schwarze Tod* – überall in Europa Millionen Menschen das Leben kostete und auch nach Köln kam, wurden die Juden dafür verantwortlich gemacht. Man beschuldigte sie völlig zu Unrecht, die Brunnen vergiftet zu haben. In der *Bartholomäusnacht* 1349 zerstörten aufgehetzte Menschen das jüdische Viertel, ermordeten fast alle dort lebenden Juden und bereicherten sich an ihren Besitztümern. Um 1370 erlaubte der Kölner Rat nochmals einigen reichen Juden, sich wieder in Köln anzusiedeln. Sie mussten eine bestimmte Kleidung tragen, damit sie für jeden zu erkennen waren. 1424 wurde dann schließlich doch noch den letzten Juden befohlen, Köln zu verlassen. Um jede Erinnerung an die Juden in Köln auszulöschen, wurde die jüdische Synagoge zur christlichen Ratskapelle Sankt Maria in Jerusalem umgebaut. Die Kapelle wurde im Zweiten Weltkrieg zerstört. Heute siehst du den Grundriss der Synagoge und der Ratskapelle im Pflaster vor dem Rathaus nachgezeichnet.

EXTRA: Die zwölf romanischen Kirchen

In den Kapiteln zum Mittelalter bist du immer wieder auf die zwölf romanischen Kirchen gestoßen. Sie sind ein einzigartiges Zeugnis der Größe Kölns im Mittelalter. Ich möchte dich einladen, diese zwölf Kirchen mit mir zu besuchen. Wenn du irgendwann an einer vorbeikommst, dann gehe doch einfach einmal kurz hinein. Dann erinnerst du dich vielleicht an das eine oder andere, vielleicht entdeckst du Neues, und vielleicht entwickelst du irgendwann eine ganz persönliche Vorliebe für die eine oder andere Kirche. Wenn du nun die folgenden Kirchen zählst, wirst du nur elf finden. Richtig, eine fehlt: Sankt Ursula. Diese Kirche findest du im EXTRA zur heiligen Ursula. Denn da gehört sie natürlich hin. Du wirst sehen, jede Kirche hat etwas Besonderes – und das kann sehr unterschiedlich sein. Die Reihenfolge ist einfach alphabetisch geordnet.

Sankt Andreas

Schon vor dem Jahr 1000 befand sich nördlich des Doms eine kleine Kirche. Damals stand sie noch außerhalb der Stadtmauer. Nach den zwei Stadterweiterungen im Mittelalter gelangte sie immer mehr ins Zentrum der Stadt. Ganz in der Nähe befanden sich die Dominikanerkirche und die Ordensschule der Dominikaner. Beide Gebäude sind nicht mehr erhalten. Dort lehrte Albertus Magnus, der große Gelehrte des 13. Jahrhunderts. Im Kapitel zum Höhepunkt und Ausklang des Mittelalters in Köln kannst du mehr über ihn lesen. Warum ich dir hier von ihm erzähle? In Sankt Andreas liegt Albertus Magnus begraben. Teile seiner Gebeine werden im schweren Steinsarkophag in der Krypta aufbewahrt, andere Teile im Schrein, der im Hochchor aufgestellt ist.

Diesen neuen, sehenswerten, gotischen Chor erhielt Sankt Andreas erst im 15. Jahrhundert. Auch einige andere romanische Kirchen wurden im 14. oder 15. Jahrhundert umgebaut und erhielten damals einzelne gotische Bauteile. Die Gotik war der *moderne* Stil. Die Menschen wollten – wie es auch heute noch ist – mo-

Sankt Andreas, Blick in den Chor

dern sein und sich den Veränderungen der Zeit anpassen. Und als sie direkt vor ihren Augen den Neubau vom gotischen Dom wachsen sahen, waren die Stiftsherren von Sankt Andreas so begeistert, dass sie sich entschieden, auch für ihre kleine Kirche einen neuen Chor errichten zu lassen. Er sollte den neuen Stil des Doms aufgreifen und hell und lichtdurchflutet sein. So kannst du in der romanischen Kirche Sankt Andreas einen wunderschönen, spätgotischen Chor bewundern.

Sankt Aposteln

Zur Geschichte von Sankt Aposteln gibt es einige interessante Quellen. Schauen wir zurück ins 10. Jahrhundert. Im Jahr 965 war Erzbischof Bruno gestorben. Ein Mann namens Ruotger hat die Lebensgeschichte Brunos aufgeschrieben. Darin erzählt Ruotger, dass Brunos Leichnam, bevor er durch die Straßen Kölns getragen wurde, in einer baufälligen, unansehnlichen Kirche im Westen vor der Stadt aufgebahrt worden war. Diese Kirche sei den zwölf Aposteln geweiht gewesen. Daher wissen wir erstens, dass schon im 10. Jahrhundert die Kirche Sankt Aposteln existierte, und zweitens, dass sie in keinem guten Zustand war. Erzbischof Pilgrim, der von 1021 bis 1036 Erzbischof von Köln war, nahm sich des alten baufälligen Kirchenbaus an. So entstand in der ersten Hälfte des 11. Jahrhunderts der Neubau. Pilgrim selbst wurde 1036 in Sankt Aposteln bestattet. In seinem Grab fanden Wissenschaftler eine Plakette, die ihn als Gründer von Sankt Aposteln preist.

Zwischen 1180 und 1200 entstand im Osten ein neuer Chor in der Form eines Kleeblatts, genauso wie die Kleeblattchöre von Sankt Maria im Kapitol und Groß Sankt Martin. Erst nach der großen Stadterweiterung von 1180 lag Sankt Aposteln innerhalb der Stadtmauern. Und erst jetzt konnten die Kölner vom Neumarkt aus die prachtvolle Fassade des Ostchors richtig bewundern.

Sankt Aposteln.

Sankt Cäcilien

Sankt Cäcilien, Innenraum.

Die Gründung des Sankt-Cäcilien-Stifts für adelige Frauen fällt in das Ende des 9. Jahrhunderts. Der erste Kirchenbau wird um das Jahr 888 angenommen. Wie du siehst, ist Sankt Cäcilien schon sehr alt. Erzbischof Bruno regte vermutlich einen Neubau in der Mitte des 10. Jahrhunderts an. Schriftquellen aus dieser Zeit erzählen, dass Sankt Cäcilien ein reiches Frauenstift gewesen ist. Auch deshalb hegten die Stiftsdamen den Wunsch, ihre Kirche noch einmal neu zu bauen. So entstand Mitte des 12. Jahrhunderts ein neuer, aber recht schlichter Bau. Was wir heute sehen, ist also das dritte Gebäude. Besonders schön ist die Westempore gestaltet, die sich weit zum Kirchenraum hin öffnet.

Die weitere Geschichte des Stifts ist schnell erzählt. Seit dem 13. Jahrhundert traten kaum noch adelige Frauen in das Stift ein. Es fehlten Gelder, die Schulden wuchsen. Im Jahr 1474 lebte nur noch eine Frau allein dort: Es war die Äbtissin Elisabeth von Reidenstein. Schließlich übernahmen die Augustinerinnen die Kirche und die Gebäude, bis das Kloster 1802 aufgelöst wurde. Heute kannst du hier die mittelalterlichen Kunstwerke des Museums Schnütgen besichtigen.

Sankt Georg

Sankt Georg gehört zu den schönsten Kirchen Kölns. Von außen wirkt sie eher abweisend und unscheinbar. Aber wenn du das Innere betrittst, erlebst du einen sehr stimmungsvollen, klaren und harmonischen Raum. Das hängt auch damit zusammen, dass in Sankt Georg im Laufe der Zeit wenig verändert wurde. Das Mittelschiff mit den dicken Säulen und der kleine halbrunde Chor im Osten stammen noch aus dem 11. Jahrhundert. Erzbischof Anno erteilte den Auftrag für den Neubau. Er wollte hier ein neues Stift entstehen lassen, das in das verkommene Südstadtviertel mehr Ordnung und Sicherheit bringen sollte. Damals lag das Viertel mit dem Georgsstift noch außerhalb der Stadtmauer. 1067 war die Kirche fertiggestellt.

Sankt Georg, Westchor.

Sankt Georg ist eine Kirche mit zwei Chören, einer im Osten und einer im Westen. In den Jahren 1180 bis 1188 wurde der westliche Chor erneuert. Dieser Westchor gehört zu den eindrucksvollsten und schönsten Kölner Kirchenräumen. Die Wände sind durch verschiedene Elemente wie Bogen, Nischen und schwarze Säulen lebhaft gegliedert. Ein bisschen erinnert uns der Westchor an römische Tempelbauten. Es ist durchaus denkbar, dass sich der Baumeister von Sankt Georg von den Resten der römischen Architektur, die im Mittelalter in Köln noch an einigen Stellen zu sehen waren, anregen ließ.

Über dem Westchor sollte ein mächtiger Turm gebaut werden. Weil aber das Geld ausging, konnte der Turm nicht fertiggestellt werden. Darum steht dort heute noch dieser niedrige Turm mit den massigen Mauern, die ursprünglich für einen wesentlich höheren Aufbau gedacht waren.

Sankt Gereon

Sankt Gereon.

Erinnerst du dich an die Geschichte vom heiligen Gereon und an den fantastischen Bau aus der spätrömischen Zeit? Damit begann die Geschichte dieser Kirche. Auch wenn wir über die Anfänge nicht alles wissen, so ist es doch sicher, dass spätestens seit dem 8. Jahrhundert dieser Bau als Kirche genutzt wurde. Zu Zeiten des Erzbischofs Anno im 11. Jahrhundert war die Kirche in keinem guten Zustand. Da soll Anno – wie eine Legende erzählt – in der Nacht von Gereon und seinen Legionären besucht worden sein. Die Heiligen hätten sich beschwert über den Zustand *ihrer* Kirche und Anno heftig verprügelt. Am nächsten Morgen ließ Anno, der am ganzen Körper blaue Flecken gehabt haben soll, alle Vorbereitungen für einen neuen Chor treffen, der sich an den ovalen, spätrömischen Bau anschließen sollte. Die Baugeschichte von Sankt Gereon war damit noch lange nicht abgeschlossen. Ein wichtiges Ereignis gab den Anstoß zu weiteren Um- und Neubauten: Ende des 11. und Anfang des 12. Jahrhunderts glaubte man, endlich das Grab des heiligen Gereons und seiner Gefährten unter der Kirche gefunden zu haben. Nun wurde noch einmal ein großer Umbau in Angriff genommen. Dabei wurde der alte, spätrömische Bau nicht abgerissen, sondern wie ein kostbares Heiligtum umbaut. Im unteren Mauerwerk kannst du noch die Spuren der spätrömischen Zeit finden. Darüber erhebt sich der neue viergeschossige Raum mit seinen Emporen, Bogen, Säulen und Kapitellen, die alle ein bisschen verschieden aussehen. Der große Neubau wird wegen seiner zehn Ecken *Dekagon* genannt (griechisch: *deka* = zehn). 1227 wurde dieses eindrucksvolle Bauwerk vollendet.

Sankt Kunibert

Über Bischof Kunibert, der im 7. Jahrhundert lebte, hast du schon im Kapitel über die fränkische Zeit etwas erfahren. Nach ihm ist diese Kirche benannt. Zwischen 1210 und 1261 wurde anstelle der alten Kirche der spätromanische Bau errichtet, den du heute noch sehen kannst. Es war der letzte romanische Kirchenbau in Köln. So wie auch Groß Sankt Martin prägt die Ostpartie von Sankt Kunibert nun entscheidend die Kölner Stadtansicht. Mächtig steht die Kirche im Norden der Stadt und zeigt ihre ganze Pracht jedem, der über den Rhein fährt. Wenn du eine kleine Schifffahrt über den Rhein machst, kannst du dir vorstellen, wie sich die Reisenden im Mittelalter gefühlt haben, als sie in Köln ankamen. Die Kölner waren sehr stolz auf ihre Stadt und zeigten das mit ihrer prachtvollen Stadtansicht und den großartigen Kirchenbauten gerne jedem.

Sankt Kunibert.

Im Inneren der Kirche befindet sich etwas ganz Besonderes: Im Chor von Sankt Kunibert sind die ältesten Glasfenster von Köln erhalten. Sie entstanden zwischen 1220 und 1230. Wie in einem Mosaik sind die kleinen, farbenfrohen Glasscheiben zu Bildern zusammengesetzt. Diese Kleinteiligkeit ist typisch für die frühen Fenster des Mittelalters. Das Mittelfenster erzählt vom Leben Jesu, links wird die Geschichte des heiligen Klemens, rechts die Geschichte des heiligen Kunibert erzählt.

In der Krypta von Sankt Kunibert, die tief unter der Kirche über eine lange Treppe zu erreichen ist, befindet sich ein sehr alter Brunnen, der *Kunibertspütz*. Wie alt dieser Brunnen wirklich ist, weiß keiner genau. Auf jeden Fall gab es den Brunnen schon, bevor die Kirche hier erbaut wurde. Und eine alte Überlieferung erzählt, dass die Kölner ihre Babys hier aus dem Kunibertspütz geholt haben sollen.

Sankt Maria im Kapitol

Für viele Kölner ist Sankt Maria im Kapitol die schönste und eindrucksvollste romanische Kirche der Stadt. Dies ist einer der Orte in Köln, wo du 1000 Jahre Geschichte – von der Römerzeit über die Zeit der Franken bis ins Hochmittelalter – nacherleben kannst.

In römischer Zeit stand an diesem Ort der Kapitolinische Tempel. Daher kommt der Name der Kirche. Im Laufe der Jahre verfielen die Mauern, bis Plektrudis, die Frau des fränkischen Fürsten Pippin, um 690 auf den Fundamenten des Tempels eine kleine Kirche erbauen ließ. Der große Neubau entstand unter Äbtissin Ida, die von 1027 bis 1060 das Stift leitete. Ida war die Enkelin von Kaiser Otto II. und der Kaiserin Theophanu. Vermutlich hatte Ida selbst die Idee für diesen schon damals aufsehenerregenden Bau. Der Chor wurde wie ein Kleeblatt geformt mit drei gleich großen, halbrunden Enden. Um diese Kleeblattform führt ein Umgang, so dass man den gesamten Chor umschreiten kann. Solch einen Kleeblattchor mit umlaufendem Umgang hatte es vorher noch nicht gegeben. 1065 wurde der gesamte Kirchenbau vollendet und feierlich in Anwesenheit vieler Bischöfe geweiht. Leider erlebte Äbtissin Ida die Fertigstellung nicht mehr. Der Kleeblattchor von Sankt Maria im Kapitol gehört zu den ältesten Bauwerken der Romanik in Köln und wurde zu einem besonderen Markenzeichen für die Kölner Kirchenbaukunst. Du findest einen solchen Chor noch zweimal in Köln: in Groß Sankt Martin und in Sankt Aposteln.

Sankt Maria im Kapitol, Kleeblattchor.

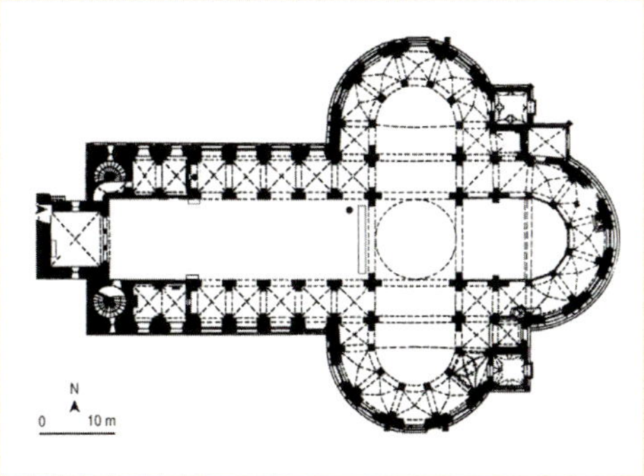

Sankt Maria im Kapitol, Grundriss.

Aber nicht nur die Architektur von Sankt Maria im Kapitol wird dich beeindrucken, sondern auch das ein oder andere, das du bei einem Rundgang sehen wirst. Wendest du dich von dem Eingang nach rechts, stößt du auf zwei der ganz wenigen erhaltenen Holztüren aus dem 11. Jahrhundert. Sie waren früher am Haupteingang der

Kirche befestigt. In den kleinen Feldern werden uns Geschichten aus dem Leben Jesu erzählt. So konnten sich die Kirchenbesucher schon beim Eintritt in die Kirche auf den Gottesdienst vorbereiten. Direkt neben den alten Holztüren hängen zwei riesengroße Knochen. Das sind wahrscheinlich die Unterkieferknochen eines Grönlandwals, der im Rhein bei Köln irgendwann verendet ist und unter dem Schlamm verschüttet wurde. Wann die Knochen hier ausgegraben wurden, wissen wir heute nicht genau. Aber schon seit langer Zeit hängen sie in Sankt Maria im Kapitol. Gehst du in die Kirchenmitte zurück und hin zum Chorbereich, dann entdeckst du eine Marienstatue, vor der meist ein frischer Apfel liegt. Du fragst dich, warum das so ist? Ich will es dir erklären: Im Mittelalter soll ein hübscher, liebenswerter Junge mit dem Namen Herman Josef in der Nähe der Kirche mit seinen armen Eltern gelebt haben. Der Junge ging jeden Tag in die Kirche beten, am liebsten zu der Statue dieser Muttergottes. Eines Tages erinnerte er sich daran, dass er für die Schule einen leckeren roten Apfel dabeihatte. Diesen streckte er der Muttergottes mit einem leisen »Bitte« entgegen. Die Statue bewegte sich, und Maria nahm den Apfel entgegen. Um an diese Geschichte zu erinnern, wird noch heute stets ein frischer Apfel zu Füßen der Maria gelegt.

Sankt Maria Lyskirchen

Sicher fragst du dich, woher dieser ungewöhnliche Name kommt. Diese Kirche gehörte einem gewissen *Lysolf*. Später wurde sie Pfarrkirche für die reichen Kaufleute, die dort in dem Viertel lebten. Außerdem war sie die Kirche der Rheinschiffer und Rheinfischer. Anfang des 19. Jahrhunderts wurde sogar außen an der Kirche eine Madonnenfigur befestigt, die die Schiffer vom Fluss aus sehen konnten. Wenn sie an ihr vorbeifuhren, erbaten sie Marias Schutz für die Schifffahrt. Heute steht die Statue, die um 1420 entstand, innen in der Kirche. Sie wird die *Schiffermadonna* genannt.

Im Innern findest du noch etwas ganz Besonderes. Die Wände dieser Anfang des 13. Jahrhunderts erbauten Kirche sind fast lückenlos mit bunten und figurenreichen Malereien bedeckt. Im Mittelalter wurden alle Kirchenräume so ausgemalt. Mit der Zeit sind die Wandmalereien jedoch in den meisten Kirchen leider zerstört worden. Umso schöner ist es, dass wir in Sankt Maria Lyskirchen einen lebendigen Eindruck der mittelalterlichen Kirchenmalerei bekommen können.

Du solltest unbedingt einmal in der Weihnachtszeit hier hinkommen. Dann kannst du eine der schönsten Kölner Krippen sehen. Dann ist das ganze Viertel von Sankt Maria Lyskirchen nachgebaut, und anstelle von Hirten und Königen siehst du Typen und Figuren aus dem Kölner Leben.

Sankt Maria Lyskirchen.

Groß Sankt Martin, Kapitell mit zwei Köpfen.

Groß Sankt Martin.

Groß Sankt Martin

Seit dem frühen Mittelalter gab es im Viertel zwischen Alter Markt und Rhein eine Kirche. Wer die Kirche gründete, liegt wieder einmal im Unklaren. Vielleicht gibt uns ein Kapitell an einem südlichen Pfeiler nahe des Chors einen Hinweis. Dort kannst du zwei kleine Köpfe erkennen. Es könnte sich um die Bildnisse des fränkischen Fürstenpaares Pippin und Plektrudis handeln. Waren sie vielleicht die Gründer der ersten Kirche von Groß Sankt Martin? Für die frühe Gründung der Kirche in fränkischer Zeit könnte auch die Wahl des Namenspatrons sprechen. Der heilige Martin war ein besonders beliebter Heiliger bei den kämpferischen Franken. War er doch ein erfolgreicher Krieger gewesen, bevor er Bischof wurde.
Schauen wir auf die Kirche, wie sie sich uns heute zeigt. Im Jahr 1150 hatte ein Brand die alte Kirche zerstört. Schnell entschloss man sich, einen Neubau zu errichten. Zwischen den Jahren 1150 und 1172 wurden der

Ostchor und der gewaltige Turm gebaut. Du musst dir vorstellen, dass es zu dieser Zeit noch nicht die großen Türme des gotischen Doms gab. So war der Turm von Groß Sankt Martin für lange Zeit das Wahrzeichen Kölns. Die Reisenden, die sich der Stadt über den Rhein näherten, konnten von weither die Stadt erkennen. Auch heute noch prägt der imposante Turm mit seinen vielen Bögen, Öffnungen und Verzierungen die Stadtansicht. Unter dem Turm befindet sich der Ostchor in Kleeblattform. Der Baumeister orientierte sich offensichtlich an Sankt Maria im Kapitol. Vollendet wurde Groß Sankt Martin erst 1250, zwei Jahre nach der Grundsteinlegung des Kölner Doms.

Noch ein Tipp: Du solltest auf jeden Fall in die Unterkirche hinabsteigen. Dort kannst du die Ausgrabungen der römischen Bebauungen der Rheinvorstadt besichtigen.

Sankt Pantaleon

Sankt Pantaleon ist eine der ältesten Kirchen Kölns. Große Teile der Kirche – so wie du sie heute noch sehen kannst – sind über 1000 Jahre alt. In Sankt Pantaleon begegnen wir zwei bedeutenden Personen des Mittelalters: Erzbischof Bruno und Kaiserin Theophanu. Bruno ließ den Bau beginnen und Theophanu ihn weitgehend vollenden. Beide sind dort begraben. Doch der Reihe nach: Schon in römischer Zeit befand sich hier ein landwirtschaftliches Gut. Irgendwann wurde darin eine kleine Kirche gebaut, die dem heiligen Pantaleon geweiht wurde. Pantaleon war Arzt am Hof des römischen Kaisers. Weil er nicht die römischen Götter anbeten wollte, sondern an den christlichen Gott glaubte, musste er sterben. Wann diese erste Kirche gebaut wurde, steht nicht fest. Im 9. Jahrhundert wird sie jedenfalls schon erwähnt. Im Jahr 955 gründete Erzbischof Bruno auf diesem Anwesen

Sankt Pantaleon, Westwerk.

ein Kloster und plante den Neubau einer großen, eindrucksvollen Kirche. Bruno hatte die Vorstellung, hier eine Art Versammlungshalle zu bauen, in der sich Gott mit den Menschen trifft. Der Kirchenbau sollte ein Symbol für die Größe Gottes sein. Bruno erlebte die Fertigstellung *seiner* Kirche nicht mehr. Erst im Jahr 980 wurde die fast fertige Kirche geweiht. Das Westwerk war damals nur in den Fundamenten angelegt. Glücklicherweise fand sich ein neuer Förderer der Kirche – besser gesagt: eine neue Förderin. Die Kaiserin Theophanu unterstützte nun großzügig die Fertigstellung des Westwerks, das schließlich kurz vor dem Jahr 1000 vollendet wurde. Doch auch sie erlebte die Vollendung nicht, sondern starb 991. Auf ihren Wunsch hin wurde sie in Sankt Pantaleon bestattet.

Zur Zeit der Erbauung überragte diese Kirche alle anderen Bauwerke in Köln. Wenn du dich ihr heute näherst, wird dir vor allem anderen der burgähnliche Westbau auffallen. Und tatsächlich sollte dieser Westbau alles Böse und Unchristliche aus der Kirche fernhalten, so wie eine Burg die feindlichen Ritter abhält.

Sankt Severin

Zuerst erzähle ich dir von einem Ereignis im Jahr 1925: Damals fanden Archäologen unter der Kirche Sankt Severin eine Grabkammer mit vier alten Sarkophagen. Als sie anschließend weitersuchten, entdeckten sie immer mehr Gräber. Außerdem konnten sie alte Mauerreste freilegen, die von frühen Kirchenbauten an dieser Stelle stammen. Was hatte das zu bedeuten? Bis zum Bau der großen mittelalterlichen Stadtmauer befand sich das Viertel um Sankt Severin außerhalb der Stadt. Die heutige Severinstraße verläuft so wie die römische Via Appia, die aus der Stadt heraus bis nach Bonn führte. Entlang dieser Straße begruben die Römer ihre Toten, weil sie gesetzlich dazu verpflichtet waren, die Toten außerhalb der Stadt zu bestatten. So entstand hier ein großer römischer Friedhof, den auch die Franken noch nutzten. Menschen römischen und christlichen Glaubens wurden nebeneinander und auch übereinander begraben.

Seit dem Jahr 400 stand mitten auf diesem Gräberfeld eine kleine Kapelle. Genau dort steht heute die Kirche Sankt Severin. Der Erbauer der kleinen Kapelle soll der Kölner Bischof Severin gewesen sein. Über die Geschichte seines Lebens und auch seines Begräbnisses gibt es fast nur Vermutungen. Spätestens seit dem 10. Jahrhundert glaubten die Menschen jedenfalls, dass die Kirche im Besitz der Gebeine des heiligen Severins sei. Sie werden im Severinusschrein im Chor aufbewahrt. Als man den Schrein im letzten Jahrhundert öffnete, fand man tatsächlich die in kostbare Stoffe eingewickelten Knochen eines etwa 55-jährigen Mannes, der um 400 gestorben war. Ob dies nun tatsächlich die Reste des heiligen Severins sind?

Jedenfalls besaß Sankt Severin immer eine große Anziehungskraft und wurde ständig erweitert und umgebaut. Im 13. Jahrhundert entstand der spätromanische Chor und im 15. Jahrhundert das spätgotische Langhaus. In der heutigen Form gehört Sankt Severin zu den größten Kirchen in Köln.

Und die Ausgrabungen unter Sankt Severin gehören zu den faszinierendsten Grabungen in Köln. Deshalb solltest du unbedingt auch einmal in die *Unterwelt* von Sankt Severin hinabsteigen.

Sankt Severin, Blick in die Ausgrabung.

Höhepunkt und Ausklang des Mittelalters

Mitte 13. Jahrhundert bis Anfang 16. Jahrhundert

Wie Konrad von Hochstaden den gotischen Dom bauen ließ

Im letzten Kapitel konntest du miterleben, wie Köln zu einer richtigen Großstadt wurde. Die Kölner Erzbischöfe ließen über 100 Kirchen errichten, die Bürger bauten große Stadthäuser, die Stadt wuchs und wuchs. Aber das größte und gewaltigste aller Bauprojekte damals war der Bau des gotischen Doms. Erinnerst du dich noch, was im Jahr 1164 in Köln passierte? Damals brachte Rainald von Dassel die Reliquien der Heiligen Drei Könige nach Köln. Seitdem wuchsen die Besucherzahlen der Menschen, die im Alten Dom die Reliquien anbeten wollten, so sehr, dass dieser Alte Dom bald zu klein wurde. Ein neuer, größerer, prachtvollerer Dom musste her. Den entscheidenden Anstoß für den Neubau gab Erzbischof Konrad von Hochstaden. Ohne diesen zielstrebigen und energischen Mann wäre es vielleicht nie zu diesem Dombau gekommen. Die Geschichte seiner Ernennung zum Erzbischof von Köln war so besonders und einzigartig wie der Mann selbst. Denn 1238, als Konrad Erzbischof von Köln werden sollte, war er gar kein Priester. Er nahm das Amt trotzdem an und regierte Köln als Erzbischof, ohne tatsächlich Erzbischof zu sein. Erst 1244 wurde er zum Priester geweiht und durfte sich seitdem wirklich *Erzbischof* nennen. Konrad hatte auch einen entscheidenden Anteil an dem wirtschaftlichen Aufschwung Kölns. 1259 erteilte er den Kölnern das *Stapelrecht*. Dazu muss ich dir kurz etwas über die Schifffahrt auf dem Rhein erzählen. Denn hier bei Köln veränderte der Rhein seine Tiefe. Deshalb mussten die Schiffe gewechselt werden. Auf dem Oberrhein (Richtung Süden) konnten nur die

Zeichnung des Alten im Neuen Dom.

sogenannten *Oberländer* fahren, auf dem Niederrhein (Richtung Norden) die *Niederländer*. Alle Waren, die auf den Schiffen transportiert wurden, mussten also in Köln umgeladen werden. Das Stapelrecht schrieb nun zusätzlich vor, dass alle diese Waren für drei Tage nur den Kölnern zum Verkauf angeboten werden mussten. So konnten die Kölner nicht nur auf diese Waren Steuern erheben, sondern hatten auch stets ein großes Angebot an frischen Waren. Außerdem brachte die Vielfalt der Verkaufsgüter ihren eigenen Handel mächtig in Schwung.

Doch zurück zum Dom: Gemeinsam mit dem großen Gelehrten Albertus Magnus entwarf Konrad von Hochstaden die Pläne für den Neubau. Baumeister Gerhard leitete die Bauarbeiten. Sicher war auch er an den Plänen und Entwürfen beteiligt gewesen. Um für den neuen Dom Platz zu schaffen, wollte Meister Gerhard zunächst einen Teil des alten Chorbereichs abbrennen. Doch das dafür gelegte Feuer geriet außer Kontrolle, und der gesamte Chor des Alten Doms fiel den Flammen zum Opfer. So war nun tatsächlich genügend Raum für den Neubau entstanden, und Erzbischof Konrad von Hochstaden konnte am 15. August 1248 den Grundstein für den neuen gotischen Dom legen.

Was die Kölner dann erlebten, war für sie unvorstellbar: Vor ihren Augen wuchs in rasendem Tempo ein Gebilde aus Stein empor, das alle anderen Bauwerke in der Stadt an Höhe und Breite bei Weitem übertraf. Der Baumeister dieses kühnen Baus war den Kölnern nicht geheuer. Sie vermuteten dahinter einen Wettstreit Meister Gerhards mit dem Teufel. Schließlich habe Meister Gerhard seine Seele an den Teufel verloren und sei deshalb vom Gerüst des Doms gestürzt. Der tragische Tod von Meister Gerhard ereignete sich im Jahr 1260. Ein Jahr später, 1261, starb auch Konrad von Hochstaden. Er wurde wie damals üblich im Dom beigesetzt. Sechzig Jahre nach seinem Tod entstand der Sarkophag, in dem er noch heute ruht. Auf dem Deckel des Sarkophags

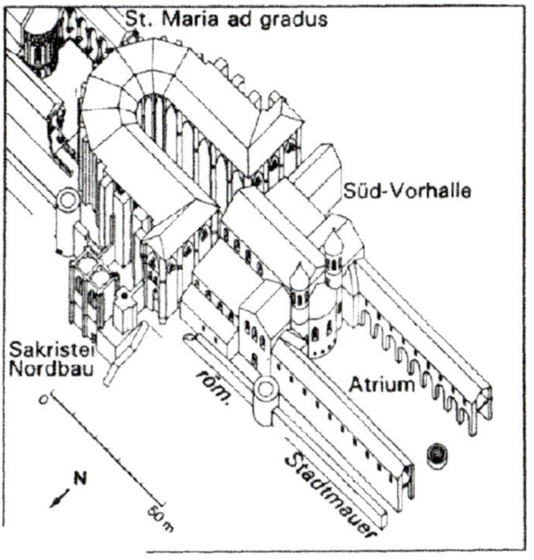

um 1265

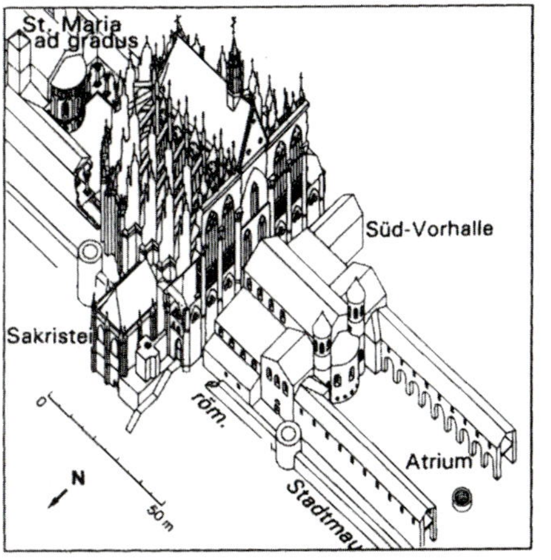

um 1322

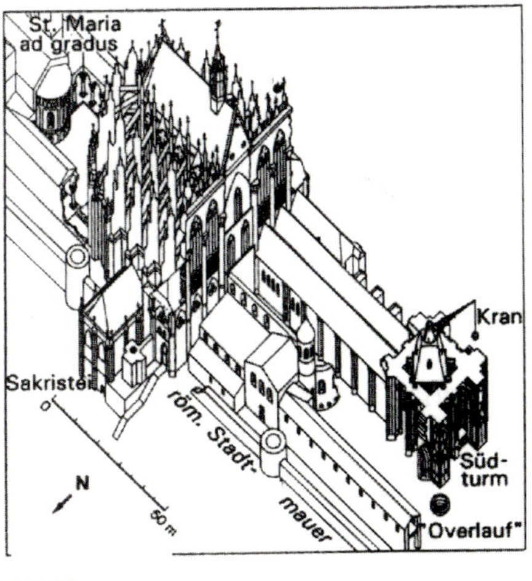

um 1400

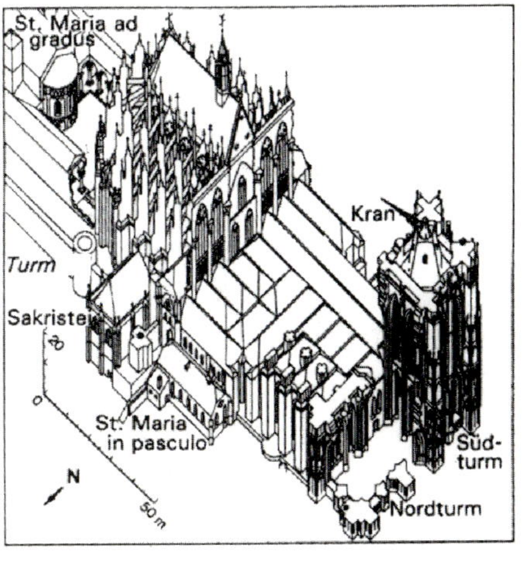

um 1530

Dombau von 1265–1530.

Sarkophag von Konrad von Hochstaden.

ist der Erzbischof mit einem jugendlichen, schönen Gesicht dargestellt, obwohl Konrad von Hochstaden als alter Mann gestorben war. Der Bildhauer wollte uns damit den tatkräftigen Charakter von Konrad von Hochstaden in Erinnerung bringen.
Und wie ging es mit den Bauarbeiten am Dom weiter? Die folgenden Dombaumeister konnten den gotischen Chor bis 1322 fertigstellen. In diesem spektakulären und prachtvollen Bauwerk konnte nun der Dreikönigenschrein in einer feierlichen Zeremonie angemessen aufgestellt werden. Anschließend wurde mit dem Bau der hohen Türme im Westen begonnen. Sie sollten jedoch im Mittelalter nicht mehr vollendet werden. Denn gegen 1560 wurde der gesamte Baubetrieb endgültig eingestellt. Der Dom blieb in diesem unvollendeten Zustand fast 300 Jah-

Wie kannst du romanische und gotische Bauwerke unterscheiden?

Mit Romanik *und* Gotik *werden die zwei wichtigsten Kunststile des Mittelalters bezeichnet. In den letzten Kapiteln war mehrfach die Rede von* romanischen *oder* gotischen *Kirchen. (Auch in der Malerei und Bildhauerei gibt es diese beiden Kunststile.) Lass mich dir die Unterschiede zwischen romanischer und gotischer Baukunst erklären.*

Es gibt einige ganz besonders typische Merkmale der gotischen und der romanischen Bauweise. Daran kannst du selbst schnell und gut erkennen, zu welchem Baustil ein Bauwerk gehört. So kannst du dir dann auch erschließen, in welchem Zeitraum es erbaut wurde: Mit Romanik wird die Zeit von etwa 1000 bis in die Mitte des 13. Jahrhunderts bezeichnet. Ihr folgte die Gotik, die sich bis ins 16. Jahrhundert hinzog. (In Frankreich beginnt die Gotik allerdings schon um 1140!)

Das deutlichste Kennzeichen der Romanik ist der Rundbogen. *Fenster, Durchgänge und Verzierungen wurden immer mit einem halbkreisförmigen, runden Bogen abgeschlossen. Dem steht der* Spitzbogen *gegenüber, der das spezielle Merkmal der Gotik ist. Aber nicht nur die Bogen im Gewölbe oder über den Fenstern und Portalen wurden in der Gotik nach oben zugespitzt, sondern der ganze Kirchenraum wurde in die Höhe getrieben.*

Und da sind wir schon bei einem weiteren Unterschied zwischen den Stilen: Die romanischen Bauwerke sind aus vielen einzelnen Formen konstruiert, wie aus vielen einzelnen Bausteinen. Die wichtigsten Grundformen sind dabei immer

nachgefragt

das Viereck und der Halbkreis. Die gotischen Bauten dagegen wirken wie aus einem Guss. Da sind die einzelnen Bauformen kaum noch zu unterscheiden, und alles fließt ineinander.

Und noch etwas: Sicher ist dir schon einmal aufgefallen, dass manche Kirchen dunkel und geschlossen wirken, andere hell und offen. Das kommt daher, weil die romanischen Kirchen aus sehr dicken Mauern und kleinen Fenstern bestehen, während die Wände der gotischen Kirchen durch riesige Fenster durchbrochen sind. So konnte viel Licht in das Kircheninnere dringen. Die Menschen dachten damals, dass das Licht der Sonne gleichzeitig das Licht Gottes sei. Und überall dort, wo das Sonnenlicht die Farben, die Fenster, die Edelsteine, das Gold und Silber und alles andere Kostbare, das sich in der Kirche befand, erglänzen und erleuchten ließ, war es für die Menschen so, als ob Gott selbst in der Kirche anwesend sei. Die Baumeister der Gotik mussten sich etwas einfallen lassen, damit die großen durchlöcherten Mauern nicht einstürzten. Darum entwickelten sie das Strebewerk. Das sind die Bogen und Pfeiler an den Außenseiten der Kirchen, die die Mauern abstützen.

Wenn du vor Bauwerken stehst, die in manchen Teilen romanisch, in anderen gotisch sind, dann liegt das daran, dass die Grenze zwischen Romanik und Gotik nicht starr und fest, sondern fließend verläuft. Im Laufe der Zeit wurden die romanischen Kirchen immer dekorativer, die Mauern immer dünner, die Fenster immer größer und die Innenräume immer heller. Kleine Säulen, Laufgänge und kunstvoll gehauene Steine verschönerten die Bauten. So unterschiedlich diese beiden Baustile sind, so eng hängen sie auch miteinander zusammen.

Rundbogen und Spitzbogen.

re stehen, bis er im 19. Jahrhundert endlich fertiggestellt wurde– aber dazu mehr im Kapitel zum 19. Jahrhundert.

Über Albertus Magnus, einen großen Gelehrten aus Köln

Überall dort, wo der Handel wächst, viele Geschäfte gemacht werden, viel Geld verdient und ausgegeben wird, viele Menschen leben und viele Gebäude errichtet werden, kommen auch viele kluge und geistreiche Menschen zusammen. So war das auch in Köln: Das blühende und wachsende Köln lockte die Gelehrten aus dem ganzen Reich an. Bereits seit dem 9. Jahrhundert – also seit es das Erzbistum Köln gab – war die Stadt ein Ort der geistigen und gelehrten Auseinandersetzung. In der Dombibliothek wurden wertvolle handgeschriebene Bücher aufbewahrt – und wie du weißt, waren Bücher früher die wichtigsten Quellen der Erkenntnis. In der Domschule und in den Klosterschulen wurde über philosophische und politische Fragen diskutiert.

Von einem sehr berühmten Gelehrten möchte ich dir nun erzählen: Er hieß Graf Albert und wurde um 1200 als Sohn eines Ritters in Süddeutschland geboren. Mit Anfang zwanzig wurde er Mitglied im Dominikanerorden und begann dort sein Studium. Die Dominikaner zogen als Prediger durchs Land und erzählten den Menschen von Gott. Außerdem waren ihnen das Studium und die Wissenschaften besonders wichtig. So wurde auch Albertus ein Lehrer, der sein Wissen an junge Studenten weitergab. Er lehrte in Straßburg, Hildesheim, Paris und in Köln. Bei den Dominikanern in Köln leitete er das 1248 gegründete *studium generale*, zu dem Gelehrte aus ganz Europa kamen. Sein bedeutendster Schüler war Thomas von Aquin, der selbst später einer der wichtigsten Gelehrten seiner Zeit werden sollte. Albertus war auf vielen Gebieten sehr bewandert. Er wusste viel über Tiere und Pflanzen und beobachtete mit großem Interesse die Erscheinungen in der Natur. Er konnte auch mit chemischen Substanzen umgehen. Den Menschen war dieses Wissen unheimlich. Denke daran, dass viele Dinge, die wir heute kennen, damals noch unbekannt waren. Und so wird es dich nicht wundern, dass die Menschen glaubten, Albertus sei ein Zauberer. Er war aber nicht nur ein großer Gelehrter, sondern beriet auch die Mächtigen seiner Zeit, wie zum Beispiel Konrad von Hochstaden. Weil Albertus so berühmt war, bekam er den Beinamen *Magnus*, das heißt: *der Große*.

Albertus Magnus.

Albertus Magnus starb 1280 in Köln. Seinen Sarkophag kannst du in der Dominikanerkirche Sankt Andreas finden.

Köln blieb auch weiter ein Zentrum der Wissenschaften. Schließlich wurde 1388 auf Betreiben der Bürger die Kölner Universität gegründet. Sie war eine der ersten und zählt heute zu den größten Deutschlands. Bis heute gilt Albertus Magnus den Kölnern als Vorbild und Leitfigur für die Wissenschaften. Und so kommt es, dass er immer noch lässig vor dem Hauptgebäude der nach ihm benannten Kölner Universität *sitzt*.

Albertus Magnus von Gerhard Marcks, vor der Kölner Universität.

Über die mittelalterliche Malerei in Köln

Nicht nur Wissenschaftler kamen damals nach Köln, sondern auch Maler und Bildhauer. Die mittelalterlichen Künstler beschäftigten sich ausschließlich mit religiösen Themen. Und in einer Stadt wie Köln mit den vielen Kirchen und Klöstern gab es einen großen Bedarf an religiösen Bildern aller Art. So konnten auch die vielen Menschen, die nicht lesen konnten, in den Gemälden, Wandmalereien und Fenstern etwas über das Leben von Jesus und den Heiligen erfahren.

Die Maler des Mittelalters verstanden ihre Arbeit als ein Handwerk und schlossen sich, wie die anderen Handwerker auch, in Zünften zusammen. Um in die Zunft aufgenommen zu werden, mussten die Maler ihr Können unter Beweis stellen, zum Beispiel mit dem Herstellen und Mischen von Farben. Dazu brauchten sie Farbpulver, die sie aus Pflanzen, geriebenen Steinen und Mineralien gewannen. Außerdem benötigten sie Flüssigkeiten wie beispielsweise Öle, Eigelb oder Honig als Bindemittel. Die blaue Farbe war besonders wertvoll; die wurde aus dem Lapislazuli, einem seltenen Edelstein, hergestellt. Deshalb wurden auch nur für die bedeutendsten Personen auf einem Gemälde wie Jesus oder Maria blaue Kleider gemalt. Vergleichbar war nur noch das reine Gold. Damit malten die Maler den Himmel, um zu zeigen, wie prachtvoll Gottes Reich ist. Die Farben unterstrichen also die Bedeutung der Personen. Genauso wurden die Proportionen eingesetzt. Die wichtigen heiligen Figuren wurden größer dargestellt als die normalen Menschen im Bild. Auch Pflanzen hatten symbolische Bedeutung. Mit roten Rosen wurde beispielsweise auf den Opfertod Jesu hingewiesen oder mit einem Apfel auf Adam und Eva im Paradies. Mittelalterliche Bilder stellen die Welt also nicht dar, wie man sie auf einem Foto sehen kann. Sie geben kein realistisches Abbild der

hingeschaut

Das Weltgericht

Weltgericht von Stefan Lochner.

Stefan Lochner malte das Weltgericht um das Jahr 1435 für die Kirche Sankt Laurenz, die heute nicht mehr existiert. In der Mitte sitzt Jesus auf einem doppelten Regenbogen, um über die Toten zu richten. Er entscheidet, ob sie in die Hölle oder in den Himmel kommen sollen. Für die Menschen des Mittelalters war die Vorstellung vom Leben nach dem Tod besonders wichtig. Sie hatten große Angst vor der Hölle und hofften sehr, in den Himmel zu gelangen. Maria und Johannes sollten für sie darum bitten. Die beiden sind hier links und rechts von Jesus dargestellt. In der Mitte des Bildes siehst du, wie sich die Gräber öffnen und die Toten herauskommen. Sofort werden sie entweder von Engeln oder Teufeln abgeholt. Rechts ist die Hölle mit grausamen Gestalten und brennenden Gemäuern zu sehen. Der Himmel auf der linken Seite dagegen wirkt sehr freundlich und strahlend hell. Sowohl im Himmel als auch in der Hölle sind Personen mit bestimmten Hüten gezeigt. Diese Kopfbedeckungen verraten dir, um wen es sich handeln soll. Du kannst Königskronen, spitze Papstmützen oder Kardinalshüte entdecken. Also jeder, ob arm oder reich, ob Kaiser oder Bettler, ob Papst oder Kaufmann, kann in die Hölle oder den Himmel kommen. Am unteren Bildrand wird außerdem erklärt, warum manche in die Hölle kommen, nämlich wer unerlaubt Geld hortet, mit Würfeln spielt oder zu viel Alkohol trinkt. Die Menschen konnten auf diesem Bild also genau sehen, was sie nach ihrem Tod erwartet, wenn sie gegen die Gesetze verstießen.

Wirklichkeit, sondern zeigen die Welt so, wie sie sich die Menschen damals vorstellten. Heute ist es nicht immer leicht, diese mittelalterliche *Bildsprache* zu verstehen, da viele Symbole und Anspielungen im Laufe der Zeit vergessen wurden.

Der große Kalvarienberg vom Westfälischen Meister.

Zurück zu den Malern: Nur die Maler, die zur Malerzunft gehörten, durften in Köln ihre Bilder verkaufen. In der *Schildergasse* lagen ihre Werkstätten. *Schilder* war nämlich ein Name für Bilder. Der berühmteste Kölner Maler des Mittelalters war Stefan Lochner. Um 1440 war er vom Bodensee in Süddeutschland nach Köln gekommen. Hier muss er es schnell zu Ansehen und Geld gebracht haben. Er kaufte mehrere Häuser und wurde sogar als Vertreter der Malerzunft in den Kölner Rat gewählt. Seine Bilder begeisterten die Menschen. Selten zuvor waren die vielen Kleinigkeiten in einem Gemälde so genau dargestellt und so zarte, feine Gesichter gemalt worden. Im Jahr 1451 starb Stefan Lochner. Vielleicht wurde er ein Opfer der Pest. Er soll auf dem Pestfriedhof der Pfarrkirche Sankt Alban begraben worden sein. Die Ruine von Sankt Alban steht heute direkt neben dem Wallraf-Richartz-Museum, wo eines seiner bekanntesten Bilder hängt: das Weltgericht.

Die Kunstwerke des Mittelalters sind die Zeugnisse dieser großen Kölner Zeit. Heute sind sie unter dem Namen *Kölner Malerschule* weltbekannt. Viele Kunstwerke sind im Laufe der Zeit zerstört worden. Die meisten noch erhaltenen Bilder und Skulpturen werden in den Museen aufbewahrt; die Gemälde überwiegend im Wallraf-Richartz-Museum, die Werke der mittelalterlichen Bildhauerei im Museum Schnütgen und im Diözesanmuseum.

Über die zunehmenden Konflikte zwischen dem Erzbischof und der Kölner Bevölkerung

Nun geht unser Blick wieder zurück von Wissenschaft und Kunst zur aufreibenden Politik. Die Macht der Kölner Erzbischöfe war – wie du bisher sehen konntest – sehr groß gewesen. Damit wollten sich die Bürger auf Dauer nicht

Das Rathaus und der Rathausturm

Auf dem Rathausplatz stehst du inmitten von zweitausend Jahren Kölner Stadtgeschichte. Hier stand der römische Statthalterpalast (das Praetorium), hier war das jüdische Viertel mit seiner Synagoge, hier entstand das erste Haus der Bürger, *hier wurden immer neue Gebäude für den Stadtrat und die Ratsherren errichtet, und hier steht noch heute das Kölner Rathaus. Vieles von dem, was du heute sehen kannst, wurde erst nach den Zerstörungen im Zweiten Weltkrieg gebaut. Zwei alte Bauteile wirst du jedoch sofort deutlich erkennen: den Rathausturm und die Rathauslaube. (Von der Rathauslaube erzähle ich dir mehr im Kapitel zur Neuzeit.) Auch im Innern kannst du noch der Vergangenheit begegnen und einen Saal aus dem mittelalterlichen Rathaus entdecken. Die Rede ist vom* Hansasaal. *Dieser Hansasaal gehörte zu einem um 1360 erbauten, zweigeschossigen lang gestreckten Bau. Im Untergeschoss befand sich eine Wohnung für den Stadtschreiber und im Obergeschoss eben dieser Ratssaal. In dem großen Saal tagte 1367 die* Hanse. *Das waren verschiedene Städte, die sich zusammengeschlossen*

Rathausturm.

hatten, um den Handel besser zu organisieren. Deshalb bekam der große Ratssaal den Namen Hansasaal. *An der Stirnseite stehen neun Helden. Es sind drei*

abfinden und forderten mehr Mitspracherechte. Schließlich hatten sie durch ihre Arbeit und ihre Geschäfte einen großen Anteil an der Entwicklung Kölns zu einer bedeutenden Stadt. Bereits seit dem 11. Jahrhundert war die Bürgerschaft Kölns gegenüber dem Erzbischof immer selbstbewusster geworden. Erinnere dich an die Flucht von Erzbischof Anno aus der Stadt. Für das Selbstbewusstsein der Kölner gibt es noch weitere Hinweise. Im Kapitel über das *Heilige Köln* habe ich dir bereits vom Kölner Stadtsiegel erzählt. Schon um das

hingeschaut

heidnische Helden aus dem Altertum (Alexander der Große, Hektor, Cäsar), drei Helden aus dem Alten Testament (Judas Makkabäus, David, Josua) und drei christliche Helden (Gottfried von Bouillon, König Artus, Karl der Große). Sie sollten als Vorbilder die Ratsherren immer daran erinnern, gerecht und weise zu handeln.

Gehen wir zurück auf den Rathausplatz und betrachten den Turm. Als 1396 der Verbundbrief niedergeschrieben wurde, wollten die Zünfte ihren Triumph über die Patrizier mit einem sichtbaren Zeichen dokumentieren. Sie ließen von 1407 bis 1414 den 61 Meter hohen Rathausturm errichten. Im Untergeschoss des Turmes befand sich der Weinkeller und im Erdgeschoss die Rentkammer, wo die Geldangelegenheiten der Stadt geregelt wurden. Heute können dort Ehen vor dem Standesbeamten geschlossen werden. Darüber befindet sich ein Sitzungssaal, der Senatssaal. *In den oberen Geschossen wurden Waffen aufbewahrt, und dort war auch die Turmbläserstube. Im Zweiten Weltkrieg wurde der Turm total zerstört. Wie so viele andere Bauwerke in Köln wurde auch der Rathausturm wiederaufgebaut. Die 124 neuen Steinfiguren an den Außenseiten stellen nun Kölner Persönlichkeiten aus der zweitausendjährigen Geschichte der Stadt dar. An der Ostseite des Turmes ist unterhalb der Turmuhr immer noch der* Platzjabbeck *zu sehen. Das ist eine Maske aus dem 15. Jahrhundert, die zu jeder vollen Stunde die Zunge herausstreckt. Sie sollte die Stadtherren Kölns immer daran erinnern, dass die Bürger genau aufpassen, was die Stadtregierung tut.*

Hansasaal.

Jahr 1115 hatten die Kölner Bürger es anfertigen lassen. Um 1130 wird das erste Mal ein *Haus der Bürger* erwähnt. Das war das erste Rathaus von Köln. Hier trafen sich die wichtigsten Bürger der Stadt im *Kölner Rat*, um ihren Forderungen Ausdruck zu verleihen. An alldem kannst du sehen, dass die Bürger Kölns sehr aktiv waren und sich mit der uneingeschränkten Macht der Erzbischöfe nicht abfinden wollten. Die Erzbischöfe wollten allerdings ihre Macht mit den Bürgern nicht einfach teilen, und so spitzten sich die Auseinandersetzungen immer mehr zu.

Es gab also auf der einen Seite den Erzbischof mit seinem Gefolge und auf der anderen Seite die Bürger. Diese beiden Parteien kämpften in der Stadt um die Macht. Damit aber nicht genug. Auch innerhalb der Bürgerschaft kam es immer wieder zum Streit. Denn – wie du dir denken kannst –nicht alle Bürger waren gleich, und sie hatten auch deutlich unterschiedliche Interessen. Die zwei mächtigsten Gruppen waren auf der einen Seite die Patrizier (= adelige Familien und reiche Kaufleute) und auf der anderen Seite die Handwerkerzünfte. Die wichtigsten Ämter in der Stadt hatten immer die Patrizier belegt. Die Zünfte ihrerseits wollten aber auch einige dieser Ämter übernehmen.

In dieser Situation zeigte sich einmal mehr die Klugheit von Konrad von Hochstaden. Er nutzte den Konflikt zwischen den beiden Bürgerparteien für sich selbst aus. Die Patrizier waren ihm schon lange ein Ärgernis. Nun konnte er sie mit Hilfe der Handwerker aus Köln vertreiben, allerdings nur für kurze Zeit. Albertus Magnus war es, der den Streit zwischen dem Erzbischof und den Patriziern schlichten konnte. Die beiden Parteien einigten sich darauf, dass in Zukunft die Rechte des Erzbischofs und die der Bürgerschaft deutlich getrennt werden müssten. Das war der *Große Schied* von 1258, und Albertus Magnus war der *Schiedsrichter*.

Tatsächlich änderte sich jedoch nicht viel. Die Bürger stritten nach wie vor untereinander um die Macht, und genauso wenig nahmen die Auseinandersetzungen mit den Erzbischöfen ab. So ging es auch mit den Nachfolgern von Konrad von Hochstaden (Engelbert II. von Falkenburg und Siegfried von Westerburg) weiter, bis es 1288 zu einem bedeutenden Ereignis für die Kölner Stadtgeschichte kam.

Wie es zur Schlacht von Worringen kam

Die schwierige Situation zwischen den Kölnern und dem Erzbischof verschärfte sich immer weiter bis zur entscheidenden Schlacht von Worringen. Wie kam es zu dieser Schlacht? Um diese Frage zu beantworten, muss ich dir ein wenig von den Hintergründen und von den beteiligten Personen erzählen. Erschrick nicht vor den vielen neuen Namen!

Mit dem letzten deutschen Kaiser Friedrich II. (1194–1250) verlor die Kaiserherrschaft in Deutschland immer mehr an Bedeutung. Dadurch wurden die kleinen Fürsten und Grafen mächtiger und einflussreicher. Auch die Macht des Kölner Erzbischofs war nicht mehr vom Kaiser gedeckt. Und so kam es, dass die benachbarten Grafen nun von dem reichen Erzbistum Köln Land einforderten. So auch, als der Herzog von Limburg ohne eigene Erben gestorben war. Es kam zu einem Erbstreit, in dessen Verlauf sowohl der Kölner Erzbischof Siegfried von Westerburg als auch der Herzog von Brabant meinten, dass sie ein Anrecht auf die Güter des Herzogs von Limburg hätten. Die Grafen Jülich von Berg und sein Bruder Adolf von Berg, nach denen das *Bergische Land* benannt ist, unterstützten den Herzog von Brabant. Der Erzbischof verbündete sich mit den Grafen Heinrich von Luxemburg und Rainald von Geldern.

Die Schlacht von Worringen.

Eigentlich hatten die Kölner mit dem Streit nicht viel zu tun. Aber bei diesem Konflikt ging es auch um eine erzbischöfliche Burg in Worringen, die den Kölnern schon lange ein Ärgernis war. Denn dort lebten die Getreuen des Erzbischofs und führten sich wie Raubritter auf. Sie überfielen die Händler und störten damit ganz empfindlich den Handel in Köln. Die Kölner wollten die Burg in Worringen zerstören und schlossen sich daher dem Herzog von Brabant an. Als der Erzbischof die Bedrohung sah, sammelte auch er Soldaten um sich. Es kam, wie es kommen musste, zu einer großen Schlacht: der *Schlacht von Worringen*. Stell dir eine richtige Ritterschlacht vor mit Pferden, Kämpfern in Kettenhemden und Ritterrüstungen, mit Lanzen und Schwertern. Die Kölner zogen gemeinsam mit den bergischen Bauern unter ihrem Anführer Gerhard Overstolz, der bei dem Kampf sein Leben lassen musste, gegen die Burg. Die ganze Schlacht soll ziemlich unübersichtlich gewesen sein. Von den bergischen Bauern wird erzählt, dass sie ziellos um sich gehauen und dabei Feind und Freund gleichermaßen erschlagen haben sollen. Am Ende aber konnten die Kölner mit dem Herzog von Brabant den Kampf für sich entscheiden. Der besiegte Erzbischof kam nicht mehr nach Köln zurück, sondern lebte seit-

Kölner Stadtwappen.

dem in Bonn und Brühl. Die Bürger Kölns hatten gesiegt und ihren Erzbischof auf lange Zeit aus der Stadt vertrieben.
Als Zeichen ihrer Unabhängigkeit entwarfen die Kölner ihr eigenes Stadtwappen. Darauf sind die drei goldenen Kronen der Heiligen Drei Könige abgebildet. Damit machten die Kölner deutlich, dass sie ihre Stadt allein unter den Schutz der Stadtheiligen stellten. Unterhalb der Kronen verzierten Blätter und Ranken das Wappen. Erst ein paar Hundert Jahre später kamen die elf schwarzen Tropfen oder Flammen hinzu, die auf die 11.000 Jungfrauen und die heilige Ursula verweisen.

Wie es zur Bildung der »Gaffeln« kam

Wenn du nun aber glaubst, dass nach der Schlacht von Worringen und dem Vertreiben des Erzbischofs Ruhe und Einigkeit in die Stadt gekommen wären, dann täuschst du dich. Denn die Uneinigkeiten unter den verschiedenen Bürgergruppen – von denen ich dir schon erzählt habe – blieben weiter bestehen.

Zunächst wurde die Stadt nur von den 15 reichsten Familien regiert. Sie lebten vornehm und luxuriös in ihren großen prachtvollen Bürgerhäusern. Manche dieser Familien behaupteten, dass sie von römischen Rittern abstammten. Damit wollten sie ihre Bedeutung und ihr Ansehen noch steigern. Diese Patrizier stellten den Bürgermeister der Stadt und die *Schöffen*, die Recht sprachen. Außerdem bildeten sie den *Engen Rat*, der die wichtigen Entscheidungen in der Stadt traf.

Im *Weiten Rat*, der erstmals 1321 erwähnt wird, waren die Handwerker und Kaufleute vertreten. Sie hatten keinen direkten Einfluss auf die Stadtgeschäfte. Damit wollten sie sich nicht abfinden und gründeten seit der Mitte des 14. Jahrhunderts die sogenannten *Gaffeln*. In den Gaffeln schlossen sich Handwerker und Kaufleute mit denselben Interessen zusammen. In der Gaffel *Wollenamt* kamen beispielsweise die Wollweber mit den Wollhändlern zusammen, also alle, die mit der Herstellung und dem Verkauf von Tuch und Wolle zu tun hatten. In der Gaffel *Eisenmarkt* trafen sich die reicheren Kaufleute. Schnell traten immer mehr Bürger – mit mehr oder weniger Vermögen – in die Gaffeln ein. Darum wurden auch immer neue Gaffeln gegründet. Teilweise waren die Gaffeln recht willkürlich zusammengewürfelt, mit Vertretern der verschiedensten Berufszweige. Schließlich gab es 22 Gaffeln. Du wirst dich sicher fragen, woher der Begriff *Gaffel* kommt. Das ist schnell erklärt: Bei ihren Zusammenkünften speisten die Gaffelmitglieder gemeinsam und benutzten dabei große Vorlegegabeln, die damals noch sehr selten waren. Diese Gabeln hießen *Gaffeln*.

Mit der Zeit forderten die Gaffeln nun ihrerseits mehr Rechte und Mitbestimmung in der Stadt. Die Patrizier wollten jedoch ihre Macht nicht teilen. Das konnte so nicht lange gut gehen. In den Jahren 1370/71 unternahmen die Weber dann einen ersten Versuch, die Patrizier aus ihrer Machtposition zu vertreiben und selbst die Stadt zu regieren. Aber nach kurzer Zeit waren die Patrizier wieder in die wichtigen Ämter zurückgekehrt. Der Weberaufstand war gescheitert.

Wie die erste Kölner Stadtverfassung entstand

Schließlich führten Streitereien zwischen den einzelnen adeligen Familien zum entscheidenden Umbruch der politischen Verhältnisse in Köln. Die Adeligen stritten sich nämlich nicht nur um die Macht in der Stadt, sondern auch um das Stadtvermögen, das jeder gerne kontrollieren wollte. Die Zünfte und Gaffeln konnten diesem Treiben nicht länger tatenlos zusehen. Im Sommer des Jahres 1396 störten sie eine Versammlung der Patrizier und nahmen um die Hundert von ihnen gefangen. Dann bildeten sie einen vorläufigen Rat und übernahmen selbst die Stadtverwaltung.

Verbundbrief.

Dieser Rat entwarf die erste Kölner Stadtverfassung, den *Verbundbrief*. Darin wurde festgeschrieben, dass die Stadt von nun an allein von den Gaffeln und Zünften regiert werden sollte. Es sollte nur noch einen Rat geben. Nun mussten alle Bürger, ob adelig oder nicht, einer Gaffel beitreten. Im letzten Kapitel habe ich dir erzählt, dass längst nicht alle Einwohner Kölns auch Bürger waren. Die vielen Menschen, die keine Bürgerrechte hatten, wurden natürlich nicht in die Gaffeln aufgenommen. Das Original des Verbundbriefs mit den Siegeln aller 22 Gaffeln sowie dem Stadtsiegel wird im Kölnischen Stadtmuseum aufbewahrt.

Der Verbundbrief regelte auch die Verteidigung der Stadt. Die Stadtmauer wurde in einzelne Abschnitte eingeteilt, und für jeden Abschnitt war eine Berufsgruppe zuständig. Jeder Bürger musste Waffen besitzen und im Fall eines Angriffs zur Verteidigung antreten. Größere Waffen wie beispielsweise Kanonen wurden in den Waffenkammern der Stadt aufbewahrt. Eine alte Bombarde aus dieser Zeit kannst du heute noch im Stadtmuseum sehen.

Nach der Aushandlung des Verbundbriefs schien es zunächst so, als ob die einfachen Bürger mehr Macht erhalten hätten. Aber die Wirklichkeit war anders: Da die Gaffeln jeweils ihre reichsten und gebildetsten Mitglieder in den Rat der Stadt schickten, trafen am Ende doch wieder nur die Patrizier zusammen und regierten letztlich allein die Stadt. Wirklich demokratisch war diese erste Stadtverfassung also noch nicht.

Die Bombarde

In der Mitte des 14. Jahrhunderts wurden die ersten Kanonen – auch Bombarden *genannt – erfunden, mit denen man Kugeln aus Eisen oder Stein schießen konnte. Diese frühen Kanonen hatten noch relativ kurze Rohre, aus denen die Kugeln gefeuert wurden. Sie machten einen Höllenkrach und trafen nicht sehr genau. Im Kölnischen Stadtmuseum kannst du eine der ältesten Kanonen Deutschlands sehen. Sie wurde 1377 gebaut. Direkt daneben liegt die dazu passende Steinkugel. Sie wiegt 45 Kilo. Mit ihr konnte man schon recht dicke Mauern* bombardieren *und zerstören. Diese und andere Kanonen wurden im städtischen Zeughaus (= städtisches Waffenlager) aufbewahrt. Im Falle eines Angriffs auf die Stadt zogen alle Männer dorthin, bewaffneten sich und marschierten mit den Kanonen zur Stadtmauer, um Köln vor den Feinden zu verteidigen.*

Wie Köln »Freie Reichsstadt« wurde und wie es zum »Transfixbrief« kam

Ende des 15. Jahrhunderts kam es zu einem anderen wichtigen Ereignis. Auch wenn es keine entscheidende Änderung brachte, so war es doch politisch sehr bedeutend. Ich spreche von der Urkunde aus dem Jahr 1475, in der Köln zur *Freien Reichsstadt* erklärt wurde. Damit war die Stadt nun endgültig unabhängig von den Erzbischöfen und nur noch dem Kaiser direkt unterstellt. Wie es dazu kam? Das will ich dir erzählen: Der damalige Kölner Erzbischof Ruprecht von der Pfalz wollte mehr Einfluss in Köln, was die Kölner aber energisch ablehnten. Daraufhin holte sich der Erzbischof die Unterstützung von Herzog

hingeschaut

Bombarde.

Karl dem Kühnen, der ein großes Reich zwischen Deutschland und Frankreich namens Burgund regierte. So gestärkt, belagerte er zunächst Neuss, das mit Köln verbündet war. Die Kölner wiederum holten sich Beistand bei Kaiser Friedrich III., der selbst ein Interesse daran hatte, den immer mächtiger werdenden Karl den Kühnen aus seinem Reich zu vertreiben. Bevor der Kampf überhaupt bis nach Köln kam, war er in Neuss schon entschieden: Das Bündnis zwischen dem Kaiser und den Kölnern hatte in diesem sogenannten *Neusser Krieg* gesiegt. Daraufhin erklärte Kaiser Friedrich III. Köln zur *Freien Reichsstadt*.

Lass uns noch einmal zurückschauen zum Verbundbrief. Während des gesamten 15. Jahrhunderts kam es weiterhin regelmäßig zu Auseinandersetzungen unter den Bürgern. Im Jahr 1482 besetzten einige unzufriedene Kölner das Rathaus und nahmen den Bürgermeister und einige Ratsherren fest. Sie warfen dem Rat Bestechungen und Amtsmissbrauch vor. Die Anführer des Aufstandes wurden jedoch festgenommen und bereits ein paar Tage später auf dem Neumarkt enthauptet. Im Jahr 1512 ging eine ähnliche Geschichte anders aus: Diesmal mussten die beschuldigten Ratsherren ihren Platz räumen und ihre Vergehen mit dem Leben bezahlen. Daraufhin einigten sich Bürger und Ratsherren im Jahr 1513 auf die Formulierung des *Transfixbriefs*. Darin legten die Gaffeln, der Bürgermeister und die Ratsherren gemeinsam fest, dass die Regierenden in Köln zukünftig besser kontrolliert werden sollten. Der Verbundbrief und der Transfixbrief behielten ihre Gültigkeit bis zum Ende des 18. Jahrhunderts.

Wie es in Köln im ausgehenden Mittelalter zuging und über einen Zeitzeugen namens Hermann von Weinsberg

Alles in allem war das 15. Jahrhundert gemessen an der Zeit davor relativ ruhig. Die Regierung der Stadt war größtenteils geregelt. Köln war eine mächtige und reiche Handelsstadt und überall im Reich bekannt, es wurde viel gebaut, die Malerei und Bildhauerei erlebten eine erfolgreiche Zeit – und abgesehen von den immensen Müllproblemen und der schlechten Wasserversorgung ging es den Menschen eigentlich ganz gut. Die Handwerker und Arbeiter gingen gerne in die Wirtshäuser und tranken Bier. Es gab damals schon sehr viele Wirtshäuser und fast ebenso viele Brauereien. Die Reichen feierten große und aufwendige Feste. Dazu bauten sie sogar ein eigenes Festhaus, den Gürzenich. Auf dem Alter Markt fanden Reiterturniere statt. Die Bürger waren selbstbewusst und stolz auf ihre Stadt. Als 1531 Kaiser Karl V. zu Besuch nach

Köln kam, richteten die Kölner alles schön her. Dieses imposante Stadtbild wollten sie dann für alle Ewigkeit festhalten. Darum beauftragte der Rat im selben Jahr den Maler und Grafiker Anton von Woensam, eine *Große Stadtansicht* von Köln anzufertigen.

Vielleicht hast du dich beim Lesen der letzten Kapitel das ein oder andere Mal gefragt, woher so viele Dinge über das Mittelalter – vor allem über den Alltag im Mittelalter – bekannt sind. Da gab es einen Mann, dem wir viele Informationen über die Lebensumstände im Mittelalter verdanken: Hermann von Weinsberg (1518–1597). Er hat ein Tagebuch geschrieben, das mehr als 7000 Seiten umfasst und glücklicherweise erhalten ist. Schriftliche

hingeschaut

Der Gürzenich

Im 15. Jahrhundert entschlossen sich die Kölner, ein Tanzhaus zu bauen, wo sie feiern und ehrenwerte Gäste der Stadt empfangen konnten. Dazu wurden die Grundstücke der Familie Gürzenich gekauft und die dortigen Gebäude abgerissen. Für die enorme Summe von 80.000 Gulden erbauten sie das Festhaus mit dem Zinnenkranz und den Ecktürmchen, das 1444 fertiggestellt war. Die Kölner nannten das neue Gebäude Unser Herren Tanzhaus *und feierten dort – wie die alten Berichte erzählen – oft und gerne. Der Tanzsaal im oberen Geschoss war reich ausgestattet. Der Rat hielt dort auch Festessen ab. Hier wurden Könige und Kaiser bewirtet, wenn sie Köln besuchten. Der untere Teil war offen und diente als Lager und Kaufhaus. Seit dem Ende des 16. Jahrhunderts nutzte man den großen Bau nur noch als Kaufhaus und nannte ihn* Kaufhaus Gürzenich. *Erst im 19. Jahrhundert fanden im Gürzenich wieder Feste statt. Und dafür wird der Gürzenich auch heute noch genutzt: Politische Besucher werden hier empfangen, Konzerte und Karnevalssitzungen veranstaltet und große Feste gefeiert. Er ist die* gute Stube *Kölns. Im Zweiten Weltkrieg wurde der Gürzenich schwer zerstört, aber nach dem Krieg – leicht verändert – wiederaufgebaut.*

Gürzenich.

Aufzeichnungen waren damals nur über besondere politische Ereignisse oder herausragende Persönlichkeiten üblich. Die Familiengeschichte des Hermann von Weinsberg dagegen erzählt uns von mehr oder weniger alltäglichen Dingen. Hermann von Weinsberg wurde Am Blaubach geboren, in einer Gegend, die überwiegend von Handwerkern bewohnt war. Sein Vater verdiente sein Geld mit dem Brauen von Bier und dem Verkaufen von Wein. Im Laufe der Zeit erwarb er viele Häuser und wurde ein reicher Mann. So wuchs Hermann in einem recht sorgenfreien Umfeld auf. Er erzählt uns von den Spielen seiner Kindheit, wie beispielsweise von Topfschlagen, Murmeln und Würfelspielen, und von seiner Schulzeit in der Schule von Sankt Georg. Später studierte er Rechts-

hingeschaut

Die Große Stadtansicht von Köln

Die Große Stadtansicht von Köln *ist ein Holzdruck. Dieser Holzdruck ist dreieinhalb Meter breit. Woensam benötigte dafür neun Druckstöcke. Mit* Druckstock *wird die Holzplatte bezeichnet, auf der die Negativform für den späteren Druck in das Holz hineingeschnitzt wird. Die Druckstöcke werden dann mit der Druckfarbe bestrichen und auf Papier gepresst. Der Drucker und Verleger Heinrich Quentell ließ die Vorlage von Woensam drucken. Es ist eine der berühmtesten Stadtansichten des späten Mittelalters. Sie spiegelt das Selbstbewusstsein der Kölner wider, die hier ihre Stadt auf dem Höhepunkt der Bedeutung und des Reichtums vorzeigen. Auf der Ansicht sind allein 42 Kirchen zu sehen, und das waren längst nicht alle. Der Dom steht in seinem unvollendeten Zustand dar, wie er über 300 Jahre das Kölner Stadtbild prägte. Schön ist die große Stadtmauer zu sehen, die die Stadt komplett umschließt. Das geschäftige Treiben am Hafen sowie der Rhein mit seinen Schiffen und den Wassermühlen bilden den Vordergrund der Ansicht. Diesen berühmten Holzdruck kannst du im Kölnischen Stadtmuseum sehen.*

wissenschaften und wurde ein angesehener Anwalt. Von seinem Vater übernahm er den erfolgreichen Weinhandel. Außerdem hatte er noch eine reiche Frau geheiratet. Hermann von Weinsberg wurde schließlich auch zum Ratsherrn gewählt. So hatte er Einblick in die Regierungsgeschäfte der Stadtherren und konnte schonungslos die Korruption und den Klüngel beschreiben. Die Schriften von Hermann von Weinsberg sind für uns heute eine wichtige Quelle für das alltägliche und politische Leben im spätmittelalterlichen Köln.

Große Stadtansicht von Anton Woensam.

EXTRA:
Der Kölner Dom

Der Kölner Dom gehört zu den größten Kirchen der Welt. Die Türme sind etwa 157 Meter hoch, der Innenraum ist 44 Meter hoch, 145 Meter lang und 86 Meter breit. Von Weitem schon ist er sichtbar und überragt mit seiner enormen Größe die ganze Stadt. Wenn du dich dem Dom näherst, dann siehst du ein riesiges Steingebirge mit vielen kleinen Spitzen, Rundungen und Figuren. Die eigentlichen Kirchenwände sind kaum zu erkennen. Was du siehst, sind viele Bogen und Türme. Sie bilden das sogenannte *Strebewerk*. Es ist nötig, um die hohen Wände mit ihren großen Fenstern nach außen hin abzustützen.

Alle verwendeten Steinteile wurden kunstvoll von den Steinmetzen behauen. Besonders vielgestaltig sind die *Wasserspeier*. Ihren Namen tragen sie, weil über ein Rohr im Inneren der Figuren das Regenwasser von den Mauern abgeleitet und durch ein Loch im Mund wieder herausgespuckt – oder wie man früher sagte: *gespeit* – wird. Meist stellen sie teufelsähnliche Wesen dar, die das Böse von der Kirche abhalten sollten. Die Menschen dachten damals, wenn der Teufel solche schrecklichen Kreaturen erblickt, würde auch er sich erschrecken und davonmachen. Mittlerweile sind auch neue Wasserspeier angefertigt worden, die weniger furchterregend als einfach fantasievoll und teilweise sogar lustig sind.

Wasserspeier.

Im Westen steht die mächtige Fassade mit den zwei hohen Türmen und den drei prachtvollen Portalen. Wer durch sie in den Dom hineingeht, wird jedes Mal wieder dieses faszinierende

Gefühl des Unbeschreiblichen haben. Es scheint so, als ob die Architektur hier grenzenlos sei. Alles zieht nach oben, in schwindelerregende Höhen. Der Mensch wird ganz klein. Um die wirkliche Größe des Bauwerks zu erfassen, schlage ich dir ein Experiment vor: Versuche einmal mit Freunden und Freundinnen gemeinsam einen Pfeiler zu umstellen, indem ihr euch an den Händen haltet. Du wirst dich wundern, wie viele Personen nötig sind, um einmal ganz um einen einzigen Pfeiler herum zu kommen.

Westfassade.

Doch bei all dieser Großartigkeit bleibt der Dom nur das *Zuhause* für das Wertvollste, was er besitzt, nämlich die Reliquien der Heiligen Drei Könige. 1164 waren sie nach Köln gebracht und in den kostbaren Dreikönigenschrein gelegt worden. Der Schrein ist immer noch der große Anziehungspunkt im Dom. Aber die Heiligen Drei Könige tauchen auch an vielen anderen Stellen im Dom auf. Besonders schön sind sie auf dem Altar der Kölner Stadtpatrone (um 1445) von Stefan Lochner dargestellt, dem berühmten *Dombild*. Ursprünglich hatte Stefan Lochner den Altar im Auftrag der Kölner Ratsherren für die Ratskapelle gemalt. Vor jeder Ratssitzung wurde vor diesem Altarbild eine Messe gehalten. Die Kölner verehrten den Altar als Symbol der Stadt und ihrer Selbstbestimmung. Seit 1809 befindet er sich im Dom. Auf dem dreiteiligen Altargemälde siehst du die Kölner Stadtpatrone. Im Mittelteil sind die Heiligen Drei Könige dargestellt, auf den Außenseiten die heilige Ursula und der heilige Gereon mit ihren Gefährtinnen und Gefährten. Die Gewänder der Könige sind mit Gold und Pelzen besetzt, und die Gefäße, die sie zum Jesuskind bringen, sind mit Edelsteinen geschmückt. Die Rüstung des Gereon wirkt sehr majestätisch, genauso wie das rote Gewand der

Mitteltafel des Altar der Kölner Stadtpatrone von Stefan Lochner.

Ursula. Stefan Lochner hat mit viel Liebe auch die Kleinigkeiten im Bild, wie Pflanzen, Frisuren oder Waffen, gemalt. Der ganze Altar ist ein Meisterwerk von feinster, variantenreicher und detailgetreuer Malerei.

Ein besonders wichtiger Bestandteil des gotischen Doms sind die großen, bunten Glasfenster. Erst die farbigen Fenster lassen den Innenraum feierlich erstrahlen. In der östlichen Kapelle des Kölner Doms, direkt hinter dem Dreikönigenschrein, ist das älteste Domfenster erhalten, das Bibelfenster von 1260. Darin wird in vielen bunten kleinen Glasscheiben die Geschichte vom Leben Jesu erzählt. Im nördlichen Seitenschiff sind ganz andere Fenster angebracht. Sie stammen aus dem 16. Jahrhundert. Hier sind die einzelnen Glasscheiben größer und ebenso auch die dargestellten Figuren. Sowohl in den alten wie auch in den jüngeren Fenstern kannst du die Heiligen Drei Könige wiederfinden.

Neben den Fenstern gibt es noch viele weitere Kunstwerke, die den Dom ausschmücken. Im Kapellenkranz, der um den Langchor herumführt, stehen beispielsweise die Grabmäler einiger wichtiger Erzbischöfe. Konrad von Hochstaden, der den Grundstein für den gotischen Dom legte, ist hier genauso begraben wie Philipp von Heinsberg, zu dessen Regierungszeit die große Stadtmauer erbaut wurde. Ein Grabmal fällt besonders auf. Die Figur des Verstorbenen ist von einem Gitter eingeschlossen. Hier liegt Graf Gottfried von Arnsberg begraben, der seine Grafschaft und sein ganzes Vermögen den Kölner Domherren vermacht hatte. Aus Angst davor, dass seine wütenden Verwandten, die sich übergangen fühlten, das Grab zerstören könnten, soll das Gitter angebracht worden sein. Im Chorumgang findest du auch das berühmte Gerokreuz, von dem ich dir bereits erzählt habe.

Hier habe ich dir nur einen kleinen Einblick in die Welt des Kölner Doms geben können. Denn die komplette Beschreibung des Doms würde ein eigenes Buch füllen. Am besten begibst du dich jetzt auf deine ganz eigene Entdeckungsreise durch den Kölner Dom. Vergiss dabei nicht die Schatzkammer, deren Eingang sich außen auf der Nordseite befindet. Dort werden die wertvollsten Stücke aus dem Besitz des Doms aufbewahrt wie beispielsweise Gewänder der Priester, Kelche und Monstranzen (= kostbare Geräte für die Messfeiern), aber auch Reliquien und Fundstücke von den Ausgrabungen unter dem Dom. Außerdem kannst du von der Schatzkammer aus auch alte Grundmauern des Doms sehen.

Nur noch eins: Wenn du nun denkst, dass der Kölner Dom fertig ist, das Bauwerk vollendet ist und für alle Zeit die Besucher und Gläubigen empfangen kann, dann täuschst du dich. Der Kölner Dom ist nie fertig! Ständig müssen die Handwerker

Bibelfenster.

der Dombauhütte arbeiten, damit der Dom nicht eines Tages zusammenbricht. So ein gigantisches Bauwerk wie der Dom hat nicht nur während seiner Erbauung enorm viel Kraft, Arbeit und Geld gekostet, es kostet auch jetzt noch viel Arbeit und vor allem viel Geld, ihn zu bewahren und zu erhalten.

Man vergisst schnell, wie aufwendig es sein kann, einen einzigen Stein auszutauschen, wenn er sich weit oben an einem Pfeiler befindet. Dann muss zuerst ein Gerüst gebaut werden, das viele Meter hoch ist. Erst dann kann an der Stelle gearbeitet werden und der alte, kaputte Stein durch einen neuen ersetzt werden. Wenn du einmal genau hinschaust, dann kannst du einige der neuen Steine erkennen. Sie sind heller als die alten. Manche der neuen Steine werden aber auch leicht eingefärbt, damit der Dom nicht wie ein großer Flickenteppich dasteht.

Und ständig denken die Dombaumeisterin und das Domkapitel darüber nach, wie und was noch verbessert werden kann. So gibt es jetzt den Plan, auf der Südseite des Doms, am Roncalliplatz, den schon sehr alten und nicht mehr schönen Kiosk abzureißen. Dort wird ein neuer Bau errichtet, der zu einem unterirdischen Bereich führen wird. Von da kann man dann in Zukunft zum Turm hinaufsteigen. Außerdem wird es dort ein Lädchen geben, das Erinnerungsstücke und Postkarten verkauft, sowie Toiletten. An der Südseite des Doms wird eine Gedenkplatte an den Namensgeber des Roncalliplatzes, Papst Johannes XXIII. angebracht. Der hieß Angelo Giuseppe Roncalli und war einer der wichtigsten und fortschrittlichsten Päpste des letzten Jahrhunderts. Außerdem soll der Petrusbrunnen, der zur Zeit wenig beachtet auf der Nordseite des Doms steht, den Platz verschönern. Bis Ende 2008 soll alles fertig sein.

Dann gibt es da noch das Problem mit den Tauben. Wusstest du, dass auf den Domtürmen Falken leben? Hast du eine Idee, warum? Sie sollen die Tauben jagen. Tauben gehören zu den größten Feinden des alten Mauerwerks. Ihr Kot ist ätzend und zerstört die Steine. Aber die Falken reichen leider nicht aus, dem Taubenproblem Herr zu werden. Nun soll versucht werden, mit kleinen Taubenhäusern die Anzahl der Tauben zu verringern und in Zukunft zu kontrollieren. Da sollen zum Beispiel die Taubeneier mit Gibseiern ausgetauscht werden, damit nicht immer mehr junge Tauben schlüpfen.

Ja, es gibt viele Probleme, die so ein Dom hervorruft und die gelöst werden müssen!

Grabmal von Gottfried von Arnsberg.

Katzenbauch
Die enge gaß
Die
stolckgaß
S. Pau
wels
S.Lupf
kirch
S. Maximins

Die Neuzeit

Anfang 16. Jahrhundert bis Ende 18. Jahrhundert

Der Wechsel vom Mittelalter zur Neuzeit spielte sich im 16. Jahrhundert ab. Aber was bedeutet eigentlich *Neuzeit*? Was war das *Neue* in der Zeit nach dem Mittelalter? Um das leichter zu verstehen, lass uns noch einmal ins Mittelalter zurückblicken: Das ganze Leben drehte sich um Religion, Kirche und Glauben. Es gab die feste Überzeugung, dass alles von Gott erschaffen und von ihm abhängig sei, Menschen genauso wie Tiere und die ganze Natur. Nun begannen die Menschen, die Natur um sich herum genauer zu betrachten und zu erforschen. Sie erfanden das Mikroskop und das Fernrohr, sie entdeckten neue Länder (1492 entdeckte Kolumbus Amerika), sie begannen das Land zu vermessen (das nennt man *Kartografie*), und sie erkannten, dass die Erde eine Kugel war. Sie entdeckten ihre eigene Welt. Damit bekam auch der Mensch selbst, sein Denken und Handeln, eine neue Bedeutung. Er war als Forscher und Entdecker, Erfinder und Künstler selbst beteiligt an dieser Welt. Die Kirche und der Glaube an Gott und die Heiligen waren nicht mehr die wichtigste Orientierung im Leben der Menschen. Die Entwicklung vom Mittelalter zur Neuzeit war einer der bedeutendsten Schritte der letzten 2000 Jahre in der europäischen Geschichte. In dem nun folgenden Kapitel wirst du über neue Erfindungen und Freiheiten, aber auch über viele Konflikte und kriegerische Auseinandersetzungen lesen.

Über den Beginn der Neuzeit in Köln und einen neuen Kunststil

Die neue Sicht auf den Menschen und die Natur hatte natürlich auch Auswirkungen auf die Künste. Denn nun wollten die Künstler Landschaften und Bauwerke, aber auch Menschen und Gesichter möglichst naturgetreu darstellen. Dieser neue Kunststil wird als *Renaissance* bezeichnet. Solche Stilveränderun-

Poträt des Arnold von Brauweiler von Bartholomäus Bruyn d. Ä.

gen passieren allerdings nicht von heute auf morgen. Oft kannst du keine eindeutige Grenze zwischen dem alten und dem neuen Stil ziehen. Ich möchte dir von einem berühmten Kölner Maler erzählen, der in dieser Übergangszeit tätig war: Bartholomäus Bruyn der Ältere (1493–1555). Im Jahr 1515 ist seine Tätigkeit als Maler in Köln erstmals urkundlich belegt. Über die Zeit davor wissen wir wenig. 1533 kaufte er die Häuser, die ehemals Stefan Lochner gehört hatten. Und ebenso wie Lochner wurde auch Bruyn als Vertreter der Malerzunft in den Rat gewählt. Er führte eine große Werkstatt und erhielt viele Aufträge. Seine großen Altargemälde für Kölner Kirchen (beispielsweise in Sankt Andreas oder Sankt Kunibert) sind in ihrer Art mit den Altären der großen mittelalterlichen Maler zu vergleichen. Und doch sind sie anders und neu. Es sind die Details, an denen du erkennen kannst, dass Bartholomäus Bruyn sehr genau die Natur beobachtet hat. Das taten seine Vorgänger im Mittelalter so noch nicht. Bei Bartholomäus Bruyn findest du realistische Landschaftsdarstellungen und Porträts von lebenden Personen. Ihm war es wichtig, Dinge so zu malen, wie sie in Wirklichkeit aussahen. Er widmete sich besonders dem menschlichen Bildnis. Wer damals in Köln etwas auf sich hielt, ließ sich von ihm ein Porträt anfertigen. Zu seinen Kunden gehörten die reichen Bürger und auch die Kölner Bürgermeister. Bartholomäus Bruyn war sozusagen der Hofmaler der Kölner Patrizier. Dabei gelang es ihm vorzüglich, den Charakter der abgebildeten Personen genau zu treffen. Mit kunstvollen Details, wie Schmuck, Mänteln, Pelzen oder Landschaftsausschnitten, rundete er seine Bilder ab. Auch der Bürgermeister Arnold von Brauweiler ließ sich von Bruyn 1535 porträtieren. Brauweiler war von 1510 bis 1550 Ratsherr und bekleidete in dieser Zeit mehrmals das Bürgermeisteramt. In der damals üblichen Bürgermeistertracht stellte ihn Bruyn als würdevollen Stadtherrn mit Pflichtbewusstsein, Tatkraft und Erfahrung dar. Möchtest du wissen, wie Bruyn selbst ausgesehen hat? Vielleicht hat er uns ein Selbstbildnis hinterlassen: Schauen wir auf das Altarbild mit der *Auferstehung Christi* in Sankt Kunibert. Die Figur des heiligen Arnold, der rechts neben Jesus steht, könnte der Maler selbst sein. Ein weiteres Beispiel für die neuen Stilelemente in der Malerei findest du in den Renaissancefenstern von Sankt

Peter. Diese Fenster entstanden zwischen 1528 und 1530 und gehören neben den Fenstern im Nordschiff des Kölner Doms zu den hervorragendsten Renaissancefenstern des Rheinlandes. Auch in der Baukunst vollzog sich im 16. Jahrhundert der Wechsel von der Gotik zur Renaissance. Das bedeutendste Bauwerk der Renaissance in Köln ist die Rathauslaube. Aus dieser Zeit stammen außerdem ein paar prachtvolle Bürgerhäuser. Du kannst sie gut an ihrer schmalen, hohen Form, den durchgehenden Fensterreihen, den geschwungenen Dachgiebeln und den steilen Dächern erkennen. Nur sehr wenige dieser Häuser sind bis heute erhalten geblieben. Dazu gehören zwei in der Altstadt: 1568 ließ sich der Ratsherr Wil-

Auferstehungsaltar von Bartholomäus Bruyn d. Ä., Detail mit Selbstbildnis des Malers.

hingeschaut

Die Renaissancefenster im Chor von Sankt Peter

Im Mittelalter waren die Glasfenster der Kirchen aus vielen kleinen Glasscheiben mosaikartig zusammengesetzt. Zu sehen waren unzählige kleine Figuren und Dekorationselemente. Hier in Sankt Peter ist das nun vollkommen anders: Es gibt nur wenige, große Figuren. In jedem Fenster wird jeweils nur eine Szene vom Sterben Jesu erzählt. Das mittlere Fenster zeigt die Kreuzigung Christi, das nördliche (links) die Kreuztragung, das südliche (rechts) die Beweinung Christi. Du kannst die Trauer und Bestürzung der dargestellten Personen über die Ereignisse, die dort gerade stattfinden, wirklich spüren. Ihre Gesten und Haltungen vermitteln uns ihre Gefühle. Besonders aufwendig sind die Gewänder und Rüstungen, die Natur und Architektur gemalt. Außerdem kannst du zahlreiche Kleinigkeiten entdecken, die das Geschehen in den Fenstern zusätzlich lebendig machen.

All das sind die typischen Merkmale der Renaissancemalerei: die naturgetreue Landschaftsdarstellung, die großen bewegten, prachtvoll gekleideten Personen und auch die antiken Bildelemente, wie zum Beispiel die Säulenrahmungen und die kleinen Putten (Engelskinder). Es ist nicht ausgeschlossen, dass der damals führende Maler in Köln, Bartholomäus Bruyn der Ältere, an diesen Fenstern mitgewirkt hat.

Renaissancefenster in Sankt Peter.

Die Rathauslaube

Rathauslaube.

Die zweigeschossige Vorhalle des Rathauses wurde 1569 vom Kölner Rat in Auftrag gegeben. Wilhelm Vernukken aus Kalkar übernahm den Bau. Typisch für die Renaissance-Architektur ist die Anlehnung an antike Bauwerke. Die kannst du hier an den Säulen mit ihren Kapitellen oder an den Medaillons mit Porträts der römischen Kaiser zwischen den beiden Geschossen sehen. Auch die Bogen im Erdgeschoss und im Obergeschoss, die sich zum Platz hin öffnen, sind antiken Gebäuden nachempfunden. Nun schau noch einmal genau auf das breite Band zwischen den beiden Geschossen. Dort sind drei Reliefs mit Löwendarstellungen zu sehen. Natürlich sind die nicht zufällig gewählt. In der Mitte wird die Geschichte des mutigen Bürgermeisters Hermann Grien aus dem 13. Jahrhundert erzählt. Dieser Bürgermeister soll oft in Konflikt mit dem Erzbischof geraten sein. Als das dem Erzbischof zu viel wurde, überredete er zwei Domherren, dem Bürgermeister eine Falle zu stellen und ihn zu beseitigen. Diese beiden Domherren luden Hermann Grien eines Tages zum Essen ein. Nach dem Mahl zeigten sie dem ahnungslosen Bürgermeister im Hof ihres Hauses einen Käfig, in dem ein hungriger Löwe eingesperrt war. Bevor sich der Bürgermeister der Situation bewusst werden konnte, stießen die Domherren ihn in den Käfig hinein. Hermann Grien aber reagierte mutig und klug. Er wickelte sich seinen Mantel um die Hand, steckte die Faust mitten in den Rachen des Löwen und stieß mit seinem Schwert das Tier direkt ins Herz. Genau diese Situation wird auf dem Relief gezeigt. Links und rechts davon kannst du zwei Löwengeschichten aus der Bibel erkennen: Daniel in der Löwengrube *und* Samson mit dem Löwen. *Neben diesen beiden biblischen Helden sollte Hermann Grien selbst auch wie ein Held verehrt werden. Ob es diesen Hermann Grien wirklich gegeben hat, spielte dabei keine Rolle. Die Kölner Bürger wollten mit dieser Darstellung ihr Selbstbewusstsein und ihre Unabhängigkeit gegenüber den Domherren zum Ausdruck bringen.*

Relief mit Löwenkampf.

helm Peter Terlaen von Lennep sein Haus *Zum St. Peter* am Heumarkt Nr. 77 erbauen. Es ist ein großzügiges Eckhaus im Renaissancestil mit fünf Stockwerken und zwei Giebelgeschossen. Am Alter Markt steht heute noch das Doppelhaus mit dem Namen *Zur Brezel – Zum Dorn*. Es wurde 1580 vom Steinmetzmeister Benedikt von Schwelm gekauft und weiter ausgebaut. Auch dies ist ein schmales Haus mit fünf Stockwerken und zwei geschwungenen Giebeln. Heute befindet sich dort der Ausschank einer Kölner Brauerei.

Haus Zur Brezel – Zum Dorn.

Wie Köln ein Zentrum des neuen Buchdrucks wurde

Eine der wichtigsten Erfindungen der Neuzeit war der Buchdruck. Schon früh wurden auch in Köln die ersten Bücher gedruckt. Als reiche Handelsstadt bot Köln gute Voraussetzungen dafür. Hier lebten viele Menschen, die Interesse an Büchern hatten. Außerdem wurden in den Klöstern und Stiften einige wertvolle und seltene alte Handschriften aufbewahrt, die nun vervielfältigt werden konnten. Ebenso wurden von den Gelehrten in der Stadt viele neue Schriften verfasst. Die großen Mengen an Papier und Tinte kamen aus Italien und wurden über den Rhein nach Köln gebracht. Der Buchhandel kam mächtig in Schwung, und die Straße Unter Fettenhennen entwickelte sich zum Zentrum der Buchdrucker und Verleger in Köln. Im 16. Jahrhundert gab es hier um die 100 Druckereien. Der erste Kölner Buchdrucker war Ulrich Zell. Er hatte in Mainz den Buchdruck gelernt und hielt sich zwischen 1465 und 1505 in Köln auf. Er druckte circa 200 verschiedene Bücher. Ihm folgte bald darauf Johann Koelhoff. Zu seinen Veröffentlichungen zählte auch die Kölner Stadtgeschichte *Cronica van der hilliger Stat van Coellen* aus dem Jahr 1499. Einer der einflussreichsten und wohlhabendsten Verleger in der Stadt war Heinrich Quentell, der 1478 aus Straßburg kam, um in Köln eine Druckerei zu eröffnen. Seine Kinder und Enkel führten den Verlag weiter. In dieser Druckerei wurde die *Große Stadtansicht von Köln* ge-

nachgefragt

Wie war das mit der Erfindung des Buchdrucks?

Als Erfinder der Buchdruckerkunst gilt Johannes Gensfleisch zur Laden genannt Gutenberg. Er wurde um 1400 in Mainz geboren. Zunächst war er Goldschmied. Aber schon bald faszinierten ihn mehr als alles andere die Möglichkeiten des Buchdrucks. Bis dahin wurden alle Bücher mit der Hand geschrieben. In Asien hatte man allerdings schon eine Druckmethode entwickelt. Da musste aber für jede Buchseite eine einzelne Druckplatte angefertigt werden, die man dann auch nur einmal benutzen konnte. Irgendwie musste es doch möglich sein, das Verfahren des Buchdrucks einfacher und effektiver zu gestalten. So erfand Gutenberg die beweglichen Buchstabenlettern. Der entscheidende Vorteil lag darin, dass die Lettern jeweils nur einen Buchstaben zeigten, beliebig zusammengesetzt und immer wieder neu verwendet werden konnten. Diese neue Schwarze Kunst *des Buchdrucks umfasste das Herstellen der Buchstabenlettern, das Setzen der Lettern zu Wörtern und Sätzen und schließlich das Drucken. Zwischen 1452 und 1456 entstand die* Gutenbergbibel. *Sie war die erste gedruckte Bibel auf der Welt. Sie hatte 42 Zeilen auf jeder Seite und war in lateinischer Sprache geschrieben. Gutenberg widmete sein ganzes Leben der Buchdruckerkunst. Dabei machte er große Schulden, so dass er 1468 völlig verarmt starb.*

Der Buchdruck ermöglichte die Verbreitung von Schriften, die vorher nur in ganz geringer Anzahl vorhanden waren. Bis dahin wurden die wertvollen Handschriften meist in Klöstern aufbewahrt, und nur wenige gebildete Menschen bekamen die Möglichkeit, darin zu lesen. Mit der Erfindung des Buchdrucks wurde eine neue Zeit eingeleitet, in der wissenschaftliche, politische oder religiöse Texte in hohen Auflagen eine bis dahin nicht gekannte, umfassende und schnelle Verbreitung fanden. Die Erfindung des Buchdrucks gehört zu den wichtigsten Errungenschaften der Neuzeit.

druckt, von der ich dir im letzten Kapitel erzählt habe. Das sind nur drei Buchdrucker und Verleger von vielen.

Aber was bedeutete eigentlich der Buchdruck für die geschichtliche Entwicklung in Köln? Mit der schnellen und großen Verbreitung der unterschiedlichen Positionen oder Argumente in Glaubensfragen und Rechtsfragen bekamen beispielsweise die Geschehnisse der Hexenverfolgung und der Reformation eine ganz neue Dimension. Nicht nur wenige ausgewählte Führungspersönlichkeiten tauschten ihre Argumente aus, nun konnte eine breite Bevölkerungsschicht mitlesen und mitreden. Die Diskussionen und Auseinandersetzungen wurden dadurch heftiger und kämpferischer, wie du in den folgenden Kapiteln lesen kannst.

Über den ersten Kölner Stadtplan, den »Mercatorplan«

Das Vermessen von Städten und Ländern, die sogenannte *Kartografie*, war eine neue Methode des 16. Jahrhunderts. Es entstanden die ersten Landkarten, Seekarten und Stadtpläne. Die Menschen gewannen mit diesen neuen Karten und Plänen eine vollkommen neue Sicht auf ihre Welt. Das wollte sich auch der Kölner Rat zunutze machen. Um mehr Übersicht über das verwinkelte und unübersichtliche Straßengewirr von Köln zu bekommen, beschloss der Rat, einen Stadtplan von Köln anfertigen zu lassen. Der Kartograf, der diesen Auftrag erhielt, hieß Gerhard Kremer (1512–1594) und kam aus Duisburg nach Köln. Damals gaben sich die Menschen gerne lateinische Namen, um sich damit einen bedeutenden und gelehrten Anschein zu geben. So nannte sich Gerhard Kremer selbst *Mercator*, was so viel bedeutet wie *der Händler oder der Krämer* und damit auf seinen Namen anspielt. Seinen Stadtplan nannten die Kölner den *Mercatorplan*. Der Plan wurde als Kupferstich angefertigt. Dazu waren 16 Druckplatten nötig. Auf ihm sind alle Straßen, Häuser, Gassen, Brunnen und Höfe Kölns im Detail abgebildet. Nach diesem ersten Kölner Stadtplan wurde auch das große Stadtmodell im Kölnischen Stadtmuseum angefertigt.

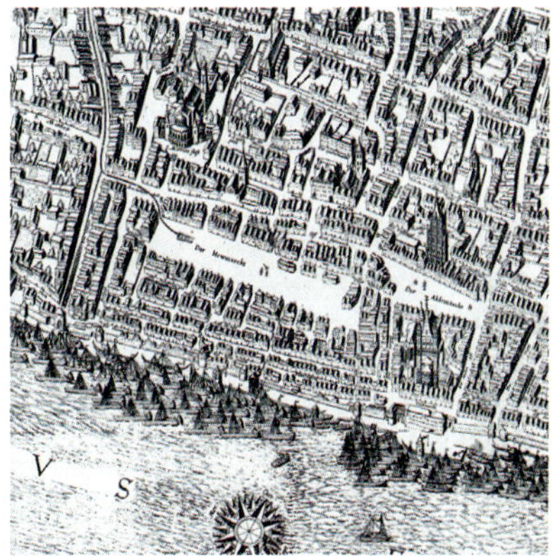

Ausschnitt aus dem Mercatorplan.

Über die Hexenverfolgung in Köln

Darstellung einer Hexenverbrennung aus dem 16. Jahrhundert.

Hexen kennst du aus Märchen. Wusstest du, dass es auch *echte* Hexen gegeben haben soll? Eigentlich waren es ganz normale Frauen. Aber die Menschen hielten sie für Hexen, weil sie sich in der Heilkunst und Kräuterkunde gut auskannten. Die Menschen verstanden nicht, was diese Frauen taten, und glaubten deshalb an Hexerei. Dazu kam, dass die Vertreter der Kirche den Leuten einredeten, dass diese angeblichen Hexen eine Gefahr für sie seien und deshalb verfolgt und getötet werden müssten. Im Jahr 1487 schrieben zwei geistliche Herren ein verhängnisvolles Buch, den *Hexenhammer*. Der eine war der Dominikaner Heinrich Institoris, der andere Jakob Sprenger, Dekan der Kölner Universität und ebenfalls Dominikaner. In ihrem Buch erklärten sie genau, warum man Hexen verfolgen muss, wie man sie erkennen kann und wie man sie verhören, foltern und verurteilen soll. So glaubten die meisten Menschen, dass es Recht und Gesetz sei, diese unschuldigen Frauen anzuzeigen.

Den traurigen Höhepunkt erlebte die Hexenverfolgung in Köln im 17. Jahrhundert, als um die 100 Frauen der Hexerei angeklagt wurden. Ihnen wurde Zauberei, Hexentanz und Verbindungen zum Teufel vorgeworfen. Knapp 40 Frauen wurden auf Melaten auf dem Scheiterhaufen verbrannt. Darunter war auch Katharina Henot, deren Prozess großes Aufsehen erregte. Katharina Henot (1576–1627) war die Tochter eines kaiserlichen Postmeisters und die Schwester eines Stiftsherrn von Sankt Andreas. Sie kam also aus gutem Hause. Von Nonnen wurde sie als Hexe angeklagt. Obwohl sie während der harten Folter standhaft beteuerte, keine Hexerei auszuüben, wurde sie 1627 mit 50 Jahren hingerichtet.

Es gab damals auch einige Gegner der fanatischen Hexenverfolgung. Einer von ihnen war der Jesuit Friedrich Spee von Langenfeld (1591–1635). Er begleitete verurteilte Hexen zum Scheiterhaufen. Nach seiner Überzeugung wurden diese Frauen zu schnell verurteilt. Deshalb schrieb er 1631 ein Buch über die Hexenverfolgung, in dem er sich gegen die schnelle Urteilssprechung wandte. Er mahnte zur Vorsicht bei der Verurteilung und forderte, immer zuerst an die Unschuld einer Person zu glauben, bevor man sie verurteilt. Dieses Buch zu schreiben war nicht ungefährlich für ihn. Deshalb gab er sich auch nicht als Autor zu erkennen und verließ Köln. Er zog nach Trier, wo ihn keiner als Verfasser dieses kritischen Buches erkannte.

Über die Reformation in Köln

Sicher hast du schon einmal von der Reformation, Martin Luther und von den langjährigen und heftigen Konflikten zwischen katholischen und protestantischen Christen bis hin zum Dreißigjährigen Krieg gehört. Wie überall im Land wurde auch in Köln über Glaubensfragen gestritten. Aber nicht lange, denn schnell war klar, auf welche Seite sich die Kölner stellen würden: auf die katholische. Warum? Köln war als Freie Reichsstadt direkt dem Kaiser unterstellt, und der vertrat die katholische Seite. Und so unterstützten der Rat, die Universitätsprofessoren und die Domherren gemeinsam mit dem Erzbischof auch die Katholiken. Das führte dazu, dass 1519 die Professoren der Kölner Universität die reformatorischen Ideen als »gottlose Irrlehren« verurteilten. Das *heilige Köln*, wie es seit dem Mittelalter genannt wurde, konnte sich mit der Reformation einfach nicht anfreunden. Als sich 1520 der katholische Kaiser Karl V.

zu einem Besuch in Köln ankündigte, beschlossen die Kölner, ein klares Zeichen gegen die Reformation zu setzen. Sie verbrannten alle reformatorischen Schriften auf dem Domhof. 1529 wurden dann sogar zwei Prediger, die die Gedanken Luthers verbreiteten, öffentlich auf Melaten verbrannt.

Große Unterstützung erhielt die katholische Seite von dem Orden der Jesuiten. Im Jahr 1544 gründete Petrus Canisius die erste Jesuitengemeinschaft in Köln. Die große Jesuitenkirche aus dem 17. Jahrhundert hast du sicher schon einmal gesehen. Mit ihrem rosafarbenen Anstrich fällt sie jedem ins Auge, der aus dem Hauptbahnhof tritt: die Kirche Sankt

nachgefragt

Was war die Reformation?

Von seiner ursprünglichen Wortbedeutung heißt Reformation *übersetzt* Wiederherstellung. *Mit Reformation wird eine große Bewegung bezeichnet, die von Martin Luther im 16. Jahrhundert ausgelöst wurde und die ursprünglichen Werte des frühen Christentums wiederherstellen wollte. Am Ende stand die Spaltung der Christenheit in Protestanten und Katholiken. Warum wandte sich Luther gegen die bestehende Kirche? Wenn du dir die Zustände des Mittelalters in Erinnerung rufst, dann kannst du die Kritik Luthers sicher verstehen. Die Erzbischöfe lebten wie Fürsten, und sie regierten Städte und Ländereien wie weltliche Herrscher. Geld und Reichtum waren ihnen wichtiger als das Gebet und das Lesen in der Bibel. Luther prangerte diese Missstände innerhalb der Kirche an. Ein großes Ärgernis für die Menschen war außerdem, dass sich die Priester die* Absolution *(= Vergeben der Sünden) mit viel Geld bezahlen ließen. Das waren die sogenannten* Ablassbriefe.

Luther traf mit seiner Kritik auf die Zustimmung vieler Menschen, die im Angesicht des Reichtums der Kirche ihre Not nicht länger ertragen wollten. Also ging es während der Reformation zum einen um die Zustände in der Kirche selbst und zum anderen auch um die sozialen Unterschiede und Spannungen innerhalb der Bevölkerung. Auf diesem Nährboden bekamen die Ideen Luthers eine breite Unterstützung. 1517 hing Luther in Wittenberg seine 95 Thesen *zu einer* reformierten *Kirche öffentlich aus. Damit begannen die Auseinandersetzungen zwischen den alten katholischen und den neuen protestantischen Lagern. Die heftige katholische Gegenwehr auf die Reformation bezeichnet man als* Gegenreformation. *Die wichtigsten Vertreter der Gegenreformation waren die damals regierenden habsburgischen Kaiser Karl V. (Kaiser von 1519 bis 1556) und Ferdinand I. (Kaiser von 1556 bis 1564) sowie der Jesuitenorden.*

hingeschaut

Sankt Mariä Himmelfahrt

Sankt Mariä Himmelfahrt, Innenraum.

In Sankt Mariä Himmelfahrt kannst du sowohl romanische und spätgotische als auch barocke Elemente finden. Der Rückgriff auf die mittelalterlichen Bauformen sollte bezeugen, dass die Jesuiten sich auch in ihrer Lehre auf das Mittelalter beziehen, auf die traditionelle, katholische Religion. Damit setzten sie ein sichtbares Zeichen gegen die Reformation. Wenn du dir die Fassade anschaust, so kannst du die unterschiedlichen Stile direkt nebeneinander erkennen. Die massigen Türme erinnern an die Romanik, das große spitzbogige Maßwerkfenster an die Gotik, der Fassadenaufbau mit den geschwungenen Dachgiebeln ist ein typisch barockes Bauelement. Ebenso verschmelzen auch im Inneren die unterschiedlichen Stilarten. Gotisch sind wiederum die Spitzbogenfenster und das Sternengewölbe, barock dagegen die Farbgebung (grau, weiß, rosa und golden). Besonders auffallend sind die barock gestalteten, goldglänzenden Hochaltar und Kanzel. Die Kanzel befindet sich in der Mitte des Langhauses, dort, wo sich die Gläubigen während der Messe versammeln. So konnten die Prediger das Volk direkt und unmittelbar ansprechen. Denn eines der wichtigsten Anliegen der Jesuiten war die Predigt.

Als die Jesuiten nach Köln kamen, nutzten sie für ihre Gottesdienste zunächst die bereits vorhandene, alte Kirche Sankt Achatius. Zu Beginn des 17. Jahrhunderts brannte diese komplett ab. Also musste eine neue Kirche gebaut werden. Mit großzügiger Unterstützung des Kölner Erzbischofs Ferdinand von Bayern und seines Bruders Herzog Maximilian von Bayern wurde nach den Plänen des Architekten Christoph Wamser 1618 mit dem Neubau begonnen. Seit 1629 konnten die Jesuiten die Messen in ihrer neuen Kirche feiern, die 1678 geweiht, aber erst 1689 vollendet wurde.

Seit 1803 wird Sankt Mariä Himmelfahrt als Pfarrkirche genutzt. Sie ist nach dem Dom die größte Kirche Kölns und eines der wenigen Zeugnisse des 17. Jahrhunderts.

Mariä Himmelfahrt. Die Geschichte der Reformation in Köln wäre jedoch nur unvollständig erzählt, wenn ich dir nicht vom Kölner Erzbischof Hermann von Wied berichten würde. Denn 1546 trat dieser Erzbischof zum Protestantismus über. Der Papst konnte und wollte das natürlich nicht erlauben, da Köln ein wichtiger Ort des katholischen Lagers war. Also wurde Hermann als Erzbischof einfach abgesetzt und an seiner Stelle der streng katholische Adolf III. von Schaumburg eingeführt. Der Papst schickte einen Gesandten nach Köln, der gut aufpassen und ihn sofort unterrichten sollte, falls irgendein Kirchenführer in Köln noch einmal mit der Reformation liebäugeln sollte. Dieses Ereignis ging unter dem Namen *Kölner Reformation* in die Stadtgeschichte ein.

Wie die protestantischen Flüchtlinge nach Köln kamen

Vielleicht hast du jetzt den Eindruck, dass in Köln alle Menschen streng katholisch waren. Dann wird es dich wundern, wenn ich dir erzähle, dass es eine ganze Reihe von Protestanten in der Stadt gab, die stillschweigend akzeptiert wurden. Allerdings bekamen sie keine Bürgerrechte und durften auch nicht in den Rat der Stadt gewählt werden. Aber sie wurden als Einwohner Kölns geduldet. Die Protestanten kamen überwiegend aus anderen Städten und Regionen, wo sie wegen ihrer Religion verfolgt wurden. Diese Flüchtlinge waren fast alle Kaufleute und oft sehr reich. Die Kölner waren nicht dumm und boten ihnen an, sich in Köln niederzulassen. Schließlich brachten sie viel Geld und gute Handelsbeziehungen mit. Unter anderen waren aus den Niederlanden viele *Calvinisten* nach Köln gekommen (*Calvinismus* = eine nach Johann Calvin benannte Ausprägung der Reformation). Das lag nahe, denn schließlich waren Köln und die Niederlande durch den Handel schon lange eng miteinander verbunden. Die Flüchtlinge lebten relativ unbehelligt in der Stadt. Aus jener Zeit stammt der sogenannte *Geusenfriedhof*, der damals außerhalb der Stadtmauern für die niederländischen Protestanten angelegt wurde. Als *Geusen* (= Bettler) bezeichneten die Kölner abfällig die Niederländer. Den Friedhof findest du heute noch an der Kerpener Straße.

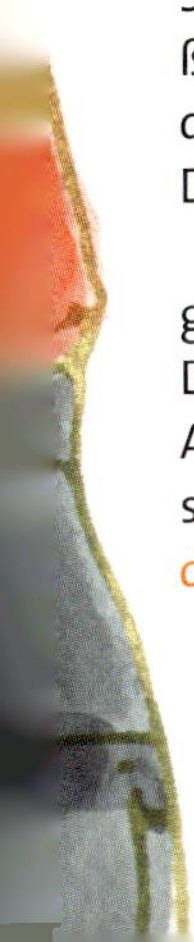

Geschichte wird immer dann besonders lebendig, wenn sie konkrete Dinge hinterlassen hat und mit konkreten Ereignissen verbunden werden kann. Das ist auch hier der Fall: Unter den Flüchtlingen war eine Familie Rubens aus Antwerpen. Der Sohn Peter Paul wurde später ein sehr berühmter Maler. Für seine Taufkirche Sankt Peter in Köln malte er das Altarbild mit der Kreuzigung des Apostels Petrus. Ohne die Bereitschaft der Kölner, die Protestanten aus

hingeschaut

Die Kreuzigung Petri

Dieses Bild malte Peter Paul Rubens, einer der bedeutendsten Maler der Kunstgeschichte. Wie es überhaupt dazu kam, dass Rubens dieses Bild gemalt hat, und warum es ausgerechnet in Sankt Peter hängt, ist eine spannende Geschichte: 1568 kam sein Vater Jan Rubens, ein angesehener Anwalt aus Antwerpen, nach Köln. Er war einer der niederländischen, protestantischen Glaubensflüchtlinge, die in Köln ein neues Zuhause fanden. Aber nur für kurze Zeit, denn Jan Rubens wurde hier des Ehebruchs überführt und musste deshalb Köln schon bald wieder verlassen. Er zog mit seiner Familie nach Siegen in Westfalen. Dort wurde als letztes von sieben Kindern im Jahr 1577 Peter Paul geboren. Ein Jahr später durfte die Familie nach Köln zurückkehren und wohnte in der Sterngasse. Damals trat die Familie Rubens zum katholischen Glauben über und wurde Mitglied in der Pfarrei von Sankt Peter. 1587 starb der Vater Jan Rubens und wurde in Sankt Peter beigesetzt. Seine Grabplatte kannst du in der Kreuzkapelle gegenüber vom Eingang sehen. Die Mutter kehrte mit den Kindern daraufhin nach Antwerpen zurück. Aus Peter Paul Rubens wurde ein berühmter Malermeister und Hofmaler. 1640 starb er als reicher und angesehener Malerfürst.

Die Kreuzigung Petri von Peter Paul Rubens.

Aber wie kam es nun zu diesem Altarbild? Als die Familie Rubens noch in Köln wohnte, lebte unter ihren Nachbarn die Kaufmannsfamilie Jabach. Eberhard II. Jabach war einer der ersten großen Sammler in Köln. Er war ein großer Kunstkenner und hatte im Laufe der Zeit eine umfangreiche Sammlung zusammengetragen. Dieser Eberhard II. Jabach hatte nun die Idee, dass der mittlerweile sehr berühmte Peter Paul Rubens ein Bild für die Pfarrkirche seiner Kindheit malen könnte. Und tatsächlich gelang es Jabach, Rubens zu überzeugen, dieses Bild anzufertigen. Es wurde eines der letzten Bilder des großen Malers. Rubens selbst schätzte es als eines seiner besten ein. Es ist ein typisches barockes Gemälde, in dem die Menschen kraftvoll und bewegt dargestellt sind. Petrus wurde, wie die Überlieferung erzählt, kopfüber gekreuzigt, weil er nicht wie sein Herr, Jesus Christus, aufrecht gekreuzigt werden wollte. In diesem Bild wehrt er sich mit aller Macht, und die Soldaten müssen sich mächtig anstrengen, ihn zu bändigen. Wenn du vor dem Gemälde stehst, kannst du den Eindruck gewinnen, das Kreuz würde gleich aus dem Bild herauskippen. Alles scheint in Bewegung – in dieser dramatischen Erzählung der Petrusgeschichte.

den Niederlanden, wozu damals auch Belgien gehörte, aufzunehmen, wäre dieses Bild vermutlich nie gemalt worden.

Noch eins: Kaiser und Papst sahen die Geschehnisse in Köln mit großem Unbehagen. Sie drängten den Kölner Rat im Jahr 1570 durch einen Beschluss festzulegen, dass keine protestantischen Flüchtlinge mehr nach Köln kommen dürften.

Wie es zum »Truchsessischen« Krieg kam

Dieser Krieg bekam seinen merkwürdigen Namen von dem Mann, der ihn ausgelöst hat: Gebhard II. Truchsess von Waldburg. Gebhard war 1577 zum Erzbischof von Köln ernannt worden. Dann verliebte er sich in eine Frau und wollte diese heiraten. Aber als katholischer Erzbischof war es ihm nicht erlaubt zu heiraten. Also beschloss er kurzerhand, seinen Glauben zu wechseln und Protestant zu werden. Als protestantischer Priester durfte er ohne Probleme heiraten. Da Gebhard nun aber mit erheblichem Widerspruch der Katholiken rechnen musste, zog er sich auf seinen Besitz in Bonn zurück, wo er der Unterstützung seiner Brüder gewiss sein konnte. Die Kölner Domherren hatten Gebhard als Erzbischof natürlich längst abgesetzt und einen Nachfolger gewählt: den streng katholischen Ernst von Bayern. Dieser residierte in Deutz. Die Truppen von Gebhard und von Ernst bekämpften sich heftig, da Gebhard nicht von seinem Amt zurücktreten wollte.

Die Kölner hatten mit der Auseinandersetzung zwischen den beiden Erzbischöfen relativ wenig zu tun. Schließlich waren sie eine Freie Reichsstadt und gehörten nicht zum Regierungsbereich des Erzbischofs. 1583 spitzten sich die Kämpfe zu. Die Truchsessischen Soldaten überfielen Deutz. Aber die Truppen von Erzbischof Ernst schlugen ihrerseits zurück und belagerten Bonn. 1588 ergaben sich die Truchsessen, und damit war dieser Krieg beendet. Ernst von Bayern blieb Kölner Erzbischof.

Der Truchsessische Krieg hatte Köln zwar nicht direkt berührt, war aber doch bedrohlich nahe an die Kölner Stadtmauer herangerückt. Darum kontrollierten die Kölner ihre Stadtbefestigung und errichteten zwischen 1594 und 1610 ein neues Zeughaus. Schon seit der Mitte des 14. Jahrhunderts gab es ein Zeughaus in Köln. Damals wurde es *Bildenhaus* genannt. *Bilden* hießen die Wurfmaschinen. Dort wurde beispielsweise auch die alte Bombarde aufbewahrt, von der ich dir im vorherigen Kapitel erzählt habe. Das Zeughaus kannst du heute noch besuchen. In dem Gebäude befindet sich das Kölnische Stadtmuseum. Das schmuckvolle Portal im Barockstil erinnert uns an die Zeit der Erbauung, Anfang des 17. Jahrhunderts.

Zeughaus.

Wie es Köln im Dreißigjährigen Krieg erging

Die Kämpfe zwischen Protestanten und Katholiken gipfelten im Dreißigjährigen Krieg (1618–1648). Köln blieb damals von Zerstörungen und Angriffen größtenteils verschont. Das hing damit zusammen, dass die Stadt für alle Parteien ein wichtiger Handelsplatz war. Alle brauchten beispielsweise Waffen, Uniformen, Stiefel und Verpflegung. Die Schmiede, Schneider, Schuster oder Bäcker in Köln lieferten dies alles und machten dabei gute Geschäfte. Deswegen blieb Köln neutral. Das akzeptierten auch die Kriegsparteien. Einmal fand sogar ein Friedenskongress in Köln statt. 1636 trafen sich hier die Gegner, gingen aber ohne Erfolg wieder auseinander.

Zur Sicherheit Kölns trug auch die noch bestehende, hervorragende Stadtmauer bei, die es jedem Feind schwer machte, Köln anzugreifen. Anders erging es da den umliegenden Dörfern wie Mülheim, Flittard oder Holweide, die überfallen und ausgeplündert wurden. Für den Fall der Fälle war die Verteidigung Kölns gut organisiert. Alle Bürger besaßen eine militärische Ausrüstung, die entweder in den Torburgen, im Rathaus oder im Zeughaus aufbewahrt wurde. Die Ärmeren konnten sich keine Gewehre, sondern nur einen Spieß leisten (= Lanze). Verächtlich nannten die Reichen sie deshalb die *Spieß-*

bürger. Die Begriffe *Spießer* oder *spießig* kennst du sicher auch. Zur Verteidigung der Stadt wurden außerdem in den einzelnen Stadtvierteln Schützengilden gebildet, die im Falle eines Angriffs die Mauer verteidigen sollten. Die heutigen Schützenvereine sind ein Überbleibsel aus dieser Zeit. Und dann gab es da auch noch die *Roten Funken*. Sie sorgten für Recht und Ordnung in der Stadt und waren eine Art Schutzpolizei. Für den Empfang von wichtigen Persönlichkeiten war die *Ehrengarde* zuständig. Diese beiden Garden kennst du aus dem Kölner Karneval. Daran kannst du wieder einmal sehen, wie viele Dinge aus unserer heutigen Zeit ihren Ursprung in der Vergangenheit haben.

Da Köln relativ sicher war, kamen viele Menschen von außerhalb in die Stadt. Unter ihnen waren auch die Nonnen der Karmeliterinnen und der Ursulinen. Die Ursulinen flohen 1639 aus Lüttich und gründeten hier ihr erstes Kloster in Deutschland. Sie widmeten sich der Ausbildung junger Mädchen. Ihre Schulen wa-

nachgefragt

Worum ging es im Dreißigjährigen Krieg?

Der Dreißigjährige Krieg war ein Religionskrieg zwischen den Anhängern der katholischen und der protestantischen Seite. An den Kriegsgeschehen waren auf katholischer Seite die Bayern und Österreich mit Unterstützung der Spanier beteiligt, auf der anderen Seite die Protestanten aus Mittel- und Norddeutschland, die von den Schweden und Dänen, später auch von den Franzosen unterstützt wurden. Die kriegerischen Auseinandersetzungen waren durch die Reformation ausgelöst worden, sie sollten aber letztendlich vor allem klären, welches Land in Zukunft eine wichtige Rolle in Europa spielen würde. Die Machtverhältnisse in Europa standen auf dem Prüfstein.

Die Kämpfe fanden überwiegend auf deutschem Boden statt. Der Krieg dauerte, wie der Name schon sagt, dreißig lange Jahre von 1618 bis 1648. In dieser Zeit kamen Wirtschaft und Kultur an vielen Orten Deutschlands fast zum Stillstand. Die Bevölkerungszahlen gingen dramatisch zurück. Dieser grausame Krieg wurde dann 1648 endlich in Münster mit dem Westfälischen Frieden *beendet. Während die anderen europäischen Länder nach Kriegsende weiter von einem einzigen Herrscher regiert wurden und sich als Königreiche prachtvoll entfalteten, wurde Deutschland in viele kleine Fürstentümer aufgeteilt. Diese erholten sich nur langsam von den Zerstörungen und Nöten des Kriegs und erlebten erst im ausgehenden 17. und beginnenden 18. Jahrhundert einen wirtschaftlichen und kulturellen Neuanfang.*

ren sehr beliebt und hoch angesehen in Köln. Bis heute besteht in der Machabäerstraße die 1671 gegründete Ursulinenschule für Mädchen.

Einmal rückte der Krieg ganz nah an die Stadt heran. Das war 1632. Ein schwedisches Heer griff Deutz an, plünderte und besetzte es. Die Kölner beschossen von der anderen Rheinseite aus die Schweden mit Kanonen. Dann kam es zu einer riesigen Explosion. Die Deutzer Pfarrkirche Sankt Urban flog krachend in die Luft. Dort lagerten nämlich die gesamten Pulvervorräte. Um die 300 Menschen starben bei dieser Katastrophe.

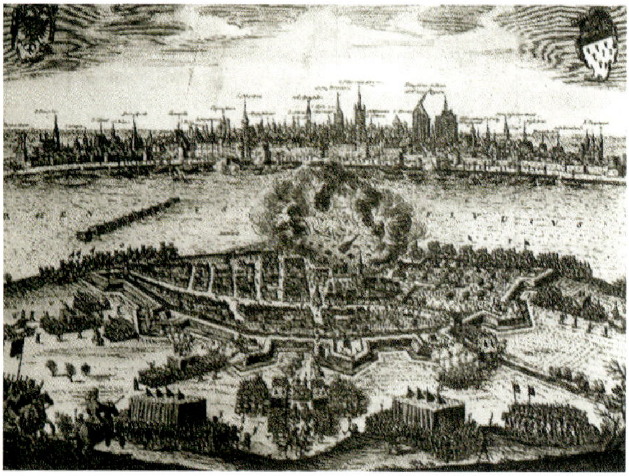

Explosion in Deutz 1632.

Wie jeder Krieg hatte auch der Dreißigjährige Krieg seine Helden. Von einem möchte ich dir erzählen: Jan van Werth (gestorben 1652). Über seine Kindheit wissen wir nicht viel. Vermutlich stammte er von einem Bauernhof vor den Mauern Kölns. Er kam wahrscheinlich aus ärmlichen Verhältnissen und konnte weder lesen noch schreiben. Sicher ist, dass er im Dreißigjährigen Krieg ein ruhmreicher Reitergeneral war und auf der katholischen Seite erfolgreich kämpfte. Er wurde auch *Schwarzer Hans* oder *Franzosenschreck* genannt. Das kam unter anderem daher, dass er die Franzosen aus der Festung Ehrenbreitstein am Rhein vertrieben hatte. Die Franzosen hatten dort den Schiffsverkehr erheblich behindert. Nach der Vertreibung der Franzosen war der Rhein wieder frei befahrbar, und die Kölner konnten sich wieder ungestört ihrem Handel widmen. Dafür waren die Kölner Jan van Werth sehr dankbar und schenkten ihm eine goldene Kette. Die Verehrung von Jan van Werth hielt über zweihundert Jahre an, wie du im nächsten Kapitel nachlesen kannst. Im 19. Jahrhundert entstand außerdem die rührende Geschichte von *Jan un Griet*. Demnach soll sich Jan als armer Bauersknecht in die hübsche Griet verliebt haben. Die aber sehnte sich nach einem reicheren Mann. Als Jan dann viele Jahre später als erfolgreicher Kriegsheld zurück nach Köln kam, sah er Griet als einfache Obstverkäuferin an der Straße stehen. Da musste Griet einsehen, dass sie sich damals falsch entschieden hatte. Diese Geschichte wird jedes Jahr an Weiberfastnacht an der Severinstorburg nachgespielt.

Jan van Werth.

TV ÆTHERI
TIBI MILITAT ÆTHER
CELERITAS
STRENVITAS
TEMPERANTIA
BONA FAMA

Wie Köln nach dem Dreißigjährigen Krieg an politischer und wirtschaftlicher Bedeutung verlor

Nach Beendigung des Dreißigjährigen Kriegs erlebten die Kölner einen politischen und wirtschaftlichen Niedergang ihrer Stadt. Dafür gab es unterschiedliche Gründe. Schauen wir zunächst auf die veränderten Machtverhältnisse in Deutschland. Nach dem Friedensschluss hatte der Kaiser deutlich an Macht verloren, während die Fürsten und Fürstbischöfe stärkeren Einfluss gewannen. Mit dem Kaiser verloren aber auch die freien Reichsstädte, die eng an den Kaiser gebunden waren, an Bedeutung. Und weil Köln auch eine freie Reichsstadt war, spielte die Stadt fortan keine Rolle mehr in der großen Politik.

Auch die veraltete Zunftordnung in Köln war mitverantwortlich für die wirtschaftlichen Probleme der Stadt. Die Zünfte waren gegen jede Form des Fortschritts – aus Angst, zu viel Konkurrenz zu bekommen. Es durften keine neuen Werkstätten eröffnet werden. Auch die neuen Techniken, wie beispielsweise der mechanische Webstuhl, wurden verboten. Die Übermacht der Katholiken in Köln war ein weiterer Grund für den Stillstand in der Stadtentwicklung. Während die Katholiken sehr an den alten Werten und Vorstellungen festhielten, waren die Protestanten moderner und risikofreudiger. Das konnte man gut im Umland von Köln feststellen, wo sich mehr Protestanten angesiedelt hatten. Dort war ein deutlicher Aufschwung zu erleben. Außerdem musste Köln 70.000 Reichstaler an die Schweden zahlen als Wiedergutmachung für die Explosion in Deutz im Jahr 1632. Bis auf die Tabak- und die Duftwasserindustrie ging die Wirtschaft in Köln spürbar zurück. Die Stadt hatte hohe Schulden, und etwa ein Drittel der Bevölkerung musste betteln. Im 17. und 18. Jahrhundert wurden kaum noch neue Gebäude in Köln errichtet, und die Bevölkerungszahlen nahmen stetig ab. 1665 war noch einmal eine schwere Pestepidemie über Köln gekommen, an der schätzungsweise 10.000 Menschen starben. War Köln im Mittelalter noch die größte Stadt nördlich der Alpen gewesen, so waren nun Hamburg oder Berlin schon viel größer geworden. Besonders drastisch beschreiben Reisende im 18. Jahrhundert den Zustand der Stadt. Da wird Köln als »dreckige«, »stinkende« und »verfallende« Stadt beschrieben. Sie sei die »abscheulichste deutsche Stadt«, »finster und traurig« – ein »hässlicher Ruinenhaufen«.

Über die Geschichte des Nikolaus Gülich

In diesen schlechten Zeiten hatten Korruption und Klüngel in Köln gute Karten. Im Rat kam es regelmäßig zu Erpressungen, Bestechungen und Wahlbetrug. Allein die Oberschicht regierte in der Stadt und besetzte die wichtigen Posten. Unter der Bevölkerung machte sich Unmut breit. Da fand sich ein angesehener und wohlhabender Kaufmann mit Namen Nikolaus Gülich (1644–1686), der das Verhalten der Ratsherren öffentlich verurteilte. Im Jahr 1680 übergab er dem Rat eine *Klageliste* mit allen Punkten, die er kritisierte. Der Großteil der Bevölkerung unterstützte Gülich in seinem Protest. Also sah sich der Rat gezwungen, eine Untersuchung der Klagepunkte durchzuführen. Das führte dazu, dass alle Bürgermeister der letzten vier Jahre vor Gericht kamen und verurteilt wurden. Da sich aber grundsätzlich nicht viel am Verhalten der übrigen Ratsherren geändert hatte, blieb der Konflikt zwischen dem Rat und Gülich bestehen. 1683 schließlich stürzte Gülich mit seinem Gefolge den Rat der Stadt Köln und übernahm selbst die Stadtgeschäfte. Gülich aber führte sich nun auch wie ein Stadtfürst auf. Das hatten seine Anhänger nicht gewollt. Für sie hatte sich damit nichts verändert. Gülich verlor die Unterstützung in der Bevölkerung. Seine Gegner hatten wieder Oberwasser und wandten sich an den Kaiser. Der entschied, dass der alte Rat wieder eingesetzt werden musste. Gülich wurde beschuldigt, den Kaiser hintergangen zu haben. Obwohl Gülich immer wieder beschwor, nichts Unehrenhaftes gegen den Kaiser geplant zu haben, wurde er 1686 verurteilt und hingerichtet. Sein Kopf wurde abgeschlagen, auf einer Stange aufgespießt und öffentlich ausgestellt. Damit sollten die Menschen davon abgeschreckt werden, sich gegen den Rat aufzulehnen. Sein Haus wurde abgebrannt, und niemand durfte an dieser Stelle jemals wieder ein neues Haus bauen. Stattdessen wurde dort die *Schandsäule* aufgestellt, an der ein Bronzeabguss von Gülichs Kopf befestigt war.

Schandsäule.

Nach Gülichs Tod war wieder alles beim Alten – im Rat und in der Stadt. Gülich wurde als machtbesessener Verräter und Verbrecher abgestempelt. Die Schandsäule wurde erst nach über hundert Jahren entfernt, als die Franzosen nach Köln kamen. Sie sahen in Gülich einen Vorreiter der Revolution, einen Kämpfer für Gerechtigkeit und Gleichheit. (Zur Französischen Revolution erzähle ich dir mehr im nächsten Kapitel.) So unterschiedlich kann die Beurteilung einer Person in der Geschichte ausfallen. Das Grundstück von Gülichs Haus kannst du leicht finden. Schräg gegenüber vom Rathausplatz befindet sich der Gülichplatz mit dem Fastnachtsbrunnen. Bis heute wurde hier kein Haus gebaut. Der Bronzekopf von Gülich wird im Kölnischen Stadtmuseum aufbewahrt.

Über das prunkvolle Leben der Kölner Erzbischöfe

Anders als den Kölner Stadtbewohnern erging es den Kölner Erzbischöfen. Der Grund dafür lag in den komplizierten Verhältnissen des Kölner Erzbistums seit der Schlacht von Worringen im Jahr 1288, als die Kölner ihren Erzbischof aus Köln vertrieben hatten. Lass uns noch einmal ins 13. Jahrhundert zurückblicken: Damals gehörten die Kölner Erzbischöfe zu denjenigen, die den deutschen König wählen durften. Das nannte man auch *küren*. Und deshalb wurde der Machtbereich des Kölner Erzbischofs zum *Kurfürstentum Köln* erhoben – oder kurz auch *Kurköln* genannt. Die Tatsache, dass Köln als Freie Reichsstadt nur dem Kaiser unterstellt war, führte zu der merkwürdigen Situation, dass es einen Erzbischof von Köln gab, der aber weder in Köln wohnte noch über Köln zu bestimmen hatte. Die Städte und Ländereien, die um Köln herum lagen, gehörten alle zu Kurköln. Köln selbst war nur die Stadt innerhalb der Stadtmauern ohne Ländereien oder andere Ortschaften. Während es den Kölnern seit dem Dreißigjährigen Krieg nicht besonders gut ging, lebten die Erzbischöfe fürstlich in Bonn und Brühl und regierten von da aus ihr reiches Fürstentum.

Bildnis von Clemens August.

Eine der schillerndsten Persönlichkeiten des Kölner Kurfürstentums war Clemens August I. (1700–1761). Seit 1723 bekleidete er das Amt des Kurfürsten und Erzbischofs von Köln. Die meiste Zeit hielt er sich in Brühl auf. Dort wohnten die Kölner Erzbischöfe seit 1284 immer mal wieder auf ihrer Wasserburg. Ende des 17. Jahrhunderts beschloss Clemens August, sich hier ein neues, prachtvolles Schloss erbauen zu lassen. Die Grundsteinlegung fand 1725 statt. *Schloss Augustusburg* wurde eine richtige barocke Residenz mit einem besonders sehenswerten Treppenhaus und einem großflächigen Schlossgarten. Das Treppenhaus geht in seinen Plänen auf den berühmten barocken Baumeister Balthasar Neumann zurück. Clemens August wohnte dort wie ein Fürst, gab Konzerte, empfing Künstler und führte ein typisch barockes Fürstenleben. Während in der Stadt Köln langsam die Wirtschaft und die Bauwerke zugrunde gingen, feierte man vor den Mauern der einstigen Großstadt glanzvolle Feste. Wenn du nach Brühl fährst, das Schloss besichtigst und im Schlosspark spazieren gehst, kannst du ein wenig von dem Geist der barocken Kurfürstenzeit spüren.

Über Bau- und Kunstwerke des Barock in Köln

Der barocke Kunststil zeichnet sich durch seinen dekorativen, teils überladenen, schwungvollen und bewegten Charakter aus. Die schwierige politische und wirtschaftliche Situation im 17. und 18. Jahrhundert in Köln führte dazu, dass hier nur wenige barocke Kunstwerke entstanden. Während die Städte, in denen Fürsten und Fürstbischöfe lebten, prunkvoll und großzügig ausgestattet wurden, war in Köln – wie du gelesen hast – kaum Geld für große künstlerische und architektonische Aufträge vorhanden. Trotz der schlechten Verhältnisse oder gerade deswegen bauten die Kölner jedoch einige neue Kirchen. Nach dem Dreißigjährigen Krieg suchten viele Menschen Trost im Glauben. Sie erinnerten sich an die Kölner Heiligen und die große Zeit der *Sancta Colonia*. Das eindrucksvollste Beispiel dieser wiederbelebten Frömmigkeit ist die *Goldene Kammer* in Sankt Ursula, über die du mehr im EXTRA zur heiligen Ursula lesen kannst. Auch die Marienverehrung fand viele Anhänger. Ein paar Kölner Kirchen stammen aus dieser barocken Zeit und wurden speziell der Maria geweiht. So entstanden die Karmeliterinnenkirchen Sankt Maria vom Frieden in der Schnurgasse und Sankt Maria in der Kupfergasse sowie die Kalker Kapelle.

Außerdem sind einige wenige Stadthäuser des Barock heute noch erhalten. So ließen sich Äbte und Äbtissinnen großzügige Wohnhäuser oder Sommersitze bauen wie beispielsweise das *Weißhaus* in Köln-Sülz oder das *Haus Wolkenburg* in der Innenstadt. In Köln-Mülheim erinnern uns ein paar reich geschmückte barocke Gebäude an die Zeit, als die Protestanten nach Mülheim geflohen waren. Einige Möbel aus Patrizierhäusern kannst du im Kölnischen Stadtmuseum und im Museum für Angewandte Kunst finden. Ein großer Meister der Holzarbeiten war Melchior Rheidt, der um 1600 auch den Senatssaal des Rathauses mit sei-

Sankt Maria in der Kupfergasse.

Stillleben von Willem Claesz. Heda im Wallraf-Richartz-Museum.

nen Schnitzereien kunstvoll ausschmückte. Erinnere dich auch an das großartige Gemälde von Peter Paul Rubens mit der Kreuzigung des Apostel Petrus, das in Sankt Peter hängt. Wenn du also auf die Suche gehst, findest du noch deutliche Spuren des 17. und 18. Jahrhunderts in Köln – wenn auch nicht so viele wie aus dem Mittelalter. Noch eins: Wenn du mehr Bilder von Rubens oder Rembrandt oder anderen großen Meistern des 17. Jahrhunderts sehen möchtest, gehe ins Wallraf-Richartz-Museum.

Über ein Wasser aus Köln, das in der ganzen Welt bekannt wurde

Nun möchte ich dir noch eine richtige Erfolgsgeschichte aus dem 18. Jahrhundert erzählen. Während die meisten Kaufleute und Handwerker in Köln schlechte Zeiten hatten, verstand es ein Mann mit Geschäftssinn und Fantasie, in dieser schwierigen Situation gute Geschäfte zu machen. Er war Italiener und hieß Giovanni Paolo de Femini (1660–1736). Seit 1695 war er Bürger von Köln.

Femini verkaufte ein spezielles Wasser, das er *aqua mirabilis* (= *Wunderwasser*) nannte. Dieses Wunderwasser bestand aus hochprozentigem Alkohol und ätherischen Kräuterölen. Es half äußerlich angewendet angeblich gegen Kopf- und Zahnschmerzen, gegen Koliken, Gelbsucht und sogar gegen die Pest. Femini soll das Rezept von einem sterbenden orientalischen Mönch bekommen haben. Die Rezeptur gab er später an seinen Verwandten Johann Maria Farina (1685–1766) weiter, der auch aus Italien nach Köln gekommen war. Farina gründete 1709 das Unternehmen *Johann Maria Farina – gegenüber dem Jülichs-Platz*.

An dem erfolgreichen Geschäft mit dem Wunderwasser aus Köln wollten nun natürlich auch andere teilhaben. So entstanden immer mehr Firmen, die nach geheimen Rezepten Duftwasser herstellten und verkauften. Ende des 18. Jahrhunderts gab es in Köln um die 100 Firmen. Dazu gehörte auch das junge Ehepaar Mülhens, das sein Rezept von einem Karthäusermönch als Hochzeitsgeschenk bekommen haben soll. Die Firma der Familie Mülhens wurde schließlich die führende in ganz Köln. Ihr Haus stand in der Glockengasse. Als Ende des 18. Jahrhunderts die Franzosen Köln besetzten, ließen sie alle Häuser der Stadt durchnummerieren. Das Haus der Familie Mülhens bekam die Hausnummer 4711. Die Hausnummer wurde zum Markennamen und das typische *Kölnisch Wasser* als *4711* weltbekannt. Wenn du in die Glockengasse gehst – neben dem Opernhaus –, kannst du das Haus mit der Nummer 4711 sehen. Über dem Eingang ist ein Glockenspiel angebracht, das zu jeder vollen Stunde die französische Nationalhymne und das Lied »Es war einmal ein treuer Husar« spielt. Dazu bewegen sich aus Holz geschnitzte Figuren, die französische Soldaten darstellen. Die Bezeichnung *Eau de Cologne* (= Wasser aus Köln) stammt übrigens auch von den Franzosen. Sie konnten den Gestank in den Kölner Gassen nicht ertragen und hielten sich deshalb Läppchen mit dem *Kölnischen Wasser* vor die Nase. Seitdem wurde das *Eau de Cologne* als wohlriechendes Duftwasser gehandelt. Aber mehr zu den Franzosen im nächsten Kapitel!

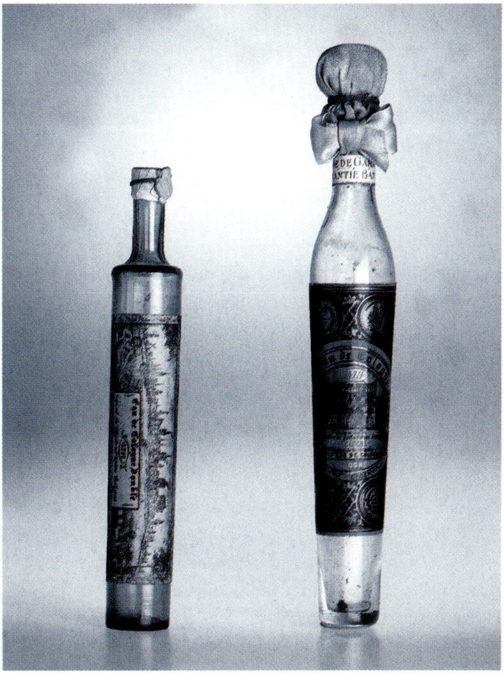

Alte Flaschen mit 4711.

EXTRA:
2000 Jahre Verkehr, Handel und Geld in Köln

In diesem EXTRA möchte ich dir etwas über die Entwicklung der Verkehrswege, des Handels und der Geldgeschäfte in Köln während der letzten 2000 Jahre erzählen.

Köln war immer ein zentraler Verkehrsknotenpunkt. Das war und ist für den Handel von großer Bedeutung. Betrachten wir zunächst die günstige Lage der

Rheinauhafen um 1900.

Poster der »Rhein-Dampfschifffahrt« 1899.

Stadt am Rhein. Über den Fluss konnten Waren leicht transportiert werden. Natürlich musste es dazu einen Hafen geben. Die Römer nutzten den Naturhafen, der sich aus einem Rheinarm längs der Stadt gebildet hatte. Im Mittelalter, als der Naturhafen längst versandet und ein neuer Hafen gebaut worden war, bildete der Kölner Hafen mitsamt dem ganzen Hafenviertel (heute die Altstadt) das Zentrum des Kölner Geschäftslebens. Dort erzählen dir noch heute die Namen der Märkte und Straßen von dem eifrigen Handel, der im Mittelalter hier betrieben wurde: der *Heu*markt, der *Fisch*markt, die *Salz*gasse oder der *Butter*markt. Nach dem Mittelalter verlor Köln als Handelsstadt an Bedeutung, und das Hafenviertel verkam. Um 1900 spielte die Stadt dann wieder eine große Rolle in der Wirtschaft. Infolge der Industrialisierung mussten nun weitaus mehr und größere Güter verladen werden. Deshalb wurde im Süden der Stadt der Rheinauhafen ausgebaut. Der Transportweg auf dem Rhein hat bis heute nicht an Bedeutung verloren. Mit dem modernen Industriehafen in Köln-Niehl verfügt Köln über einen der größten Binnenschiffhäfen in Deutschland. Natürlich mussten auch Straßen gebaut werden. Schon die Römer hatten große Straßen angelegt, die parallel zum Rhein verliefen. Sogar eine Brücke hatten die Römer bereits über den Rhein gespannt, so dass man fast aus jeder Richtung nach Köln gelangen konnte. Viele dieser Wege wurden im Mittelalter weitergenutzt. Im Laufe des 19. Jahrhunderts kamen die ersten Eisenbahnlinien zwischen Köln und Bonn sowie Köln und Aachen dazu. Das Eisenbahnnetz wurde immer dichter. Auch auf dem Rhein erlebte der Verkehr eine neue Entwicklung. 1816 fuhr dort das erste Dampfschiff. Bis heute ist Köln ein zentraler, wichtiger Verkehrsknotenpunkt, an dem sich viele Zugstrecken, Autobahnen und Fluglinien kreuzen und sieben Brücken den Rhein überspannen. Mit dem Frachtflughafen und dem Güterbahnhof ist Köln einer der größten Güterumschlagplätze in Deutschland. Damals wie heute ist eine Großstadt nur wirklich eine Großstadt, wenn sie über gute Verbindungen zu den anderen wichtigen Städten und dem Umland verfügt.

Wenn wir über die Handelswege und das weit verzweigte Netz von Wegen und Straßen sprechen, dann dürfen wir nicht vergessen, dass nicht nur Handelsgüter über diese Wege transportiert wurden, sondern auch Informationen. Früher brauchten die Nachrichten Wochen und Monate, um von einem Ort zum anderen zu gelangen. Heute dauert es nur noch Sekunden, und wir wissen, was am anderen Ende der Welt gerade passiert. Köln war schon immer ein wichtiger Ort für die Verbreitung von Nachrichten. Im Mittelalter waren es die Kaufleute, die quer durch Europa reisten und die Neuigkeiten von überall her mit nach Köln brachten. Seit dem 17. Jahrhundert wurden diese Neuigkeiten aufgeschrieben, gedruckt und einmal wöchentlich als Zeitung herausgegeben. Übrigens übernahm 1736 ein gewisser Gereon Arnold Schauberg eine Zeitungsdruckerei. Aus dieser Druckerei entwickelte sich später das Zeitungshaus DuMont-Schauberg, das heute noch Tageszeitungen druckt, wie zum Beispiel den *Kölner Stadt-Anzeiger* und den *Express*. In unserer Zeit sind es vor allem die Radio- und Fernsehsender, die immer die neuesten Nachrichten verbreiten. Mit dem WDR und RTL hat sich Köln zu einer der wichtigsten Medienstädte in Deutschland entwickelt. Du siehst, auch das Nachrichtenwesen hat in Köln eine lange Geschichte.

Die wirtschaftlichen Erfolge einer Stadt hängen wesentlich mit der Bekanntheit der Stadt zusammen und vor allem mit den Produkten, die dort hergestellt werden. Es waren schon immer die *typisch kölnischen* Produkte, an denen die Kölner gut verdienen konnten. Schauen wir zunächst in die Frühzeit. Schon um 500 v. Chr. wurden Rohstoffe, die in der Nähe von Köln abgebaut wurden, wie Erze, Kupfer, Eisen und Blei, aber auch Getreide wie Dinkel und Gerste bis nach Italien gebracht. Im 2. Jahrhundert entwickelte Köln sich zu einem Zentrum für Glasherstellung. Den dafür benötigten Quarzsand fanden die Kölner reichlich im Westen der Stadt, und das Wissen über die Glasbläserei hatten die Römer mitgebracht. Schon bald gab es vor der Stadtmauer von Köln eine große Zahl von Glaswerkstätten. Kölner Gläser wurden bis nach England verkauft. Ein sehr begehrtes Handelsgut war über viele Jahrhunderte Keramik aus Köln. Denn in der Kölner Umgebung gab es besonders hohe Tonerde-Vorkommen. Die Tongefäße wurden bis in ferne Länder verkauft. Im Mittelalter gab es eine ganze Reihe von typischen Kölner Produkten wie beispielsweise das *Kölner Tuch*. Die Tuchherstellung war der größte Wirtschaftszweig im mittelalterlichen Köln. Und besonders berühmt war das *Blaue Tuch*. Aus der Waidpflanze gewannen die Tuchfärber dafür den blauen Farbstoff. Am Waidmarkt, den es heute noch gibt, wurde die Waidpflanze gehandelt, und dort war auch das Zentrum der Tuchfärber. Die Tuchfärber, die für ihre Arbeit viel Wasser benötigten, lebten und arbeiteten am Bach, der südlich der Stadt vorbeifloss. Heute verläuft der Bach unterirdisch. Die Straße mit dem Namen *Blaubach* erinnert an ihn. Zu den typischen Kölner Produkten des Mittelalters gehörten auch Ursulareliquiare, Gemälde der Kölner Malerschule und Kölner Schwerter.

Gasmotorenfabrik in Deutz um 1880.

Die Kölner hatten im Mittelalter aber nicht nur Erfolg mit selbst hergestellten Waren, sondern auch mit Waren, die aus anderen Städten hier ankamen und umgeladen werden mussten. Denn alles, was von Köln aus weiterverkauft wurde, musste zunächst auf seine Qualität geprüft werden. War alles in Ordnung, bekamen die Waren ein Gütesiegel. So wurden zum Beispiel die Heringe aus Holland untersucht, neu verpackt und mit Salzlake übergossen. Anschließend wurde auf die Fässer das Kölner Gütesiegel gebrannt. So konnten alle weiteren Stationen und Verkaufsorte sich darauf verlassen, dass es sich um gute Ware handelte. Auch die Mengen wurden überprüft. So ritzten die Kölner Prüfer beispielsweise auf die Weinfässer, wie viel Liter sie enthielten. Alle weiteren Zollstellen wussten dann, wie viel Wein tatsächlich in einem Fass war. Bei Beschwerden wandten sich die Käufer direkt an die Kölner Prüfer, die die Verantwortung mit ihrem Gütesiegel übernommen hatten. Für alle Waren, die geprüft und umgeladen, ausgestellt und verkauft wurden, nahmen die Kölner Steuern und Zölle ein. Das waren wichtige Einnahmen der Stadt. Und immer noch sind die Steuern, die Kölner Firmen und Fabriken an die Stadt zahlen müssen, eine wichtige Geldquelle.

Typische Kölner Produkte gab es auch nach dem Mittelalter. Das *Kölnisch Wasser* ist eines der besten Beispiele dafür. Aber auch die Drahtseile, die Theodor Felten und sein Schwiegersohn Carl Guilleaume in Köln herstellten, wurden weltbekannt, genauso wie die Süßigkeiten vom Zuckerbäcker Stollwerck. Schließlich machte Köln sich als Autostadt einen Namen. 1864 wurde die erste Motorenfabrik der Welt in Köln gegründet. Heute verbindet man mit der Automarke Ford – neben dem Stammwerk in den USA – Köln. Andere Autohersteller zogen nach und bauten hier ihre Zentralen auf. Die vermutlich bekanntesten Kölner Markenzeichen der letzten Zeit sind der *Kölner Dom* und der *Kölner Karneval*. Der Tourismus ist ein großes Geschäft in dieser Stadt. Was im Mittelalter die Pilger waren, die aus ganz Europa nach Köln kamen, um die Stadt der vielen Heiligen zu besuchen, sind heute die Amerikaner, die Japaner und alle anderen Besucher, die nach Köln kommen, um den Dom zu sehen.

Und wer verdient immer besonders gut daran, wenn eine Stadt volle Kassen hat? Die Bauindustrie! Im Mittelalter erlebte sie ihren absoluten Höhenflug. So stark wie damals wurde sie nie wieder. Die ganze Stadt war eine einzige große Baustelle. Überall in der Stadt hörte man Baulärm. Viele Bereiche des Handwerks konnten dabei gut mitverdienen. Da gab es die Wagenbauer, die die Wagen für den Transport der Steine bauten, die Schmiede, die Werkzeug schmiedeten, die Zimmerleute, die alle Arten von Holzkonstruktionen errichteten. Auch die Schiffsbauer hatten Anteil am Geldverdienen, indem sie die Schiffe bauten, die für den Transport der Steine gebraucht wurden. Täglich legten drei bis vier Schiffe in Köln an, die voll beladen waren mit Steinen vom Drachenfels und aus der Vulkaneifel. Mit dem Ausklang des Mittelalters und der nachlassenden Bedeutung von Köln in der Neuzeit wurde nicht mehr viel Neues in der Stadt errichtet. Das änderte sich erst wieder Ende des 19. Jahrhunderts mit der Industrialisierung. Nun mussten viele neue Wohnungen und Häuser für die Arbeiter und Angestellten gebaut werden. Auch im 20. Jahrhundert gab es noch einmal eine rege Bautätigkeit, als praktisch die ganze Stadt nach den Zerstörungen des Zweiten Weltkriegs neu aufgebaut werden musste. In unserer Zeit ist es schwieriger geworden, große und spektakuläre Neubauten zu errichten, denn die Stadtkassen sind leer.

Lass uns nun noch ein Wort über *Geld* reden. Die ersten Münzen tauchten im 1. Jahrhundert v. Chr. im Rheinland auf. Du kannst dir sicher denken, wer sie hierher brachte: natürlich die Römer. Bis dahin tauschten die Menschen untereinander die Dinge, die sie selbst herstellten, gegen die Dinge, die sie brauchten. Das war der *Tauschhandel*. Im 3. Jahrhundert wurde Köln eine *Münzstätte*, das bedeutete, dass in Köln römische Münzen geprägt wurden. Das Recht, Münzen zu prägen, war eine besondere Auszeichnung für eine Stadt. Im Mittelalter durfte nur der Kaiser dieses Recht verleihen. Und tatsächlich war Köln im 10. Jahrhundert erneut Münzstätte. Seit circa 900 wurde in Köln der *Kölner Pfennig* geprägt und seit circa 1050 die *Kölner Mark*, eine Gewichtseinheit für Silbermünzen, die sich schnell weit über die Grenzen von Köln hinweg verbreitet hatte. Im 11. Jahrhundert hatten die Kölner Erzbischöfe das Recht zur Münzprägung vom Kaiser erhalten. Aber sie prägten kein gutes Geld, das heißt, dass zu wenig Silber in den Münzen war. Sie ließen immer neue, schlechtere Münzen prägen, die die Bürger gegen ihre alten eintauschen mussten. Die Händler waren misstrauisch und trugen deshalb immer eine kleine Geldwaage mit sich. So konnten sie den Gehalt der Münzen kontrollieren. Auch heute verliert das Geld an Wert. Das hat zwar nichts mehr mit dem Silbergehalt, sondern mit komplizierten wirtschaftlichen Zusammenhängen zu tun, ist für die Menschen aber ein genauso großer Verlust. Heute nennen wir das *Inflation*.

Noch einmal zurück ins Mittelalter: Nach der Schlacht bei Worringen 1288 hatten die Kölner kein Münzrecht mehr. Denn das war an den Erzbischof gebunden gewesen. 1474 bekam schließlich die Stadt Köln – nicht der Erzbischof! – das Münzrecht vom Kaiser zugesprochen. Als Köln dann um 1800 wieder an wirtschaftlicher Bedeutung gewann, kamen auch die Banken groß heraus, allen voran das Bankhaus von Salomon Oppenheim. Köln wurde zur führenden Bankenstadt des Rheinlands. In der Straße Unter Sachsenhausen kannst du die großen Bankhäuser alle nebeneinander finden. Das Geschäft mit dem Geld hatte während der letzten 2000 Jahre immer einen besonderen Stellenwert in Köln.

Geldwaage im Kölnischen Stadtmuseum.

Köln unter französischer und preußischer Regierung

Das 19. Jahrhundert

In kaum einer anderen Zeit kam es zu so vielen rasanten und einschneidenden Veränderungen wie im 19. Jahrhundert. Unterschiedliche Machthaber regierten in Köln, und das Stadtbild veränderte sich in diesen 100 Jahren enorm. Du wirst in diesem Kapitel viel über Politik und Wirtschaft lesen. Das waren die Triebfedern des Umbruchs und Neustarts in die moderne Zeit. Du wirst aber auch einige sehr interessante Persönlichkeiten kennenlernen. Am Ende des 19. Jahrhunderts hatte Köln ein neues Gesicht.

Wie Köln französisch wurde

Hast du schon einmal von der *Französischen Revolution* gehört? Und wusstest du, dass Köln einmal zu Frankreich gehörte? Ich erzähle dir, wie es dazu kam: 1789 stürzten die Franzosen ihren König vom Thron und forderten für alle Menschen die gleichen Rechte. Die französischen Revolutionstruppen wollten ihre Vorstellungen von Freiheit, Gleichheit und Brüderlichkeit auch in andere Länder tragen. Das wollten die Fürsten und Könige außerhalb von Frankreich natürlich nicht hinnehmen, weil sie um ihre Macht fürchteten. So kam es zu Kämpfen zwischen den Franzosen und den anderen europäischen Ländern.

Nun lass uns nach Köln blicken. Wie dachte man hier über die Französische Revolution? Seit dem Mittelalter war Köln eine freie Reichsstadt gewesen. Kein Fürst oder Erzbischof hatte die Stadt seitdem regiert. Deshalb fühlten sich die Kölner den Franzosen durchaus verbunden. Und als die französischen

Stadtschlüssel.

Soldaten 1794 bis nach Köln vordrangen, entschieden sich die Kölner rasch, sich den Franzosen kampflos zu ergeben. So kam es am 6. Oktober 1794 auf der Aachener Straße zur Begegnung zwischen dem Kölner Bürgermeister Reiner Joseph Anton von Klespe und dem französischen Divisionsgeneral François Championnet: Der Bürgermeister übergab dem Franzosen die Stadtschlüssel als Zeichen der Kapitulation (= Aufgabe). Die Franzosen marschierten in Köln ein. Aber so einfach, wie sich die Kölner das vorgestellt hatten, war es dann doch nicht. Mit einem Schlag waren plötzlich 12.000 französische Soldaten in der Stadt. Zu dieser Zeit lebten um die 40.000 Einwohner in Köln. Kannst du dir vorstellen, was das für eine Belastung war? Diese 12.000 Soldaten mussten von den Kölnern versorgt werden. Sie mussten Schlafplätze und Verpflegung bekommen, sie machten Dreck und Lärm. Trotzdem glaubten die Kölner immer noch, dass diese Situation besser sei als eine Eroberung mit Zerstörungen und Plünderungen. Die Franzosen versicherten ihnen auch, dass ihr Eigentum und ihre Freiheit unangetastet blieben. Um ganz sicherzugehen, reisten 1795 einige Kölner mit ihrem Bürgermeister Nikolaus Dumont nach Paris, um der französischen Regierung ihren *Verbundbrief* aus dem Jahr 1396 vorzulegen. Du erinnerst dich an diesen ersten Versuch einer *demokratischen* Stadtverfassung in Köln? Mit dem Verbundbrief wollten die Kölner auf ihre freiheitliche Grundhaltung hinweisen. Aber das beeindruckte die Franzosen nicht besonders. 1796 wurden der Rat und der Bürgermeister Kölns entmachtet. Stattdessen regierte nun eine *Munizipalverwaltung*, wie sie in Frankreich üblich war. Alle Angestellten der Stadt mussten den Eid auf die Französische Republik leisten. Seit 1802 gehörte Köln dann richtig zu Frankreich, als Teil der Republik mit allen Pflichten und Rechten einer französischen Stadt. Die Kölner waren zu Franzosen geworden, und Köln war nun die östliche Grenzstadt der Französischen Republik. Ab 1800 wurde französisches Geld eingeführt. Der Besitz und das Geld der Kölner waren dadurch nahezu wertlos geworden. Die Versprechungen, dass Köln frei, unabhängig und unangetastet bliebe, hatten sich also nicht erfüllt. Trotzdem hatten sich die meisten Kölner mit ihrer neuen Nationalität abgefunden und waren mit der Zeit richtige Anhänger der Französischen Republik geworden. Nun lass uns schauen, was durch die Franzosen alles anders wurde in Köln und wo wir heute noch die Spuren der französischen Zeit finden können.

nachgefragt

Was war die Französische Revolution?

Ich möchte dir erzählen, wie es zur Französischen Revolution kam und welche Auswirkungen sie auf das übrige Europa hatte. Im 17. und 18. Jahrhundert wurden die europäischen Länder von Königen und Fürsten regiert. Es gab gute und schlechte Herrscher. Manche regierten durchaus mit Maß und Sinn für das Volk. Sie versuchten, das Wohl der Menschen nicht aus dem Auge zu verlieren. Es gab aber auch Länder, in denen die Könige und Adeligen nur an sich selbst dachten und die arme Bevölkerung rücksichtslos ausnutzten. So war es in Frankreich. Die französischen Könige bauten immer neue Schlösser, feierten ausschweifende Feste und trugen aufwendige Kleider. Währenddessen mussten die Bauern für sie die schwere Arbeit verrichten und die Bürger extrem hohe Steuern zahlen. Und wenn sie sich wehren wollten, wurden sie hart bestraft. Die Gesellschaft am französischen Hof lebte auf Kosten des Volkes und hatte jeden Bezug zum wirklichen Leben verloren. Irgendwann wollten die französischen Bürger und Bauern diese Erniedrigung und Ausbeutung nicht länger ertragen. So kam es 1789 zur Französischen Revolution: Die Menschen wehrten sich, gingen auf die Straßen und forderten Freiheit, Gleichheit und Brüderlichkeit für jedermann. Die Truppen des Königs versuchten, die Aufständischen aufzuhalten; aber sie hatten keine Chance. In ganz Paris war das Chaos ausgebrochen. Jeder verdächtigte jeden, gegen die neuen Gebote zu verstoßen. Es gab immer wieder neue Wortführer. Viele Menschen wurden hingerichtet, sogar die königliche Familie. Dafür war eine neue Maschine entwickelt worden, die Guillotine, mit der den Verurteilten der Kopf abgetrennt wurde. 1795 waren die schlimmsten Unruhen vorüber. Das ständige Köpfen hatte ein Ende gefunden. Frankreich war tatsächlich eine Republik geworden, in der die Menschenrechte galten. Alle Menschen waren nun vor dem Gesetz gleich – zumindest für eine Weile. Das war wirklich eine folgenreiche Revolution. Die Ideale der Französischen Revolution findest du noch heute in den Verfassungen aller demokratischen Staaten.

Was die Franzosen in Köln veränderten

Mit den Franzosen kamen entscheidende Veränderungen auf die Kölner zu, die teilweise noch heute fortbestehen. Die Franzosen brachten neue Gesetze, neues Geld, neue Wörter, eine neue Verwaltung und vieles mehr mit nach Köln. Fangen wir mit der Freiheit des Glaubens an. Erinnerst du dich noch daran, dass sowohl Protestanten als auch Juden nicht in der Stadt leben durften? 1794 erlaubten die Besatzer endlich wieder, dass jeder frei seine Religion ausüben durfte. Zunächst kamen die Protestanten zurück nach Köln. Ihnen wurde die Antoniterkirche in der Schildergasse überlassen. Das war zwar nur ein einfacher kleiner Kirchenbau aus dem 14. Jahrhundert, aber immerhin die erste eigene protestantische Kirche. Die Protestanten gehörten rasch zu den reichen Bürgern in Köln. Seit 1798 kamen dann auch wieder die ersten Juden in die Stadt. Unter ihnen war der Bankier Salomon Oppenheim, der eines der bedeutendsten Kölner Bankhäuser gründete. Das Bankhaus Oppenheim besteht noch heute. Ebenso entscheidend wie die Glaubensfreiheit war die neue Gesetzgebung. Nach den Vorstellungen der Revolution waren alle Menschen gleich, auch vor Gericht. Außerdem konnte der Richter unabhängig von der Stadtregierung sein Urteil fällen. Das bedeutete, dass die Regierenden keinen Einfluss auf den Richter hatten und sich keine Vorteile verschaffen konnten. Diese Grundsätze sind noch heute die Grundlage des *Bürgerlichen Gesetzbuches* unserer Zeit. Die Franzosen erneuerten auch die Regeln für Handwerker und Kaufleute. Die alten Zünfte wurden abgeschafft. Ab sofort konnte sich jeder als Handwerker in der Stadt niederlassen. Vorher hatten die Zünfte dies nur ganz wenigen Handwerkern erlaubt. Diese neuen Leute brachten die Kölner Wirtschaft richtig in Schwung.

Ein französischer Soldat schreibt die Hausnummer 4711 an die Hauswand.

Allerdings musst du auch wissen, dass nur circa ein Prozent der Bevölkerung sich an dem Aufschwung bereichern konnte und etwa ein Drittel der Menschen in großer Armut lebte. Die sozialen Leistungen der Kirche und der Zünfte, die sich früher um die Armen und Kranken in der Stadt gekümmert hatten, fielen nun weg. Die Franzosen wollten zwar, dass die Stadt diese Aufgaben übernimmt, aber das ließ sich nicht so schnell und einfach verwirklichen.

Nun habe ich dir von den politischen und wirtschaftlichen Neuerungen erzählt. Aber es gab auch viele praktische neue Dinge. Beispielsweise führten die Franzosen die Maßeinheiten *Meter* und *Liter* ein. Sie sorgten dafür, dass nachts die Straßen beleuchtet wurden. Um eine bessere Übersicht über die Stadt zu bekommen, wurden alle Häuser gezählt, und jedes Haus bekam seine eigene Hausnummer auf die Fassade geschrieben. (Erinnere dich an die weltberühmte Hausnummer 4711.) Köln war überschaubarer und geordneter geworden. Dadurch gab es auch deutlich weniger Überfälle und andere Verbrechen. Die Franzosen sorgten auch für etwas mehr Sauberkeit in die Stadt. Und noch eins: Sie verfügten, dass die Toten aus hygienischen Gründen – wie

hingeschaut

Der Melatenfriedhof

Der Melatenfriedhof hat eine lange, bewegte Geschichte – aber nicht nur als Friedhof. Erinnerst du dich noch an die Leprakranken des Mittelalters? Sie wurden aus der Stadt ausgesperrt und mussten in einem Leprosenheim leben. Das befand sich an dem Ort, wo heute der Melatenfriedhof liegt. Seit dem 17. Jahrhundert nahm die Lepra langsam ab, und das Leprosenheim wurde nicht mehr gebraucht. Der Friedhof hat auch noch eine andere traurige Vergangenheit. Dort war nämlich die wichtigste Hinrichtungsstätte von Köln. Hier wurden Verbrecher gehängt und die als Hexen und Hexer verurteilten Frauen und Männer verbrannt. Die letzte öffentliche Hinrichtung fand im Jahr 1797 statt. 1810 erklärten die Franzosen dann diesen schaurigen Ort zum neuen Zentralfriedhof von Köln.

Den Haupteingang erreichst du über die Aachener Straße. Auf dem Eingangstor kannst du eine lateinische Inschrift lesen, die Ferdinand Franz Wallraf für den neuen Friedhof entworfen hatte: »Funeribus Agrippinensium Sacer Locus« (= »Für die Toten Kölns ein heiliger Ort«). Wenn du über den Friedhof spazieren gehst, wirst du Gräber aus den letzten zweihundert Jahren finden. Darunter sind auch die Gräber von Reiner Klespe, dem Bürgermeister, der den Franzosen 1794 die Stadtschlüssel übergeben hatte, von dem Armenarzt und Politiker Andreas Gottschalk oder von dem Dombaumeister Ernst Friedrich Zwirner. (Zu Gottschalk und Zwirner erfährst du mehr auf den Seiten 166 und 168.) Ein kleiner Bereich ist für Kindergräber reserviert, die dort inmitten von prominenten Kölner Bürgern des 19. und 20. Jahrhunderts ihre Grabstätte haben.

Friedhof Melaten.

schon bei den Römern – außerhalb der Stadt begraben werden mussten. Deshalb erklärten sie Melaten zum Kölner Zentralfriedhof. Übrigens gibt es im kölschen Dialekt heute noch einige Wörter, die aus dem Französischen abgeleitet sind: Das französische Wort *pance* wurde zum kölschen *Panz* (= Kind), *tête* zu *Dääz* (= Kopf), *trottoir* zu *Trottewar* (= Bürgersteig) oder *plumeau* zu *Plümmo* (= Federbett). Kennst du noch weitere Wörter, die ursprünglich aus dem Französischen kommen?

Wie die Franzosen Kirchen und Kunst zerstörten

Andere deutlich sichtbare Spuren haben die Franzosen auf unrühmliche Art und Weise hinterlassen. Genau genommen sind es keine Spuren, weil du heute gar nichts mehr davon sehen kannst. Es geht um Dinge, die seit den Franzosen nicht mehr da sind. Kirchen wurden abgerissen, Gemälde und Skulpturen wurden zerstört oder geraubt und nach Frankreich gebracht. Wie kam es dazu? Es war die sogenannte *Säkularisation*, die das Stadtbild von Köln so stark veränderte. Mit Säkularisation wird der Vorgang bezeichnet, wenn der Staat der Kirche alles, was ihr gehört – Gebäude, Kunstwerke, soziale Einrichtungen –, wegnimmt. Die Kirche war gerade in Köln immer sehr mächtig und einflussreich gewesen. Sie besaß viele Grundstücke und Bauwerke, und sie hatte hohe Einnahmen aus Steuern und Spenden. Vor allem die Stifte und Klöster waren den Franzosen zu mächtig und zu reich. Das sollte sich nach den Vorstellungen der Revolution nun drastisch ändern. Als Erstes lösten die Franzosen im Jahr 1801 das Kölner Erzbistum auf. Ein Jahr später, 1802, schlossen sie dann alle Klöster und Stifte der Stadt. Die Männer und Frauen, die in den Klöstern und Stiften gelebt hatten, wurden vertrieben und standen ohne Besitz und Eigentum da. Viele der nun leer stehenden Gebäude wurden entweder abgerissen oder anders genutzt, zum Beispiel als Kasernen für Soldaten, als Gefängnisse oder als Krankenstationen, auch als Scheunen oder Viehställe. An vielen Stellen kannst du heute nur noch an den Straßennamen erkennen, dass hier einmal eine Kirche stand. Die Christophstraße erzählt uns beispielsweise von der Kirche Sankt Christoph. Die Säkularisation war für Köln, das über Jahrhunderte die Stadt der vielen Kirchen war, ein schwerer Schlag. Und für die vielen Menschen, die von der Kirche abhängig waren, begannen nun schwere Zeiten.

Ich möchte dir am Beispiel des Doms zeigen, wie es vielen Kirchen Kölns damals erging: Bereits 1796 war der Dom als Kirche geschlossen worden. 1797 nutzten die Franzosen ihn zuerst als Lager für Kriegsgefangene, dann als Getreidespeicher und später sogar als Pferdestall. Glücklicherweise hatten die

Domherren den Dreikönigenschrein schon 1794 zusammen mit dem gesamten Domschatz vorsorglich in Sicherheit gebracht. Wer weiß, wo sonst der wertvollste Schatz Kölns heute wäre? Nach fünf Jahren, also 1801, erlaubten die Franzosen den Kölnern, den Dom wieder als Kirche zu nutzen – aber nur als einfache Pfarrkirche. 1804 durften sie dann den Dreikönigenschrein mitsamt den wertvollen Reliquien wieder zurück in den Dom bringen.

Aber wo sollten nun die vielen Kunstwerke aus den Kirchen und Klöstern hin, die abgerissen oder beispielsweise als Pferdestall genutzt wurden? Vieles wurde zerstört, billig verkauft oder einfach mitgenommen. So kam die Zeit der *Sammler*. Sie retteten die achtlos entfernten oder auf die Straße geworfenen Kunstwerke. Sie wollten die Zeugnisse des Mittelalters bewahren. Hast du dich schon einmal gefragt, woher das Wallraf-Richartz-Museum seinen Namen hat? Richtig, es sind die Namen von zwei Personen, die in einem besonderen Zusammenhang mit dem Museum stehen.

Über einen großen Kunstsammler namens Ferdinand Franz Wallraf

Ferdinand Franz Wallraf.

Ferdinand Franz Wallraf war Sohn eines Schneidermeisters. Er studierte Philosophie, Theologie und Medizin. 1772 wurde er zum Priester geweiht. Er war Lehrer an einem Gymnasium, Professor für Botanik und Verwalter des Botanischen Gartens. Er war außerdem Rektor der Universität und hielt Vorlesungen in Geschichte und Philosophie.

Dass Wallraf heute noch so bekannt ist, hat aber einen anderen Grund: Wallraf sammelte Kunstwerke und Bücher aus alten Zeiten. Damit du dir einen Eindruck von dieser sagenhaften Sammlung machen kannst, möchte ich dir ein paar Dinge daraus aufzählen: In der Sammlung befanden sich über 1600 Gemälde, über 500 handgeschriebene Bücher, über 13.000 gedruckte Bücher, über 38.000 Kupferstiche, außerdem Zeichnungen, Urkunden, alte Siegel, antike Münzen, wertvolle Steine, Waffen und sogar bunte Glasscheiben aus den mittelalterlichen Kirchenfenstern. Wallraf sammelte alles. Mit seinem Tod im Jahr 1824 vermachte er seine Sammlung der Stadt. Er stellte aber drei Bedingungen: Erstens musste die Sammlung für die Menschen offen zugänglich sein, zweitens musste sie in Köln bleiben, und drittens musste sie ständig bewacht werden. 1827 wurde dann das sogenannte *Wallrafianum* eröffnet, die erste Ausstellung der Sammlung. Dank der großzügigen Spende des Kölner Lederkaufmanns Johann Heinrich Richartz (1795–1861) konnte die Stadt etwa zwanzig Jahre später endlich ein richtiges Museum für die Sammlung Wallrafs bauen. Richartz hatte der Stadt mehrfach Geld gespendet, insgesamt mehr als 200.000 Taler. Das war damals sehr viel Geld. 1855 wurde der Grundstein für das Wallraf-Richartz-Museum gelegt, das seinen Platz am ehemaligen Minoritenkloster bekam. Teile des alten Kreuzgangs wurden mit einem Neubau verbunden, der im alten, gotischen Stil gebaut war. Bis zur Zerstörung des Museumsbaus im Zweiten Weltkrieg konnte die Sammlung hier besichtigt werden. Manche Sammlungsstücke wurden mit der Zeit aussortiert, andere kamen hinzu. Der Schwerpunkt verlagerte sich immer mehr auf Gemälde. Zur weiteren Geschichte des Wallraf-Richartz-Museums kannst du mehr im 20. Jahrhundert erfahren. Übrigens, die meisten Kölner Museen gehen auf Privatsammlungen zurück.

Nun lass uns noch einmal die Veränderungen, die Errungenschaften und die Verluste aus der Zeit der französischen Herrschaft in Köln zusammenfassen: Die Franzosen brachten Gutes und Schlechtes. Stifte und Klöster wurden aufgehoben und Kirchenschätze geraubt. Das Vermögen wurde entwertet, und viele Menschen waren von Hunger bedroht. Auf der anderen Seite brachten die Franzosen den Kölnern die Freiheit und Gleichheit in Glaubens-, Arbeits- und Rechtsfragen. Erst dadurch wurden der neue Aufschwung möglich und der Anschluss an die anderen deutschen Städte wiederhergestellt.

Wie Köln preußisch wurde

1814 verließen die Franzosen Köln. Was war passiert? Die europäischen Verbündeten (= die Gegner der Revolution) hatten Napoleon und das revolutionäre Frankreich besiegt. Nach diesem Sieg trafen sich die mächtigsten Herrscher Europas von November 1814 bis Juni 1815 in Wien zum *Wiener Kongress*. Dort beschlossen sie, wie die Herrschaftsgebiete der europäischen Könige neu aufgeteilt werden sollten. Ein Ergebnis war, dass das Rheinland mit Köln den Preußen zugesprochen wurde. So kam es, dass Köln seit 1815 aus dem fernen Berlin regiert wurde, wo die preußischen Könige residierten. War Köln in französischer Zeit noch die östliche Grenzstadt der Französischen Republik gewesen, so war Köln nun die westliche Grenzstadt des preußischen Königreichs. Was für ein Wandel! Waren die Kölner gerade selbst noch Franzosen gewe-

Wer waren diese Preußen?

Preußen war seit Anfang des 18. Jahrhunderts ein Königreich, das von Berlin aus regiert wurde. Unter Friedrich dem Großen (1712–1786) entwickelte sich Preußen zu einem der wichtigsten Herrschaftsgebiete in Europa. Eine ganz besondere Rolle spielte das Militär. Das heißt nicht, dass am preußischen Hof keine Feste gefeiert wurden. Aber es waren weniger pompöse und aufwendige Veranstaltungen als beispielsweise in Frankreich. Viele Dichter, Musiker und Philosophen verkehrten am Hof. Sie sprachen viel über Kunst und Kultur. Friedrich der Große sagte einmal, er sei »der erste Diener des Staates«. Und so versuchte er, den Staat zu führen. Dabei unterstützten ihn Beamte, die für die unterschiedlichen Bereiche zuständig waren. Auch wenn der König immer noch das letzte Wort hatte, so war dies doch eine wesentlich andere Regierungsform als in Frankreich. Pflichterfüllung, Sparsamkeit, Ordnung und Pünktlichkeit waren die obersten Tugenden im Preußenreich.

Als 1789 in Frankreich die Revolution ausbrach, waren die Preußen gar nicht erfreut. Sie hatten zwar keine große Sympathie für die französischen Könige gehabt, aber ihr Herrschaftssystem funktionierte gut. Anderen europäischen Herrschern ging es ähnlich. Schließlich kämpften der preußische König, der Kaiser von Österreich, die Herrscher von Spanien, Portugal und England in den sogenannten Koalitionskriegen gemeinsam gegen das revolutionäre Frankreich. Nach einigem Hin und Her – zwischenzeitlich waren die Franzosen bis ins Rheinland vorgedrungen – erlangten die Koalitionstruppen den Sieg. Auf dem Wiener Kongress 1815 erhielt Preußen dann unter anderem das Rheinland zugesprochen. Seitdem war Preußen eine Großmacht in Europa. 1871 wurde der preußische König sogar zum deutschen Kaiser ernannt. Spätestens jetzt war die preußische Geschichte auch die deutsche Geschichte.

Was ist uns aus der preußischen Zeit geblieben? Da sind zum einen die Beamten, ohne die unser heutiger Staat nicht zu denken wäre. Aber auch die Einteilung Deutschlands in Bundesländer geht auf die Preußen zurück. Wichtige Grundsätze unserer Schulpolitik, Gesetzgebung und Stadtplanung stammen aus preußischer Zeit. Und schließlich war schon bei den Preußen Berlin die Hauptstadt. Wenn du heute einen Italiener oder Franzosen nach typischen deutschen Eigenschaften fragst, dann wird er dir die alten preußischen Tugenden aufzählen: Die Deutschen seien pünktlich, ordentlich, sparsam und pflichtbewusst. Ob das so stimmt, ist eine andere Frage.

Fort X.

sen, so waren jetzt die Franzosen ihre Feinde. Und dann wurde Köln auch noch als Festungsstadt gegen die Franzosen ausgebaut.

Zuerst reparierten die Preußen die mittelalterliche Stadtmauer. Zusätzlich errichteten sie zwischen 1816 und 1846 circa 500 Meter außerhalb der Stadtmauer in einem Halbkreis elf neue Verteidigungsburgen, *Forts* genannt. Von diesen Festungsbauten aus konnten die Soldaten die Stadt bewachen und anrückende Feinde früh erkennen. Dort durften auch keine Häuser gebaut werden, damit die Soldaten ein freies Schussfeld hatten. Restmauern dieser Forts kannst du heute noch in den Grünanlagen entlang der Inneren Kanalstraße finden. Die Forts sind unterschiedlich gut erhalten und werden heute ganz verschieden genutzt. Zu den preußischen Festungsanlagen gehörte auch der Malakoffturm (1855 erbaut), der vor dem Schokoladenmuseum am Rheinauhafen steht. Und etwas versteckt kannst du noch einen alten Rest eines Festungsturmes am Rhein entdecken. Es ist der Unterbau des ehemaligen Restaurants Bastei, das in der Nähe des Ebertplatzes am Rheinufer steht.

Und wo lebten die vielen preußischen Soldaten, die zum Schutz der Grenzstadt nach Köln gekommen waren? Die Preußen übernahmen von den Franzosen die leeren Klöster und nutzten sie – wie schon die Franzosen – als Kasernen. Die Preußen bauten auch in Deutz Forts zur Verteidigung der Stadt.

1822 hatten sie bereits eine Schiffsbrücke zwischen Köln und Deutz angelegt. 42 Boote wurden aneinandergebunden und ermöglichten so den Übergang über den Rhein. Wenn ein Schiff kam, fuhren einige Boote aus der Reihe heraus und öffneten so die Schiffsbrücke. Mit dieser Brücke waren die beiden Rheinufer seit langer Zeit wieder miteinander verbunden.

Malakoffturm.

Wie es Köln im preußischen Reich erging

Politisch spielte Köln im preußischen Königreich keine besondere Rolle. Wenn es darum ging, einen wichtigen Amtssitz im Rheinland zu vergeben, so wurden immer andere Städte Köln vorgezogen. Koblenz wurde 1822 zur Provinzialhauptstadt des Rheinlands erklärt, und Düsseldorf bekam 1824 den Sitz des Provinzialandtags zugesprochen. Köln ging leer aus. Dann wurde auch noch 1818 in Bonn statt in Köln die Rheinische Universität gegründet und 1819 die Kunstakademie in Düsseldorf. Lediglich das Appellationsgericht, das wichtigste Gericht im Rheinland, erhielt seinen Platz in Köln. Der Appellhofplatz erinnert daran. 1830 ließen die Preußen in unmittelbarer Nähe zum Appellhofplatz, gegenüber vom Zeughaus, das preußische Regierungspräsidium erbauen. 1832 war es fertiggestellt. Von hier aus konnten preußische Beamte den Kölner Bürgermeister und die Stadtabgeordneten kontrollieren. Von diesen Gebäuden aus preußischer Zeit kannst du heute leider nicht mehr viel sehen. Umso mehr wird dich die Alte Wache, die 1840 erbaut wurde, interessieren. Die kannst du heute noch neben dem Zeughaus in ihrer alten Form erkennen. Sie wird als Teil des Kölnischen Stadtmuseums genutzt. Damals waren hier preußische Soldaten untergebracht. Sie sorgten für Ordnung und Gehorsam.

Alte Wache.

Das Verhältnis zwischen den Kölnern und den Preußen war anfangs nicht einfach. Wir dürfen nicht vergessen, dass Köln seit jeher katholisch, Preußen aber überwiegend protestantisch war. Köln war zwar 1821 wieder zum Erzbistum erklärt worden, aber die vielen Pfarreien durften nicht neu besetzt werden, und die Klöster blieben nach wie vor geschlossen. Diese religiösen Unstimmigkeiten zwischen Preußen und Kölnern werden auch als *Kulturkampf* bezeichnet. Dabei kam es zu einem Ereignis, das als das *Kölner Ereignis* in die Geschichte einging. Es ging um *Mischehen* – das waren Ehen aus einem katholischen und einem protestantischen Partner. Die Frage war, nach welchem Glauben die Kinder erzogen werden sollten. Im katholischen Köln war es üblich, Kinder solcher Mischehen immer katholisch zu erziehen. Die protestantischen Preußen forderten nun, dass die Kinder immer nach dem Glauben des Vaters erzogen werden müssten. Der Kölner Erzbischof

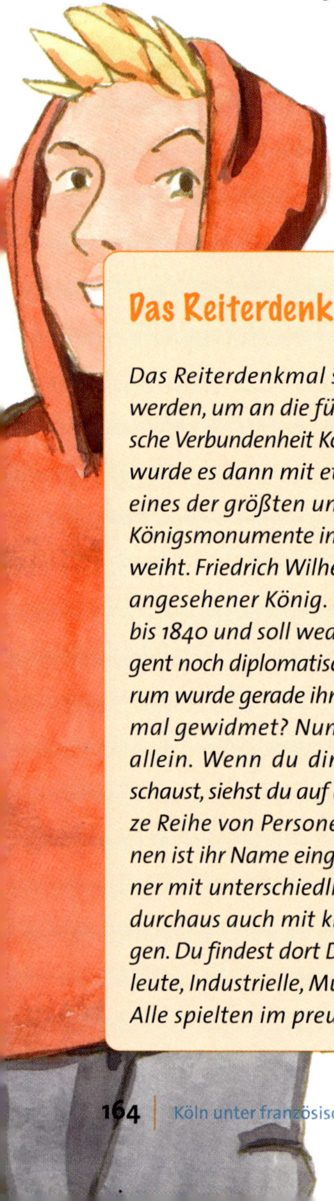

Das Reiterdenkmal von Friedrich Wilhelm III.

Reiterdenkmal von Friedreich Wilhelm III.

Das Reiterdenkmal sollte 1865 enthüllt werden, um an die fünfzigjährige preußische Verbundenheit Kölns zu erinnern. 1878 wurde es dann mit etwas Verspätung als eines der größten und umfangreichsten Königsmonumente in Deutschland eingeweiht. Friedrich Wilhelm III. war kein sehr angesehener König. Er regierte von 1797 bis 1840 und soll weder besonders intelligent noch diplomatisch gewesen sein. Warum wurde gerade ihm dieses große Denkmal gewidmet? Nun, er steht hier nicht allein. Wenn du dir das Denkmal anschaust, siehst du auf dem Sockel eine ganze Reihe von Personen. Jeweils unter ihnen ist ihr Name eingraviert. Es sind Männer mit unterschiedlichsten Berufen und durchaus auch mit kritischen Vorstellungen. Du findest dort Dichter, Denker, Kaufleute, Industrielle, Musiker und Generäle. Alle spielten im preußischen Königreich eine hervorgehobene Rolle. Unter den Figuren sind Reliefs befestigt. Auf ihnen kannst du Kölner Persönlichkeiten erkennen. Geh auf die Südseite. Dort findest du zum Beispiel die Brüder Boisserée, Ferdinand Franz Wallraf und den Dombaumeister Ernst Friedrich Zwirner. Die große Anzahl der dargestellten Bürger auf diesem Königsdenkmal gaben immer wieder Anlass zu Spekulationen. Vielleicht wollte der

Clemens August Droste zu Vischering weigerte sich, diesem Gesetz der Preußen zu folgen, und wurde daraufhin im Jahr 1837 verhaftet. Du siehst, dass das Verhältnis zwischen Kölnern und Preußen nicht immer einfach war. Aber du wirst auch sehen, dass dies mit der Zeit immer besser wurde. Einige wichtige und bedeutende Veränderungen in der Stadt wären ohne die Preußen nicht zustande gekommen.

Jetzt habe ich dir viel von diesen Preußen erzählt. Möchtest du gerne einmal einem begegnen? Vielleicht sogar einem preußischen König? Das kannst du gleich an fünf Stellen in Köln. Sie sitzen auf Pferden, majestätisch und groß. Sie sind aus Bronze und stehen als Reiterdenkmäler zur Erinnerung an die Preußenzeit in Köln. Jeweils zwei sind an den Enden der Hohenzollernbrücke aufgestellt. Auf dem Heumarkt findest du das Reiterdenkmal von Friedrich Wilhelm III.

hingeschaut

Bildhauer Gustav Blaeser damit ausdrücken, dass der König nicht der alleinige Herrscher des Landes, sondern abhängig war von diesen vielen klugen Männern. Vielleicht war dieses Reiterdenkmal ein kleiner Protest gegen den preußischen König? Auf jeden Fall ist es auch ein Denkmal für das Rheinland und Köln.

Schließlich möchte ich dir noch die recht amüsante Geschichte des Denkmals im 20. Jahrhundert erzählen. Nach dem Zweiten Weltkrieg war das Reiterdenkmal zerstört worden, und die Einzelteile lagen an verschiedenen Orten. Nur das Pferdehinterteil mit dem Schweif war noch an der ursprünglichen Stelle liegen geblieben. Da lag es bis in die achtziger Jahre. Plötzlich an einem Morgen im Jahr 1985 trauten die Kölner ihren Augen nicht: Da stand der Reiter mit Pferd komplett wieder auf dem Sockel. Das war aber nur eine Styroporkopie des Kölner Künstlers Herbert Labusga. Die Kopie stand dort so lange, bis Reiter und Pferd von einem heftigen Sturm umgeworfen wurden. Mit seiner Aktion hatte Labusga die Diskussion in Gang gebracht, nun endlich einen bronzenen Nachguss des Reiterdenkmals anfertigen zu lassen. Und tatsächlich: 1990 wurde das Reiterdenkmal nach alten Fotografien rekonstruiert. Viele der Sockelfiguren waren noch erhalten geblieben und konnten original wieder eingesetzt werden. Aber bis heute ist das Reiterdenkmal nur provisorisch aufgestellt, und der gesamte Sockelbereich wartet noch immer auf seine Fertigstellung. Der Reiter selbst ist schon wieder baufällig und wird von einem Gerüst gestützt. Anfang 2007 haben sich nun die Kölner Ratsfraktionen endlich darauf geeinigt, das Reiterdenkmal komplett restaurieren zu lassen. Wir können gespannt sein, wie die Geschichte des größten Reiterdenkmals in Köln weitergehen wird.

Über die Vollendung des Doms

Die Preußen haben ein Denkmal in Köln hinterlassen, das jedem sofort ins Auge fällt: den Kölner Dom. Du wirst mir jetzt widersprechen und mit Recht sagen, dass der Dom aus dem Mittelalter stammt. Und doch ist er auch ein preußisches Denkmal. Erinnerst du dich, dass der Dom im Mittelalter nie vollendet wurde? Bis ins 19. Jahrhundert waren weder die Türme noch das Mittelschiff fertig geworden. Das ständige Reparieren der vorhandenen Bauteile kostete so viel Geld, dass nichts mehr für die Fertigstellung übrig blieb.

Sulpiz Boisserée.

Aber es gab damals auch Menschen, die den Dom als ganz besonderes Bauwerk ansahen. Zu Anfang des 19. Jahrhunderts hatte sich eine Begeisterung für das Mittelalter entwickelt, die vor allem von Schriftstellern und Malern getragen wurde. Sie bewunderten den Kölner Dom als einzigartiges Denkmal der mittelalterlichen Vergangenheit. Besonders ein junger Mann aus Köln war vom Dom fasziniert: Sulpiz Boisserée (1783–1854). Ferdinand Franz Wallraf hatte ihn gemeinsam mit seinem Bruder Melchior für die mittelalterliche Kunst begeistert. Seit 1808 wuchs in Sulpiz Boisserée die Idee, den Dom in Köln zu vollenden. Als dann 1814/1816 der alte Fassadenplan aus dem 13. Jahrhundert gefunden wurde, konnte der Dom nach den Vorstellungen der mittelalterlichen Baumeister zu Ende gebaut werden. Sulpiz Boisserée zog durch das Land, um für seinen Plan zu werben. Es war ein gigantisches Unternehmen, das viel Geld kosten würde. Schnell fand er Unterstützung bei dem damals wohl bekanntesten deutschen Schriftsteller Johann Wolfgang von Goethe und dem Philosophen und Schriftsteller Friedrich Schlegel. Auch der bayerische König Ludwig unterstützte das Projekt. Aber das alles war ohne Bedeutung, wenn nicht der preußische König der Vollendung des Doms zustimmen würde. Ohne die finanzielle Unterstützung aus Berlin und die Erlaubnis des Königs war nichts zu machen. Zum Glück konnte Sulpiz Boisserée den Kronprinzen von Preußen, Friedrich Wilhelm IV., von seinem Plan überzeugen. Als dieser 1840 seinem Vater auf den Thron folgte, war der Beschluss zur Vollendung des Doms perfekt. 1842 – genau 600 Jahre nach der ersten Grundsteinlegung – begannen unter Dombaumeister Ernst Friedrich Zwirner (1802–1861) die Arbeiten. Um das viele Geld aufzubringen, gründeten die Kölner Bürger den *Zentraldombauverein*, der die Hälfte aller Kosten übernahm.

Der unvollendete Dom.

Seit 1864 wurde zusätzlich die *Dombaulotterie* ins Leben gerufen, deren Gewinne ebenfalls zur Finanzierung der Domvollendung verwendet wurden.

1863 war es dann so weit: Die Wand, die seit dem Mittelalter den gotischen Chor abgeschlossen hatte, wurde abgerissen. Das Langhaus war fertig gestellt. Chor und Langhaus konnten zu einem großen Kirchenraum vereint werden. Dieses großartige Ereignis konnten weder Sulpiz Boisserée noch Ernst Friedrich Zwirner noch König Friedrich Wilhelm IV. miterleben. Alle drei waren kurz vorher verstorben. Bis 1880 dauerte dann noch die Fertigstellung der Türme. Endlich konnte der Kran abgebaut werden, der so lange auf dem unvollendeten Turm gestanden hatte und auf allen Abbildungen Kölns zu sehen war. Mit einer Höhe von 157,38 Meter war der Dom damals das höchste Bauwerk der Welt.

Über die Revolution von 1848

Am Anfang dieses Kapitels habe ich dir erzählt, dass es im 19. Jahrhundert sehr politisch zuging in Köln. Jetzt kommen wir zu einer Zeit, in der es brodelte und kochte in der Kölner Bevölkerung – nicht nur in Köln, aber hier ganz besonders. Seit den zwanziger Jahren hatte sich Köln rasch zu einer Industriestadt entwickelt. Die ersten Dampfmaschinen wurden in Betrieb genommen, Dampfschiffe fuhren auf dem Rhein, neue Eisenbahnschienen machten Köln zu einem Verkehrsknotenpunkt, Unternehmen und Fabriken wurden gegründet.

Das alles führte zu massiven Unterschieden innerhalb der Bevölkerung. Auf der einen Seite konnten die Arbeitgeber und Unternehmer enorme Gewinne erzielen, andererseits lebten die vielen Arbeiter in sehr armen Verhältnissen. Mitte des 19. Jahrhunderts gab es auch viele Kinder, die bis zu zehn Stunden täglich hart arbeiten mussten. In manchen Fabriken waren fast die Hälfte der Arbeiter Kinder zwischen 10 und 13 Jahren. Zu der Armut und dem Hunger gesellten sich fatalerweise auch noch Epidemien und der Tod. Tausende Menschen starben an Tuberkulose, Cholera oder Typhus.

Karl Marx.

Deshalb machten sich immer mehr politisch denkende Menschen Gedanken darüber, wie diese Situation der Ungerechtigkeit und Ungleichheit verändert werden könnte. Bereits Anfang der vierziger Jahre hatte Karl Marx (1818–1883) in der *Rheinischen Zeitung* diese Missstände angeprangert. Die Preußen befürchteten große Unruhen und verboten 1843 kurzerhand die Zeitung, worauf Marx Köln erst einmal verließ.

Karl Marx war einer der bedeutendsten Kämpfer für die Arbeiterbewegung. Sein Buch mit dem Titel *Das Kapital* ist noch heute eine wichtige Lektüre der linken, sozialistischen Parteien. Obwohl Marx damals Köln verlassen hatte, nahmen die Unruhen in der Bevölkerung nicht ab. Denn es gab noch mehr mutige und engagierte Männer und Frauen, die die katastrophale Situation der Arbeiter und der Armen ändern wollten. Ich möchte dir zwei von ihnen kurz vorstellen: Eine der interessantesten Persönlichkeiten dieser Zeit war der Arzt Andreas Gottschalk (1815–1849). Gottschalk war Sohn jüdischer Eltern. Mit 29 Jahren wechselte er zum protestantischen Glauben. Als Arzt setzte er sich besonders für die Schwachen und Armen ein. In der Pfarrei Sankt Severin war er Armenarzt. 1848 gründete Gottschalk den *Arbeiterverein Köln*, um die Interessen der Arbeiter, die zu den Ärmsten der Bevölkerung zählten, besser vertreten zu können. Während des Arbeiteraufstands 1848 war er einer der Anführer. Mathilde Franziska Anneke (1817–1884) setzte sich besonders für die Rechte der Frauen ein. Nachdem sie in ihrer ersten Ehe sehr unter ihrem Ehemann und dessen Misshandlungen leiden musste, reichte sie die Scheidung ein. Das war damals höchst ungewöhnlich, denn Frauen hatten im 19. Jahrhundert noch lange nicht dieselben Rechte wie Männer. 1847 veröffentlichte Mathilde Anneke eine Schrift mit dem Titel *Das Weib im Conflict mit den socialen Verhältnissen*. Darin beschrieb sie die Diskriminierung der Frauen und forderte die Gleichberechtigung. Als im Frühjahr 1848 Marx mit seinem Mitstreiter Friedrich Engels (1820–1895) nach Köln zurückkam, schlossen sich Gottschalk, Anneke, Marx, Engels und noch einige andere zusammen. Sie forderten mit Nachdruck eine Besserstellung der Arbeiter. Im März 1848 übergab Andreas Gottschalk dem Stadtrat eine Liste mit Forderungen. Es waren sehr moderne Forderungen: Das Volk sollte an der Regierung beteiligt werden, jeder sollte das sagen dürfen, was er denkt, keiner dürfte Hunger leiden, und die Erziehung und Ausbildung sollten vom Staat bezahlt werden. Der Stadtrat lehnte die Forderungen ab. Kurze Zeit später wurden Gottschalk und seine Mitstreiter verhaftet.

Mathilde Anneke.

Andreas Gottschalk.

In Berlin waren mittlerweile auch die Menschen auf die Straße gegangen, um für ihre Rechte zu demonstrieren. Der preußische König sah sich schließlich gezwungen, den Forderungen nach Meinungsfreiheit, Pressefreiheit und Versammlungsfreiheit zuzustimmen. Als die Kölner davon erfuhren, waren sie höchst erfreut. Sie feierten und wurden übermütig. Sie stellten nun immer neue Forderungen auf. Aber damit begann auch das Scheitern der Revolution, denn die Revolutionäre waren untereinander nicht einer Meinung. Gottschalk und Marx stritten viel über ihre Ziele und die Wege, die dorthin führten. Die Protestbewegung war zerstritten und fiel auseinander. Das machte es den Preußen leichter, sich nicht mehr an die Zusagen gegenüber den Revolutionären zu halten und letztlich die Revolution zu ersticken. Dabei half das preußische Militär ganz besonders. Vereine wurden verboten, Personen überwacht, ausspioniert und verhaftet, Zeitungen verboten, Versammlungen aufgelöst. Im November 1848 war die Revolution endgültig gescheitert und die preußischen Könige wieder die alleinigen Herrscher. Die Menschen nahmen das hin, denn wer sich wehrte, musste damit rechnen, dass er ins Gefängnis kam. Die Revolution hatte viel Kraft gekostet, und nun waren sie erschöpft. 1849 zogen Marx und Engels aus Köln weg nach England. Mathilde Anneke und ihr zweiter Mann gingen nach Amerika. Gottschalk war Mitte 1848 aus der Haft entlassen worden und zunächst nach Paris gegangen. 1849 kehrte er nach Köln zurück und widmete sich ausschließlich der Behandlung von Cholerakranken. Noch im selben Jahr steckte er sich selbst an der tödlichen Krankheit an und starb. Zu seinem Begräbnis auf Melaten kamen Tausende Trauernde, die diesen selbstlosen und engagierten Arzt und Politiker, Kämpfer für Freiheit und Gleichbehandlung auf diese Weise ehrten.

Köln war für kurze Zeit ein wichtiger Ort für die gesamte Arbeiterbewegung in Deutschland gewesen. Viel hatte die Revolution am Ende nicht verändert. Die Kontrolle durch das preußische Militär war groß, ebenso die Politikverdrossenheit. Geblieben sind die vielen Vereine, die Vorläufer der späteren Parteien. Es gab den Kölner Bürgerverein, in dem sich das reiche Großbürgertum zusammengeschlossen hatte, den Piusverein, speziell für die katholischen Bürger, die Demokratische Gesellschaft für das mittlere bis kleine Bürgertum und den Kölner Arbeiterverein für die Arbeiter, die unterste Schicht der Gesellschaft. Wie du siehst, war damals viel in Bewegung in Köln. Diese Revolutionszeit hat weniger Bauwerke oder Kunstwerke hervorgebracht, die uns heute an sie erinnern, als vielmehr besonders interessante, tatkräftige Persönlichkeiten. Es sind die Geschichten und Lebensbeschreibungen der Menschen von damals, die uns geblieben sind und die Zeit lebendig werden lassen. Interessanterweise waren es fast alles Männer und Frauen aus guten Verhältnissen, die selbst keine Not litten, aber beobachteten, was um sie herum geschah. Deshalb sahen sie ihre Aufgabe darin, sich für die Ärmeren und Schwächeren einzusetzen.

Über einen etwas anderen Revolutionär

Damals gab es noch einen weiteren mutigen Mann, der sich für andere Menschen einsetzte, wenn auch aus unterschiedlichen Motiven. Sein Name war Adolf Kolping (1813–1865). Er war in Armut groß geworden und hatte den Beruf des Schusters gelernt. Doch schon bald reichte ihm die Ausübung seines Handwerks nicht mehr aus. Er studierte Theologie und wurde 1845 in der Minoritenkirche zum Priester geweiht. Nun konnte er das tun, was ihm wirklich am Herzen lag: nämlich die Situation der Auszubildenden und Gesellen verbessern. 1849 gründete er den katholischen *Kölner Gesellenverein*. Damit schuf er ein Zuhause für Gesellen, in dem sie sich wohlfühlen und ein geordnetes Leben führen konnten.

Alles, was Kolping tat, hing mit seinem katholischen Glauben zusammen. Aus der Religion schöpfte er seine Kraft und Verantwortung. Das war auch der entscheidende Unterschied zu den anderen Revolutionären, die keine Verbindung zur Kirche hatten. Im Grunde aber wollten sie alle dasselbe: nämlich eine Verbesserung der Lebensumstände für die Schwachen und Armen.

Adolf Kolping.

Kolpings Gesellenverein hat sich in der ganzen Welt verbreitet. In Kolpinghäusern werden noch heute Reisende aufgenommen und Gesellen versorgt, die auf Wanderschaft sind. Adolf Kolping wurde 1991 vom Papst selig gesprochen. Sein Grab findest du in der Minoritenkirche.

Wie die Preußen Köln bis heute prägten

Was passierte nach der Revolution von 1848? Die Luft war raus! Die Kölner hatten sich mit den Preußen arrangiert. Aus den politischen Geschäften hielten sie sich weitgehend heraus. Das lag natürlich daran, dass die Preußen mit ihren Polizisten und Spionen alles streng überwachten. So war es fast unmöglich, sich in irgendeiner Weise politisch zu engagieren.

Also schauen wir, wie sich Köln unter den Preußen zu einer bedeutenden Großstadt entwickelte. Von der Fertigstellung des Doms habe ich dir schon erzählt. Auch die Entscheidung, den Hauptbahnhof direkt neben den Dom zu bauen, geht auf die Preußen zurück. Diese unmittelbare Nachbarschaft von Dom und Hauptbahnhof prägt noch heute entscheidend das Kölner Stadtbild. Um Platz für den Hauptbahnhof zu schaffen, musste aber der sogenannte *Jesuitengarten* weichen. Das war ein schön angelegter Garten, in dem die

hingeschaut

Zoo und Flora

Das 19. Jahrhundert war eine Zeit der Forschungen und Wissenschaften – nicht nur im Hinblick auf Industrie und Technik. Auch die Umwelt und Natur erweckten ein besonderes Interesse. Dazu gehörten auch die Erforschungen fremder Kontinente, fremder Pflanzen und fremder Tiere. Die Forscher reisten damals monatelang – die schnellen Flugreisen gab es noch nicht –, um fremdartige Tiere oder seltene Pflanzen in die Heimat mitzubringen. Tierparks und Pflanzengärten entstanden. 1860 öffnete der Kölner Zoo seine Pforten. Damit ist er einer der ältesten Zoos in Deutschland. Die Besucher konnten in unterschiedlichen, liebevoll gestalteten Häusern die neuen Tiere beobachten. Ein paar wenige alte Gebäude aus dem 19. Jahrhundert kannst du bei deinem Rundgang noch entdecken. Wenn du hinter dem Eingang rechts an den Kamelen, den Erdmännchen und den Bären vorbeigehst, dann kommst du zu der Villa des Zoodirektors (1860) und dem ehemaligen Vogelhaus (1899), das wie eine russische Kirche anmutet. Heute flitzen da kleine Affen und Lemuren über deinem Kopf umher. Auf der anderen Seite des Zoos befindet sich ein großes Gehege für die Bisons mit Holzhäusern. Auch das wurde schon im 19. Jahrhundert angelegt. Besonders schön ist das ehemalige Elefantenhaus (1863). Es sieht wie ein indischer Tempel aus.

Elefantenhaus im Kölner Zoo.

Zwei Jahre nach der Zooeröffnung wurde direkt gegenüber die Flora angelegt. Hier konnten die Kölner seltene Pflanzen kennenlernen. Zoo und Flora waren in erster Linie für die Bildung der Menschen gedacht. Heute dagegen können und sollen sich die Besucher im Zoo sowohl bilden als auch vergnügen. Und noch etwas hat sich geändert. Heute legt der Zoodirektor nicht mehr so viel Wert auf möglichst viele verschiedene Tierarten, sondern darauf, dass die Tiere ausreichend große und angemessene Gehege bekommen. Das Affenhaus, die Wildkatzengehege und der Elefantenpark sind hervorragende Beispiele für diese artgerechte Tierhaltung. Und trotzdem leben immer noch um die 600 verschiedene Tierarten im Kölner Zoo und insgesamt über 6000 Tiere.

Kölner spazieren gehen und sich erholen konnten. Als Ersatz dafür wurde 1862 in Riehl die Flora angelegt. Schon 1860 war dort der Zoo eröffnet worden.

Mit dem Bau des Hauptbahnhofs wurde Köln endgültig als Verkehrsknotenpunkt des Eisenbahnverkehrs ausgebaut. 1855 ließen die Preußen auch die erste Eisenbahnbrücke über den Rhein spannen. Sie führte von Deutz aus direkt auf den Dom zu. Weil sie mit ihren hohen Seitengittern wie ein Käfig aussah, nannten die Kölner die Brücke *Mausefalle*. Es war die erste Eisenbahnbrücke in Deutschland.

Auffahrt zur Mausefalle.

hingeschaut

Die Trinitatiskirche

Die Trinitatiskirche wird auch als der protestantische Dom bezeichnet. Der preußische König Friedrich Wilhelm IV. hatte den Protestanten in Köln versprochen, dass sie eine eigene Kirche bekommen sollten. Er selbst nannte sie den protestantischen Dom. Bis dahin hatten die Protestanten nur die Antoniterkirche nutzen können. Und mittlerweile lebten viele reiche protestantische Kaufleute in der Stadt. Ihr bevorzugtes Wohngebiet erstreckte sich zwischen dem Filzengraben und der Rheingasse. Dort entstand zwischen 1857 und 1860 die Trinitatiskirche.

Trinitatiskirche.

Wenn du vor der Fassade stehst, wirst du keine Ähnlichkeit mit dem gotischen Dom feststellen. Und genau das sollte auch so sein. Um sich gegen die katholischen Gotteshäuser, die überwiegend in mittelalterlichen Baustilen gebaut waren, deutlich abzusetzen, wählte der Architekt Friedrich August Stüler Vorbilder aus der frühchristlichen Bauweise. Das hatte der preußische König selbst vorgeschlagen. So erinnert die Trinitatiskirche mit ihrem hohen Glockenturm auch eher an italienische Kirchenbauten als an deutsche. Aus der Kölner Stadtansicht ist sie nicht mehr wegzudenken.

Erinnerst du dich noch, dass die Preußen protestantisch waren, während die meisten Kölner immer katholisch geblieben waren? Auch wenn in Köln nicht viele Protestanten lebten, so benötigten sie doch ein weiteres Gotteshaus neben der Antoniterkirche. Darum wurde 1861 die Trinitatiskirche als zweite große protestantische Kirche in Köln errichtet.

Auch vier heutige Kölner Gymnasien haben ihren Ursprung in der preußischen Zeit. Die Bildung lag den Preußen sehr am Herzen. Aus dem mittelalterlichen *Tricoronatum* wurde das Dreikönigsgymnasium, als evangelisches Gegengewicht gründeten die Preußen das Friedrich- Wilhelm-Gymnasium. Auch das Gymnasium Kreuzgasse und das Humboldt-Gymnasium haben ihren Ursprung in der Zeit der Preußen.

Über verschiedene Erfindungen und Firmengründungen

Das 19. Jahrhundert war auch das Jahrhundert der Tüftler und Erfinder. Ohne diese Erfindungen hätte es die Industrialisierung nicht gegeben. Neue Techniken und Fabrikationsmethoden waren die Voraussetzungen für die Gründung der vielen Fabriken und Unternehmen. Von einer ganz besonderen und bedeutenden Erfindung möchte ich dir nun erzählen: dem *Ottomotor*. Seinen Namen

Was bedeutete die »Industrialisierung« für den Arbeiter?

Hast du eine Vorstellung davon, was mit Industrialisierung gemeint wird? Es hat etwas mit der Gründung neuer Fabriken im 19. Jahrhundert zu tun. Da in den Fabriken möglichst viel produziert werden sollte, musste die Herstellung immer effektiver werden. Das bedeutete Arbeitsteilung und Spezialisierung für die Arbeiter. Ich möchte dir das an einem Beispiel erklären: Sicher hast du schon einmal Plätzchen gebacken. Zuerst musst du die Backzutaten einkaufen, dann zu einem Teig mischen und diesen kneten, ausrollen, die Plätzchen ausstechen und backen und schließlich die fertigen Plätzchen dekorieren. Das kannst du alles allein machen, vom Einkaufen bis zum Dekorieren. Du kannst dich aber auch mit deinen Geschwistern oder Freunden zusammentun und die Arbeit aufteilen. Dann knetet einer den Teig, einer sticht die Plätzchen aus, einer dekoriert die gebackenen Plätzchen und so weiter. Das ist dann eine Arbeitsteilung. Und wenn jeder die Arbeit, die er übernommen hat, eine Weile getan hat, dann wird er dabei geübter und schneller. Jeder Einzelne von euch spezialisiert sich auf seine ganz bestimmte Teilarbeit des

bekam dieser Motor nach seinem Erfinder Nikolaus August Otto (1832–1891). Eigentlich war Otto nur ein Verkäufer für Zucker, Kakao, Kaffee und Reis gewesen, ein Handelsvertreter. Aber in seiner Freizeit tüftelte er gemeinsam mit seinem Freund Eugen Langen (1833–1895) an einem neuen Motor herum. Langen war nicht nur Ingenieur, sondern auch der Sohn eines reichen Zuckerfabrikanten und brachte so das nötige Geld mit. Die beiden gründeten 1864 die erste Motorenfabrik der Welt. Zunächst entwickelten sie einen Gasmotor. Den schickten sie zu einer großen Ausstellung. Das Interesse an dem neuen Motor war enorm, und die beiden Kölner konnten sich vor Aufträgen gar nicht mehr retten. Also bauten sie eine neue, größere Fabrik – zwischen Deutz und Mülheim. Dort kam es 1876 zu der sensationellen Erfindung des Viertaktmotors. Das ist ein Motor, indem ein Gemisch aus Gas und Luft im *Viertakt* gezündet wird. Mit diesen schnell aufeinanderfolgenden Zündungen konnte der Viertaktmotor schnell und zuverlässig laufen. Aus der Deutz-Mülheimer Fabrik wurde später die *Klöckner-Humbold-Deutz AG*. Vor dem Deutzer Bahnhof erinnert uns ein Denkmal an die beiden Kölner Erfinder: das *Otto-Langen-Denkmal*.

Ottomotor.

So wie dieser Ottomotor die Welt eroberte, so kam auch eine leckere Schokolade von Köln aus in die ganze Welt. Angefangen hatte alles mit den Brust-

nachgefragt

Plätzchenbackens. So war das auch in den Fabriken. Die Arbeitsvorgänge wurden in immer kleinere Einheiten zerlegt, und die Arbeiter mussten nur eine dieser Arbeiten erledigen. Die Fabriken produzierten auf diese Weise massenweise Produkte, die vorher nur in kleinen Mengen von einer einzelnen Werkstatt hergestellt wurden. Nimm beispielsweise die Textilwirtschaft: Hatte vorher ein Schneider einen ganzen Anzug genäht, so nähten jetzt mehrere Arbeiter daran: Einer nähte die einzelnen Hosenbeine, ein anderer nähte jeweils zwei Hosenbeine zusammen, ein weiterer brachte den Reißverschluss an, ein vierter den Hosenbund und so weiter. Die Massenproduktion forderte immer mehr Arbeiter, wobei der einzelne aber immer weniger verdiente. Sie mussten ein und dieselbe Arbeit möglichst schnell immer wiederholen.

Übrigens: In dem Wort Industrie steckt der lateinische Begriff industria (= Fleiß). Und fleißig waren die vielen Arbeiter des 19. Jahrhunderts mit Sicherheit. Urlaubsgeld, Bezahlung, wenn man krank war, oder Rentenansprüche gab es noch nicht. Durchschnittlich arbeiteten die Menschen zehn bis zwölf Stunden am Tag und sechs Tage die Woche.

Kamellendom.

bonbons von Franz Stollwerck. Stollwerck war Bäcker und betrieb neben seinem Gebäck- und Bonbonverkauf ein Kaffeehaus, eine Weinstube und sogar ein Theater. Bei ihm trafen sich auch die Männer und Frauen der Revolution von 1848. Seine Söhne gründeten 1871 die Firma *Gebrüder Stollwerck* und wurden sogar Hoflieferanten des österreichischen Kaiserhauses. Die Pralinen, Plätzchen und Schokoladentafeln der Stollwercks waren weltbekannt. Besonderes Aufsehen erregten damals die Schokoladenautomaten, aus denen man nach dem Einwurf einer Münze kleine Schokoladentafeln herausziehen konnte. Im Schokoladenmuseum kannst du noch ein paar dieser alten Automaten sehen. Die Stollwerckfabrik lag im Severinsviertel. Könntest du die Gebäude heute noch sehen, würdest du sicher nicht vermuten, dass es eine Fabrik war. Im neugotischen Stil sah der Fabrikkomplex eher aus wie eine Kirche. Deshalb nannten die Kölner ihn auch *Kamellendom*. Das Ende von Stollwerck in der Südstadt war in den achtziger Jahren des 20. Jahrhunderts ein heißes Thema. Dazu erzähle ich dir im nächsten Kapitel mehr. Schließlich möchte ich dich noch auf einen schönen Brunnen aufmerksam machen, den du auf dem Platz vor Sankt Severin findest. Der *Stollwerckmädchenbrunnen* zeigt dir eine Arbeiterin, die gerade Pralinen in eine Schachtel füllt, und erinnert damit an die vielen Menschen, die ehemals in der Stollwerckfabrik im Severinsviertel arbeiteten.

Über einen weiteren Krieg mit Frankreich

Noch einmal ging es um die Vorherrschaft in Europa, und wieder einmal war es zum Krieg zwischen Deutschland und Frankreich gekommen. Der sogenannte *Deutsch-Französische Krieg* von 1870/1871 endete mit dem deutschen Sieg über Frankreich. Der damalige preußische König Wilhelm I. wurde anschließend im Schloss der französischen Könige in Versailles zum deutschen Kaiser ausgerufen. Was für ein Triumph! Die Deutschen fühlten sich an ihre große Vergangenheit als deutsches Kaiserreich im Mittelalter erinnert. Nun waren sie wieder ein Kaiserreich. Auch dieses Ereignis hat Spuren in Köln hinterlassen. Lass uns zuerst auf den Alter Markt gehen. Dort steht in der Mitte des Platzes der Jan-van-Werth-Brunnen. Jan van Werth war zwar ein Kriegsheld des 17. Jahrhunderts, aber dieser Brunnen wurde erst nach dem Deutsch-Französischen Krieg aufgestellt. Erinnerst du dich noch an den Spitznamen, den die Kölner Jan van Werth gegeben hatten? Sie nannten ihn *Franzosenschreck*. Nachdem sie jetzt nochmals die Franzosen besiegt hatten, wurde Jan van Werth zum Sinnbild der deutschen Überlegenheit. Deshalb wählten sie diesen Helden als Brunnenfigur aus. Jan van Werth steht in seiner Kriegsrüstung oben auf der Säule.

Jan-van-Werth-Brunnen.

Ein weiteres Zeugnis dieser Siegesstimmung findest du im Kölnischen Stadtmuseum. Um an die alten glorreichen Zeiten des Mittelalters anzuknüpfen, beschlossen die führenden Männer der Stadt, ein neues *Ratssilber* anfertigen zu lassen, wie es die Stadt früher besessen hatte. Das war ein Geschirr, das nur für ganz besondere Gäste und zu ganz besonderen Anlässen benutzt wurde, um den Reichtum und die Größe der Stadt darzustellen. Bezahlt wurde das Ratssilber von den reichen Bürgern, den Banken und Versicherungen, den Industriellen und dem Adel der Stadt. Ein ganz spezieller Tafelaufsatz mit dem Namen Vater Rhein bezieht sich deutlich auf den Sieg über Frankreich.

hingeschaut

Vater Rhein

Dieser Tafelaufsatz (= Schmuckstück für eine Essenstafel) ist das wertvollste Stück aus dem Kölner Ratssilber. Der Goldschmied Gabriel Hermeling fertigte es, um es 1900 auf der Weltausstellung in Paris zu zeigen. Dort bekam er für seine Arbeit sogar eine Goldmedaille. Die Goldschmiedearbeit und die verwendeten Materialien – Silber, Email, Bergkristalle, Halbedelsteine und Marmor – sind einzigartig. Schauen wir uns nun die vielen einzelnen Details an: Ganz unten sind die verschiedenen Berufe dargestellt, die mit dem Rhein in Verbindung stehen, wie Winzer, Fischer, Kaufleute. Es werden aber auch Berufe gezeigt, die in den Städten am Rhein sehr oft vorkamen, wie Bischof, Dombaumeister, Maler oder Gelehrter. Dahinter werden auf Emailplatten Rheinsagen erzählt, unter anderem auch die Geschichte der Kölner Heinzelmännchen. Darüber siehst du die großen mittelalterlichen Kirchen, die entlang des Rheins gebaut wurden, wie in Köln, Mainz, Speyer oder Straßburg. Auch Schlösser und Burgen sind dargestellt. Den Höhepunkt bildet dann aber ein Felsen, der aus der Mitte heraus wächst. Es ist ein großer

hingeschaut

Halbedelstein, der von sechs Figuren umgeben ist. Diese sollen die Nebenflüsse des Rheins darstellen. Und über allem erhebt sich kraftvoll Vater Rhein selbst. Er wird als Flussgott mit einem Ruder als Zepter dargestellt. Sein rechter Arm hält ein Schiff, das aus einem einzigen, großen Bergkristall gearbeitet ist. Aber warum hat Hermeling hier den Rhein in dieser Form verherrlicht? Um das zu verstehen, müssen wir uns noch einmal an die Geschichte erinnern. Nachdem Preußen Frankreich im Deutsch-Französischen Krieg 1871 besiegt hatte, gehörte das Rheinland mit Elsass und Lothringen zum Deutschen Kaiserreich. Der Rhein war seit jeher ein ganz besonderer Fluss, mal war er die Grenze, mal gehörte er zu Frankreich, mal gehörte er zu Deutschland. Nun konnten die Deutschen ihren Rhein als deutschen Fluss feiern. Er wurde zum Symbol für Deutschland.

Vater Rhein.

Warum die Stadtmauer des Mittelalters abgerissen werden musste

Im Laufe des 19. Jahrhunderts wurde die Stadt immer enger bebaut. Die Gärten und Höfe verschwanden, und stattdessen wurden überall Häuser errichtet. Es war eng und grau, es gab kein Grün, keinen freien Platz und keine frische Luft. Epidemien machten sich breit. Für die neuen Fabriken und Wohnviertel war sowieso kein Platz mehr in der Stadt gewesen. Sie lagen vor den Mauern Kölns. Nun begann das Gedränge an den Ein- und Ausgängen der Stadt. Die Stadttore waren viel zu eng für die vielen Menschen, die in die Stadt und aus der Stadt kamen. So beschlossen die Kölner, ihre 800 Jahre alte Stadtmauer abzureißen und ihre Stadt zu öffnen. Am 11. Juni 1881 wurde das erste Loch in die Mauer gesprengt.

Abriss der Stadtmauer.

Auch wenn wir heute denken: »Wie schade, dass die alte Stadtmauer abgerissen wurde«, so ist der Abriss in der damaligen Situation doch verständlich. Und da hatten die Preußen eine wirklich gute Idee: Sie verlangten von den Kölnern, einige wenige Stadttore stehen zu lassen. So können wir heute noch ein paar stumme Zeugen der mittelalterlichen Stadtbefestigung bewundern, wie die Severinstorburg, die Hahnentorburg und die Eigelsteintorburg. Mit dem Abriss der Stadtmauer kamen Licht und Weite in die Stadt. Die große Stadtplanung konnte beginnen. Zwischen 1881 und 1886 wurden anstelle der Stadtmauer die Ringstraßen angelegt, nach dem Vorbild der Prachtstraßen in Wien und Paris. In einem Halbkreis verlaufen sie um die Altstadt. Sternförmig wurden entlang der Ringe neue Kirchen im *neugotischen* Stil gebaut: Sankt Paul (Nähe Ulrepforte), Herz Jesu (Zülpicher Platz) und Sankt Agnes (Nähe Ebertplatz).

Synagoge in der Roonstraße.

Die neue Synagoge am heutigen Rathenauplatz wurde hingegen wie auch die beiden Kirchen Sankt Michael (Brüsseler Platz) und Sankt Nikolaus (Berrenrather Straße) im *neuromanischen* Stil erbaut. Mit dieser Wiederholung der alten Baustile wollte man an die große Bautradition des mittelalterlichen Kölns anknüpfen und ein möglichst einheitliches Stadtbild erreichen. Aus dieser Zeit stammen auch die herrschaftlichen Bürgerhäuser, von denen heute noch einige im Belgischen Viertel, am Ebertplatz oder in der Südstadt erhalten sind.

Damals wurden ebenfalls einige der Kölner Museen gebaut. Am Ubierring entstand das Rautenstrauch-Joest Museum. Wieder erzählt uns der Museumsname von der Entstehung des Museums. Adele Rautenstrauch hatte die Sammlung ihres Bruders Wilhelm Joest, der als Völkerkundler die Lebensumstände anderer Kulturen erforscht hatte, Köln geschenkt. Das Rautenstrauch-Joest Museum wurde 1906 eröffnet. Auch das Museum Schnütgen stammt aus dieser Zeit. Alexander Schnütgen (1843–1918) war Priester und Domkapitular. Das bedeutet, dass er zu den wichtigsten Kirchenmännern in Köln gehörte. Er war

Alexander Schnütgen.

ein Kunstliebhaber und entwickelte sich mit der Zeit zu einem richtigen Kunstkenner. Von ihm erzählte man sich, dass er auf Kirchenspeichern und alten Dachböden nach Kunstwerken gesucht habe. Seine Sammlung wurde immer größer und umfangreicher. Sie bestand aus Skulpturen des Mittelalters, Kirchenmöbeln, ganzen Chorgestühlen, Gewändern, Gemälden und vielem mehr. 1906 bot Schnütgen seine Sammlung der Stadt Köln an, mit der Bedingung, dass sie ein Museumsgebäude zur Verfügung stellen musste. So entstand das Museum Schnütgen.

Die Kölner legten damals viel Wert darauf, dass ihre Stadt gut und schön gestaltet wurde. Sie gründeten sogar einen *Verschönerungsverein*. Dieser Verein ließ unter anderem Brunnen in der Stadt errichten, wie auch den Jan-van-Werth-Brunnen und den Heinzelmännchenbrunnen.

Der Heinzelmännchenbrunnen

Natürlich kennst du die Kölner Heinzelmännchen – und vielleicht bist du auch traurig, dass es sie nicht mehr gibt, die kleinen Helfer bei jeder Arbeit. Der Dichter August Kopisch (1799–1853) beschrieb sie so:

»Wie war zu Köln es doch vordem
Mit Heinzelmännchen so bequem!
Denn war man faul, man legte sich
Hin auf die Bank und pflegte sich:
Da kamen bei Nacht,
Ehe man's gedacht,
Die Männlein und schwärmten
Und klappten und lärmten
Und rupften und zupften
Und hüpften und trabten
Und putzten und schabten,
und eh ein Faulpelz noch erwacht,
war all sein Tagewerk – bereits gemacht!«

Heinzelmännchenbrunnen.

So schön wie Kopisch hat keiner die Heinzelmännchen beschrieben, aber erfunden hat er sie nicht. Die Menschen erzählten sich schon lange von den *Heinzchen* oder *Heinzeln*, die als hilfreiche Hausgeister den Menschen halfen, ohne je gesehen oder belohnt worden zu sein.

Wie das Hänneschen im 19. Jahrhundert »geboren« wurde

Sicher warst du schon einmal im Kölner Hänneschen-Theater. Aber wusstest du auch, dass es schon über 200 Jahre alt ist? Puppenspiele gab es seit dem 16. Jahrhundert in Köln. Zunächst waren es Puppenspieler, die mit ihren Vorführungen von Ort zu Ort wanderten. Im Jahr 1802 gründete dann Johann Christoph Winters das erste feste Puppenspieltheater in der Stadt. Er spielte mit Stockpuppen, die nur den rechten Arm bewegen konnten. Die Hauptfiguren waren *Hänneschen* und *Bärbelchen*, ihre Großeltern *Bestemo* und *Besteva*. Außerdem gab es da noch einen etwas dummen, tölpelhaften Kerl mit einer dicken Nase, roten Haaren und einem blauen Kittel. Das war der *Tünnes*. Besonders witzig war auch der *Speimanes*, der beim Reden immer spuckte. Mit dem Schutzmann *Schnäuzerkowski* nahm Winters die französischen Soldaten auf den Arm. Später – unter den Preußen – spiegelte der Schutzmann

hingeschaut

1899 vergab der Kölner Verschönerungsverein an Edmund Renard und seinen Sohn Heinrich den Auftrag, zu dieser volkstümlichen Legende einen Brunnen zu gestalten. Auf sechs Reliefs werden die Geschichten erzählt, wem und wie die Heinzelmännchen geholfen haben: Du kannst sie sehen, wie sie backen, ein Schwein schlachten, Wein machen oder die Arbeit des Zimmermanns verrichten. Doch dann passierte das Unglück. Die neugierige Frau des Schneiders streute Erbsen auf die Treppe, damit die Heinzelmännchen darauf ausrutschten. In der Mitte des Brunnens steht die Schneidersfrau über einem Treppenlauf mit einer Kerze in der Hand. Die Heinzelmännchen purzeln an den Seiten herunter, um dann für immer zu verschwinden. Kopisch beschreibt das Ende so:

»O weh, nun sind sie alle fort,
Und keines ist mehr hier am Ort:
Man kann nicht mehr wie sonsten ruhn,
Man muss nun alles selber tun.
Ein jeder muss fein
Selbst fleißig sein
Und kratzen und schaben
Und rennen und traben
Und schniegeln und bügeln
Und klopfen und hacken
Und kochen und backen.
Ach, das es noch wie damals wär!
Doch kommt die schöne Zeit
Nicht wieder her.«

Diesen schönen, märchenhaften Brunnen findest du ganz in der Nähe des Doms, in der Straße Am Hof.

Tünnes und Schäl.

die preußischen Eigenarten wider. Mit diesen Figuren war das Hänneschen-Theater geboren. 1847 bekam Winters große Konkurrenz von einem Bauchredner und Faxenmacher namens Millewitsch. Aber Winters konnte seine Position behaupten und blieb der führende Puppenspieler in Köln. Um 1850 erfand Winters die Figur des *Schäl*. Damit wollte er sich vermutlich über seinen Konkurrenten Millewitsch, der von der *Schälsick*, der anderen Rheinseite kam, lustig machen. (Die Familie Millowitsch – wie sie dann hieß – wurde später mit ihrem eigenen Theater in der Aachener Straße stadtbekannt.) Du siehst: Auch das Hänneschen-Theater erzählt Kölner Stadtgeschichte.

Wie Köln um die Jahrhundertwende immer größer wurde

Die Einwohnerzahlen waren im 19. Jahrhundert rasant angestiegen. Lebten um 1815 noch um die 50.000 Menschen in der Stadt, so waren es Anfang des 20. Jahrhunderts schon eine halbe Million. Überall vor den Grenzen Kölns waren Wohnsiedlungen entstanden. Teils lebten dort mehr Arbeiter wie beispielsweise in Kalk oder Ehrenfeld, teils mehr wohlhabende Bürger wie in Lindenthal oder Marienburg. In der Nähe von Fabriken wohnten die Arbeiter oft zusammen mit den Direktoren. Die älteste heute noch erhaltene Arbeitersiedlung befindet sich in Dünnwald. Neben einer chemischen Fabrik entstand dort schon 1820 die Siedlung *Kunstfeld*.

1888 kam es zu den ersten großen Eingemeindungen. Dabei kamen linksrheinisch Bayenthal, Zollstock, Klettenberg, Sülz, Lindenthal, Ehrenfeld, Nippes, Riehl, Niehl und Weidenpesch dazu, rechtsrheinisch Deutz und Poll. 1910 folgten Kalk und Vingst, 1914 Mülheim, Stammheim, Dünnwald, Höhenhaus, Dellbrück, Merheim, Brück. Die Stadtfläche hatte sich von 1000 auf 11.000 Hektar mehr als verzehnfacht.

Die Lebensumstände hatten sich nun auch verbessert. Es gab höhere Löhne und weniger Arbeitslose. Die Lebensmittel waren erschwinglich, und die Menschen in Köln hatten wieder mehr zu essen als in den Jahrhunderten davor. Jetzt konnten sich sogar die Ärmeren Zucker leisten, nachdem entdeckt worden war, dass man Zucker aus einheimischen Zuckerrüben gewinnen konnte. Auch wenn du es kaum glauben kannst: Zucker war früher ein Luxusgut.

Einen großen Fortschritt brachten auch die neuen Kühltechniken, die erlaubten, Fisch und Fleisch aufzubewahren. Um 1900 aßen und tranken die Menschen schon ähnliche Speisen und Getränke wie wir heute: Kaffee und Tee, Reis, Kartoffeln, Tomaten, Spargel, Spinat. Bedenke auch, dass es im 19. Jahrhundert eine Reihe von Erfindungen gab, die den Alltag erleichterten, wie beispielsweise die Erfindung der Glühbirne, fließend warmes Wasser oder das

Chlodwigplatz mit Straßenbahnen um 1900.

Telefon. Alles in allem lebten die Menschen in Köln um 1900 besser als in den Jahrhunderten davor.

Und – habe ich dir zu viel versprochen? Ist dieses 19. Jahrhundert nicht wirklich sehr aufregend gewesen? Und wie sich das Stadtbild veränderte: Der Dom war vollendet, viele kleinere Kirchen wurden abgerissen, dafür an anderen Stellen neue gebaut, die Stadtmauer wurde abgetragen, neue Vororte wurden eingemeindet, Fabriken und Firmen wurden gegründet, und längst fuhren überall elektrische Straßenbahnen durch Köln.
Aber die wichtigste bauliche Entscheidung des 19. Jahrhunderts war die Festlegung, dass Dom und Hauptbahnhof direkt nebeneinanderliegen. Dies ist der Ort in Köln, wo die große mittelalterliche Vergangenheit und die technisch orientierte Zukunft aufeinanderprallen. Der Preußenkönig Friedrich Wilhelm IV. hatte diese wirklich einzigartige Idee. Hier kannst du die eindrucks-

Luftaufnahme von Dom und Hauptbahnhof.

vollen technischen Leistungen des Mittelalters mit denen des späten 19. Jahrhunderts unmittelbar vergleichen. Schließlich sorgte die neue Bahnsteighalle, die 1894 anstelle des ersten Bahnhofsgebäudes errichtet wurde, – wie ehemals der Dom auch – für großes Aufsehen. So eine große Eisen-Glas-Konstruktion hatte man noch nicht gesehen.

Bau der Bahnsteighalle.

EXTRA:
2000 Jahre Müll und Abwasser in Köln

Dort, wo viele Menschen zusammenleben, entstehen auch viel Dreck und Müll. Du weißt, dass Köln im Mittelalter eine der größten Städte Europas war. Da kannst du dir vorstellen, wie viel Müll hier täglich zusammenkam. Aber es gab noch keine organisierte Müllentsorgung. Also wohin mit dem ganzen Unrat? Auf die Gassen! Küchenabfälle wurden genauso auf die Straßen gekippt wie alte, kaputte Gegenstände. Federvieh und Schweine, Hunde und Katzen liefen frei herum, fraßen zum Teil die Essensreste, machten aber auch überall ihre Haufen hin. Das alles verschmutzte nicht nur die Straßen, sondern verursachte auch einen entsetzlichen Gestank. Wenn es dann auch noch regnete, waren die damals meist ungepflasterten Straßen von dickem, stinkendem Schlamm überschwemmt. Die Menschen trugen gerne Schuhe mit hohen Absätzen, damit sie nicht im Schlamm und Dreck stecken blieben. Auch die einfachen Holzpantinen hatten diese hohen Absätze. Natürlich gab es auch noch keine Toiletten. Für den Kot gab es Gruben hinter den Häusern. Regelmäßig kamen die sogenannten *Goldgräber* mit ihren Karren vorbei, um diese Gruben zu leeren. Die Bezeichnung *Goldgräber* ist schon etwas merkwürdig, denn die Ladung der Goldgräber war nun alles andere als Gold!

Es war nicht so, dass früher den Menschen der Dreck egal gewesen wäre. Immer wieder gab es Überlegungen, wie man dem Gestank und Gematsche Herr werden könne. Aber kein Gesetz und keine Verordnung brachten die Kölner dazu, ihren Müll besser zu entsorgen. Reisende des 16. und 17. Jahrhunderts berichteten, dass Köln die dreckigste Stadt Deutschlands sei. Im Grunde blieben die Müllprobleme bis ins 19. Jahrhundert bestehen. Als die Franzosen 1794 nach Köln kamen, liefen immer noch die Schweine kreuz und quer durch die Straßen. Der Gestank und die Unordnung in der Stadt müssen die Franzosen sehr schockiert haben. Noch im selben Jahr erließen sie den Beschluss, dass jeder Einwohner seine Straße kehren sollte und dass sich die Einwohner zusammentun sollten, um mit Pferdekarren ihren Müll wegzuschaffen. Die Kölner sollten ihren Dreck nicht länger auf die Straßen werfen, sondern ihn zu Hause sammeln, bis die Karren kamen und ihn abholten. Aber – wieder einmal – gab es keine Besserung. Die Kölner hielten sich einfach nicht an diese Regeln. Das Einsammeln und Abfahren des Mülls musste anders organisiert werden. Die Franzosen übergaben nun einem Kölner Geschäftsmann den Auftrag, sich darum zu kümmern. So entstand die erste Kölner Müllabfuhr. Außerdem ließen die Franzosen Bürgersteige anlegen, und sie verabschiedeten ein Gesetz, nach dem alle Schweine eingesperrt werden mussten. Köln war nun deutlich sauberer.

Aber mit der wachsenden Bevölkerung im 19. Jahrhundert nahmen auch die Probleme mit dem Müll wieder zu. Im Jahr 1890 wurde schließlich die Entsorgung des Mülls von der Stadt übernommen. Heute haben die Einwohner Tonnen vor ihrem Haus stehen, und einmal in der Woche kommt die Müllabfuhr, um diese Tonnen mit dem Restmüll zu leeren. Der wird dann auf Müllkippen oder in Müllverbrennungsanlagen geschafft. Die Menschen sind aufgefordert, ihren Müll vorher zu sortieren und ihn teils selbst in Containern zu entsorgen. Mittlerweile ist es ein großes Geschäft mit dem Müll. Viele wollen daran mitverdienen. So kam es 2002 zum großen Müllskandal in Köln. Weißt du, was *Korruption* ist? Wenn Politiker heimlich viel Geld dafür bekommen, dass sie bestimmten Firmen einen Auftrag geben, beispielsweise etwas zu bauen, dann nennt man das *Korruption* – oder in Köln auch *Kölschen Klüngel*. Und genau das ist in Köln geschehen. Beteiligt waren der *Müllkönig* Hellmut Trienekens, Chef des Entsorgungsunternehmens mit gleichem Namen, die Firma, die die Müllverbrennungsanlage gebaut hat und verschiedene SPD-Politiker. Insgesamt sind Bestechungsgelder in Höhe von 11 Millionen Euro geflossen. Der Kölner Müllskandal war damals ein Topthema in ganz Deutschland.

Römische Wasserleitung.

Eine ganz andere Form von Müll ist das Abwasser. Abwasser entsteht beim Baden, Waschen und Putzen. Der größte Unterschied zum Müll besteht darin, dass das Abwasser nicht einfach entsorgt werden kann, sondern zurück in den Wasserkreislauf fließt.
Große Meister in Sachen Wasserver- und -entsorgung waren die Römer. Das kam daher, dass die Römer die Sauberkeit und die Körperpflege besonders schätzten. In ihren Städten gab es deshalb die Badehäuser, die sogenannten *Thermen*, in denen sie der Körperreinigung und -pflege nachgehen konnten. Für die Thermen brauchten sie Wasser, frisches Wasser! Deshalb hatten die Römer schon früh dafür gesorgt, dass sie frisches Wasser aus dem Vorgebirge über ein Leitungssystem in die Ubierstadt führten. Aber das reichte schon bald nicht mehr aus. Ende des 1. Jahrhunderts bauten sie dann eine beeindruckende Wasserleitung von der Eifel bis nach Köln. Aus dem Quellgebiet der Urft über Brühl und Hürth führten sie frisches Wasser durch einen 95,4 Kilometer langen Kanal direkt in die Stadt. Der größte Teil des Kanals verlief unterirdisch, immer ein wenig abwärts, damit das Wasser fließen konnte. Dort, wo Täler überquert werden mussten, bauten die Römer *Aquädukte*. Das waren Brücken, über die das Wasser floss. Am Stadtrand sammelte sich das Wasser in großen Becken. Von dort kam es zu den Thermen oder auch zu einigen wenigen privaten Haushalten. Reste dieser römischen Wasserleitung findest du an der Berrenrather Straße. Für das verbrauchte, schmutzige Wasser legten die Römer große Abwasserkanäle unter der Stadt an. Darin wurde das dreckige Abwasser gesammelt und in den Rhein geleitet. Unter der Budengasse, neun Meter unter der Erde, ist noch ein langes Stück des römischen Hauptabwasserkanals erhalten. Du kannst dort sogar vom Praetorium aus hineingehen. Natürlich – glücklicherweise – ist er heute trocken. Über der Erde steht ein Stück des Abwasserkanals an der Ecke Budengasse/Unter Goldschmied.

Dieses hoch komplizierte Wassersystem der Römer funktionierte nur bis zum Ende des 3. Jahrhunderts. Unter den Franken verfielen die Leitungen und Kanäle, und im Mittelalter nahmen die Menschen die Steine aus den römischen Wasserleitungen, um damit ihre Häuser zu bauen. Frisches Wasser konnten die Kölner nun nur noch aus den Brunnen holen, den sogenannten *Pützen*. Aber das ging nicht lange gut. Denn das dreckige Abwasser floss oberirdisch durch die Rinnen in den Straßen und verschmutzte das Flusswasser und somit auch das Grundwasser der Brunnen. Bald gab es kein sauberes Trinkwasser mehr. Als das Wasser zum Trinken ungenießbar war, halfen sich die Kölner mit anderen Getränken wie Wein und Bier. Durch den Gärvorgang wurden die Bakterien abgetötet. Schon die Kinder bekamen gegen den Durst ein Bier.

Erst im 19. Jahrhundert bekam Köln eine moderne Stadtentwässerung. 1872 wurden neue Wasserleitungen und eine neue Kanalisation angelegt und das Wasserwerk an der Alteburg in der Kölner Südstadt fertiggestellt. Ab 1881 wurde die unterirdische Kanalisation dann weiter ausgebaut. Auf das Ergebnis waren die Kölner stolz. So stolz, dass sie manche Stellen des Kanalsystems besonders ausschmückten. Ein unterirdischer Raum in der Nähe des Ebertplatzes, wo sich mehrere Kanäle kreuzen, zeugt davon. Dort hängt sogar ein richtiger Kronleuchter. Vielleicht wurde dieser *Kronleuchtersaal* auch deshalb so herausgeputzt, weil 1891 Kaiser Wilhelm II. Köln besuchte und sich unter anderem für das damals neue Abwassersystem in Köln interessierte.

Um das Abwasser vernünftig zu säubern, wurde 1905 das erste städtische Klärwerk in Betrieb genommen. Heute wird das dreckige Wasser aus Köln in fünf großen Klärwerken gereinigt und dann zurück in den Rhein geführt.

Lass uns schließlich noch einen Blick in das heutige Kanalsystem werfen: Unter Köln verlaufen Kanäle, die zusammen über 2000 Kilometer lang sind. Das ist eine weitere Strecke als von Köln nach Rom.

Kronleuchter im sogenannten Kronleuchtersaal.

Vom Ersten bis zum Zweiten Weltkrieg

Anfang 20. Jahrhundert bis 1945

Die Jahrhundertwende hatten die Kölner in einer wahren Aufbruchstimmung erlebt. Überall qualmten die Schornsteine der wachsenden Industrie, die Stadt wuchs und wuchs, und immer mehr Menschen lebten in Köln.

Mit dem Neubau des Hauptbahnhofs 1894, den ersten elektrischen Straßenbahnen 1901, den neuen Brücken, wie beispielsweise der Hohenzollernbrücke von 1911, dem Deutzer Bahnhof von 1914 und dem Ausbau des Rheinauhafens mit den Lagerhäusern, den Drehkränen und der Drehbrücke um 1900 war Köln nun endgültig zu einem bedeutenden Verkehrsknotenpunkt in Deutschland geworden.

Aber der Aufschwung und die Ruhe hielten nicht lange an. Das 20. Jahrhundert sollte von zwei Weltkriegen schwer erschüttert werden.

Über den Ersten Weltkrieg und seine Folgen für Köln

Der Erste Weltkrieg brach im August 1914 aus. Die Kölner waren – wie andernorts auch – begeistert vom Krieg. Wie schon früher in der Kölner Geschichte zogen Soldaten aus dem Rheinland gegen Frankreich. Köln lag einmal mehr als Grenzstadt ganz nahe am Feind. So war die Stadt ein besonders wichtiger Ort für die Versorgung der Soldaten. Von hier aus wurden Kleidung, Nahrung und Waffen ins Kriegsgebiet geschickt. Aber schon ein paar Monate nach Kriegsbeginn war die Begeisterung für den Krieg verflogen. Denn dann kamen die ersten Verwundeten nach Köln zurück.

Während die Soldaten an der Westfront gegen Frankreich kämpften, brach in Köln die Wirtschaft zusammen. Die Fabriken produzierten nur noch Waffen und anderes Kriegsmaterial. Der normale Handel funktionierte nicht mehr. Ein Krieg kostet viel

Geld, und deshalb fehlte das Geld dann den Menschen. An die finanziellen Probleme der Stadt und einen erstaunlichen Spendenaufruf in dieser Kriegszeit erinnert uns noch heute der Kölsche Boor, den du im Stadtmuseum sehen kannst.

Da die Männer in den Krieg ziehen mussten, fehlten nun auch Arbeitskräfte. Dazu musst du wissen, dass Frauen damals noch nicht alle Berufe ausüben durften. Nun aber übernahmen sie die Arbeitsstellen der Männer und gingen in die Fabriken oder fuhren als Schaffnerinnen in den Straßenbahnen. Als die Engländer mit ihren Schiffen dann auch noch die deutschen Häfen blockier-

Warum war der Erste Weltkrieg ein »Weltkrieg«?

Um diese Frage zu beantworten, möchte ich dir zuerst berichten, wie es zu diesem Weltkrieg kam. Im Laufe des 19. Jahrhunderts versuchten die großen europäischen Mächte, ihren Einfluss und Reichtum zu vergrößern, indem sie fremde Länder in Afrika, Asien und Südamerika eroberten und zu ihren Kolonien machten. Immer wieder kam es zu Konflikten zwischen diesen europäischen Ländern um ihren Kolonialbesitz. Deutschland und Frankreich stritten sich beispielsweise um Marokko. Die Beziehungen zwischen Deutschland und Frankreich waren schon immer sehr schwierig. Erinnerst du dich an die verschiedenen Kriege, in denen vor allem Köln als Grenzstadt betroffen war? Die letzte kriegerische Auseinandersetzung 1870/1871 war noch nicht vergessen. Zum Ende des 19. Jahrhunderts war die Situation äußerst angespannt. Es wurden immer neue und immer mehr Waffen hergestellt. Insgeheim bereiteten sich alle auf einen Krieg vor. Die einzelnen Länder suchten nun Partner, die sie im Konfliktfall unterstützten. Deutschland verbündete sich mit Österreich-Ungarn, die Franzosen mit den Russen. Später schloss sich auch England ihnen an. Deutschland saß nun in der Mitte zwischen Frankreich im Westen und Russland im Osten und fürchtete die Bedrohung von beiden Seiten. Die Gefahr eines Krieges wurde immer größer. Außerdem gab es auch noch die Spannungen auf dem Balkan (heute: Kroatien, Bosnien-Herzegowina, Serbien und Montenegro). Die Österreicher hatten in diesem Gebiet große Teile besetzt. Die dort lebenden Bosnier und Kroaten hatten sich mit den Österreichern abgefunden. Aber die Serben kämpften für ihr noch selbstständiges Königreich Serbien. Als im Juni 1914 der österreichische Thronfolger nach Sarajevo kam, wurde er dort von serbischen Attentätern ermordet. Das war der Auslöser für den folgenden Krieg. Dann ging es Schlag auf Schlag: Österreich-Ungarn erklärte Serbien den Krieg. Russland unterstützte Serbien. Darauf erklärte Deutschland, das Bündnispartner von Österreich-Ungarn war, zuerst Russland den Krieg, zwei Tage später dann auch noch Frankreich. Das hatte wiederum zur

hingeschaut

Der Kölnische Bauer oder der »Kölsche Boor«

Der Kölsche Boor.

Diese merkwürdige Figur findest du im Kölnischen Stadtmuseum. Du siehst sie schon von Weitem, denn sie ist fast vier Meter hoch. Zuerst wirst du denken, es sei eine Bronzestatue. Wenn du dir aber die Figur genau anschaust, entdeckst du viele kleine Nagelköpfe. Wie kommen die dahin? Während des Ersten Weltkriegs wurde die Statue aus Holz angefertigt. Nun wurden die Kölner aufgefordert, Nägel in die Holzfigur zu schlagen, und für jeden Nagel, den sie einschlugen, eine Mark zu spenden. Das gespendete Geld erhielten die Witwen und Waisen, also die Frauen und Kinder der im Krieg getöteten Soldaten. Wie du an der Figur erkennen kannst, war die Spendenbereitschaft der Kölner sehr groß. Heute ist von dem Holz nichts mehr zu sehen. Stattdessen trägt der Bauer eine Eisenrüstung aus unzähligen kleinen Nägeln. Zur Figur des Bauern erzähle ich dir mehr im EXTRA zum Kölner Karneval.

nachgefragt

Folge, dass sich England einschaltete, um seine Bündnispartner Frankreich und Russland zu unterstützen. Weitere Länder traten dem Krieg bei, auch Amerika und Japan. Deutschland und Österreich-Ungarn kämpften fast allein gegen den Rest der Welt. Verstehst du jetzt, warum der Erste Weltkrieg ein Weltkrieg war? Es war ein furchtbarer Krieg, in dem erstmals Maschinengewehre, Panzer, Flugzeuge, U-Boote und auch Giftgase eingesetzt wurden.

Und wie ging dieser Krieg zu Ende? 1918 waren die deutschen Soldaten müde und hungrig. Sie konnten und wollten nicht mehr weiterkämpfen. Der Krieg war für Deutschland nicht mehr zu gewinnen. Endlich kam der ersehnte Waffenstillstand. 1919 wurde auf der Friedenskonferenz in Paris der Friedensvertrag von Versailles unterzeichnet. Deutschland wurde darin die alleinige Schuld für diesen Krieg zugesprochen. Das Deutsche Reich musste ein Siebtel seines Gebietes abgeben und auf seine Kolonien verzichten. Außerdem wurden die linksrheinischen Gebiete von Besatzern kontrolliert – so auch Köln. Die deutsche Armee musste abrüsten, und Deutschland musste hohe Kriegsschulden bezahlen.

ten, konnten nicht mehr genug Nahrungsmittel nach Deutschland gebracht werden. Dadurch hatten die Kölner – wie die übrigen Deutschen – zu wenig zu essen. Die Lebensmittel, vor allem Brot, mussten *rationiert* werden. Das bedeutete, dass jeder nur eine bestimmte Menge Brot kaufen durfte. Und das war nicht sehr viel. Die wichtigsten Dinge für das Überleben wie Kohlen zum Heizen oder Lebensmittel wurden immer teurer. Viele Kölner fuhren ins Umland, um dort bei den Bauern ein paar Kartoffeln oder Eier zu ergattern. Im Winter 1917 gab es für die Kölner fast nur noch Steckrüben zu essen. Das war der *Steckrübenwinter*. Zu allem Elend und Hunger kamen schließlich noch Krankheiten wie die Tuberkulose und die Grippe. Da es den Menschen so schlecht ging und sie kaum noch Abwehrkräfte hatten, steckten sich immer mehr an. Tausende starben an der Grippe allein in Köln.

Dort, wo viele Menschen Not leiden, gibt es immer welche, die sich an der Not der anderen bereichern. So gab es auch einige sehr reiche Kölner, die im Luxus lebten. Kannst du dir vorstellen, wie es ist, wenn du mit großem Hunger an einem Schaufenster vorbeikommst, in dem leckere Brötchen, Schokoladenriegel oder Gummibärchen ausgestellt sind? Du hast kein Geld, um dir etwas davon zu kaufen, und zu Hause hast du auch nichts zu essen – noch nicht einmal ein trockenes Brot! Als die hungrigen Kölner damals in den Schaufenstern teure Delikatessen liegen sahen, die sich nur die wenigen Reichen der Stadt leisten konnten, kam es zum Aufstand. 1917 streikten die Arbeiter und Arbeiterinnen in den Fabriken und Straßenbahnen. Sie konnten einfach nicht mehr arbeiten, weil sie Hunger hatten und zu schwach waren. Im Mai 1918 fielen dann die ersten Bomben auf Köln. Nun war das Unglück komplett.

Über eine kurze Revolution, das Ende des Kriegs und die Zeit der britischen Besatzung

Der Krieg wurde für die Menschen immer unerträglicher. Da aber die Regierenden diesen sinnlosen Krieg immer weiterführen wollten, kam es im November 1918 zu einem Aufstand der Soldaten und Arbeiter in ganz Deutschland. Angefangen hatte alles in Wilhelmshaven an der Nordsee, wo die Kriegsschiffe lagen. Von dort sollten Matrosen in ein letztes Gefecht geschickt werden und einen aussichtslosen Kampf führen. Als die Matrosen davon erfuhren, weigerten sie sich, diese Todesfahrt anzutreten. Darauf wurden einige ihrer Anführer verhaftet. Das war zu viel! Die Matrosen zogen vom Norden her durchs ganze Land und forderten endlich Frieden und die Befreiung aller politischen Gefangenen. Zusammen mit den anderen Soldaten und den hungernden Arbeitern bildeten sie in vielen Städten einen *Arbeiter- und Soldatenrat*; so auch in Köln. Diese Revolution ging als *November-Revolution* in die Geschichte ein. Auch wenn sie nicht so gewaltig wie die französische von 1789 war, so hatte sie doch für die politische Situation in Deutschland entscheidende Folgen: denn damit ging die Herrschaft des deutschen Kaisers zu Ende. Am 9. November 1918 *dankte* Kaiser Wilhelm II. *ab*. So nennt man den Verzicht eines Herrschers auf die Regierung. Stattdessen wurde die *Republik* ausgerufen. Weil die Nationalversammlung zur Bildung der Republik in Weimar stattfand, hieß die neue Republik *Weimarer Republik*.

Revolutionsaufruf aus Köln.

Der Krieg ging 1918 dann auch tatsächlich zu Ende, Deutschland hatte verloren. Allein in Köln waren während der letzten vier Jahre 15.000 Menschen gestorben. Nach Beendigung des Kriegs wurde Köln zur Besatzungszone erklärt. Das bedeutete, dass Soldaten der Siegermächte die Kontrolle übernahmen. Nach Köln kamen die Engländer. Sie zogen am 6. Dezember 1918 über die Aachener Straße in Köln ein. Ende 1919 lebten etwa 50.000 britische Soldaten in Köln. Nun mussten die Kölner auch noch diese vielen Soldaten unterbringen und versorgen. Dabei hatten sie doch für sich selbst schon nichts zu essen. Außerdem kehrten auch die erschöpften und teilweise verwundeten deutschen Soldaten heim. Die Arbeitslosigkeit stieg, die Versorgung war extrem schlecht. Hunger, Elend und Not waren die Folge.

Über Konrad Adenauer und seine Vision von einem modernen Köln

Konrad Adenauer.

Noch während des Kriegs 1917 wurde Konrad Adenauer (1876–1967) zum Oberbürgermeister von Köln gewählt. Er war Mitglied der Kölner Zentrumspartei (= Vorläufer der CDU). Vor seiner Wahl zum Oberbürgermeister war Adenauer für die Versorgung der Kölner mit Lebensmitteln zuständig gewesen. In diesem Amt hatte er sogar ein Brot erfunden, das billig herzustellen war und trotzdem satt machte, das *Kölner Sparbrot* aus Mais, Reis und Gerste. Wie sich zeigen sollte, hatten die Kölner mit Konrad Adenauer über-

Wilhelm Sollmann.

haupt eine gute Wahl getroffen. Noch heute findest du viele Spuren seines Wirkens im Kölner Stadtbild.
Eine besondere Fähigkeit Adenauers lag in seinem Umgang mit den anderen politischen Kräften der Stadt. Das betraf sowohl die Revolutionäre, die englischen Besatzer als auch die SPD. Sein guter Kontakt zu den Besatzern war dann auch entscheidend für eine der wichtigsten städtebaulichen Veränderungen in Köln im 20. Jahrhundert: Noch immer standen die Befestigungsanlagen, die die Preußen errichtet hatten. Nach dem verlorenen Krieg wurde den Kölnern vom *Versailler Vertrag* vorgeschrieben, die Forts und Mauern zu sprengen und abzureißen. Konrad Adenauer konnte bei den Engländern und der neuen Reichsregierung durchsetzen, dass die frei gewordenen Flächen zu Parks umgewandelt wurden. So entstand der *Innere Grüngürtel* an der Inneren Kanalstraße. Außerdem ließ Adenauer entlang der Stadtgrenze den *Äußeren Grüngürtel* anlegen. Damit wollte er den Kölnern genügend Platz für Erholung und Sport schaffen. Auch der Bau des früheren Müngersdorfer Stadions (dem Vorgänger des RheinEnergieStadions) ging auf ihn zurück. All dies war nur möglich, weil Adenauer mit den Engländern und auch sonst gut verhandeln konnte. Ganz wichtig war damals die gute Zusammenarbeit mit dem Vorsitzenden der Kölner SPD, Wilhelm Sollmann, der Adenauer immer wieder bei wichtigen Problemen unterstützte.

Als 1926 die Briten aus Köln abzogen, war der Weg frei für einige weitere überaus wichtige Entscheidungen. Ich möchte dir einfach einmal aufzählen, was Adenauer alles bewirkte, welche wichtigen Firmen er nach Köln holte, welche Bauwerke er in Auftrag gab und welche Neugründungen er veranlasste. Zunächst sorgte er dafür, dass der britische Militärflughafen am Butzweilerhof zu einem zivilen Flughafen umfunktioniert wurde. Dann konnte er die *Westdeutsche Rundfunk AG* dazu bewegen, ihren Hauptsitz nach Köln zu verlegen. Aus dieser wurde später der WDR. Auch die Gründung der Kölner Messe geht auf Adenauer zurück; ebenso die Neugründung der Kölner Universität, die von den Franzosen geschlos-

Messe in Deutz.

sen worden war. Als technische Hochleistung wurde damals der Bau der Mülheimer Brücke gefeiert. Bei ihrer Fertigstellung war sie die größte Hängebrücke Europas. Und schließlich, nach zähen, aber ebenso raffinierten Verhandlungen, konnte Adenauer 1929 den amerikanischen Autohersteller Ford überzeugen, in Köln seine deutsche Autofabrik anzusiedeln. Ein Jahr später wurde mit dem Bau des großen Werks in Köln-Niehl begonnen.

Was wäre Köln heute ohne den WDR, Ford oder die Kölner Messe? Trotz der großen Not, die der Erste Weltkrieg nach Köln gebracht hatte, gelang es Adenauer, nach vorne zu schauen und an die Zukunft zu denken. So konnte er die Weichen stellen, um aus Köln eine zukunftsfähige Großstadt zu machen.

Die Zeit Adenauers als Kölner Oberbürgermeister ging 1933 zunächst zu Ende. Wie es dazu kam und wie es mit Köln dann weiterging, erzähle ich dir später. Aber eins sollst du schon jetzt wissen: Nach dem Zweiten Weltkrieg wurde Konrad Adenauer 1949 der erste Bundeskanzler der Bundesrepublik Deutschland. Und, bist du nun neugierig geworden, wie dieser Adenauer ausgesehen hat? Möchtest du ihn einmal *treffen*? Neben der Kirche Sankt Aposteln steht Adenauer als Bronzestatue. Hier in der Nähe, in der Balduinstraße ist er geboren, in Sankt Aposteln besuchte er sonntags den Gottesdienst und auf dem Apostelgymnasium drückte er die Schulbank. Der Kopf der Statue wurde nach einem Foto angefertigt und zeigt eine große Ähnlichkeit mit dem bedeutenden Politiker.

Adenauer-Denkmal.

Über die Kölner Kunst des frühen 20. Jahrhunderts

Eines der wichtigsten Ereignisse in Köln für die Entwicklung der Kunst im frühen 20. Jahrhundert war die *Sonderbundausstellung* 1912. Da wurden Bilder gezeigt, die damals noch nicht sehr bekannt waren, darunter auch Bilder des *Expressionismus*. Das sind sehr farbintensive, ausdrucksstarke (= expressive) Bilder, die die Natur nicht so zeigen, wie sie ist, sondern wie die Maler sie empfanden. Manche Bilder zeigten gar keine konkreten Gegenstände mehr, sondern nur noch Farben und Formen. Das war die sogenannte abstrakte Malerei.

Rendezvous der Freunde von Max Ernst.

Die Reaktionen der Kölner Bürger waren sehr unterschiedlich. Während die meisten nichts mit der neuen Kunst anfangen konnten, waren die Kunstinteressierten und Kunstkenner begeistert. Ein Jahr später wurden diese Werke in New York in der Ausstellung *Armory Show* gezeigt. Und von da an war der Siegeszug der modernen Malerei nicht mehr zu stoppen. Du siehst, Köln war mit dieser Ausstellung damals sehr aktuell. Die Künstler aus Köln und dem Rheinland fühlten sich durch die Sonderbundausstellung gestärkt und gründeten die Künstlervereinigung *Rheinische Expressionisten*. Zu dieser Gruppe gehörten auch August Macke und Franz Marc, zwei bedeutende Maler des deutschen Expressionismus. Beide starben im Ersten Weltkrieg. Der Sonderbundausstellung folgten noch weitere wichtige, herausragende Ausstellungen in Köln, von denen später noch die Rede sein wird.

Dann brach 1914 – wie ich dir bereits erzählt habe – der Erste Weltkrieg aus. Viele Künstler verabscheuten diesen Krieg und wollten ein schnelles Ende. Nach dem Krieg forderten sie Veränderungen in der Gesellschaft und auch in der Kunst. Drei Künstler machten damals in Köln besonders von sich reden. Das waren der in Brühl geborene Max Ernst, sein Freund Hans Arp und der Fabrikantensohn Alfred F. Gruenwald. Sie gründeten den Kölner *Dadaismus* und gaben sich selbst verrückte Namen. Max Ernst nannte sich *Dadamax* und Gruenwald gab sich den Namen *Johannes Theodor Baargeld*, weil er als Sohn eines wohlhabenden Bankiers immer Bargeld hatte. Mit dem Dadaismus wollten diese Künstler die Menschen provozieren und zum Umdenken bewegen. Am besten kannst du das verstehen, wenn ich dir von einer ganz besonderen Ausstellung im Jahr 1920 erzähle. Sie hieß *Dada-Vorfrühling*. Darin wurden die Besucher aufgefordert, die ausgestellten Kunstwerke zu zerstören oder mitzunehmen. Ernst, Arp und Baargeld ersetzten einfach die fehlenden oder kaputten Kunstwerke jedes Mal durch neue. Wie du dir denken kannst, war das für viele unvorstellbar. Wenn etwas Kunst war, durfte man es doch nicht zerstören! Aber gerade mit diesem komplett Unerwarteten wollten die Künstler die Menschen zum Nachdenken bringen. Die Presse beachtete die Ausstellung allerdings kaum, und so blieb die erhoffte Diskussion um den Stellenwert und die Bedeutung von Kunst aus. Die Dadaisten konnten nicht das erreichen, was sie gehofft hatten. Das Provozieren gelang ihnen – das Umdenken nicht. Darauf verließen die drei Dada-Künstler Köln. Im Museum Ludwig hängt ein Bild, auf dem sie alle drei zu sehen sind: das *Rendezvous der Freunde*, das Ernst

1922 in Paris malte. Glücklicherweise hat Ernst alle auf diesem Gemälde abgebildeten Maler, Schriftsteller, Bildhauer und Philosophen durchnummeriert und an den beiden Seiten auf zwei Listen die Namen zu den Zahlen aufgeschrieben. Der Mann mit der Nummer 3 ist Hans Arp, der mit der Nummer 4 Ernst selbst, und rechts der Mann mit der Nummer 14 ist Baargeld.

Nachdem die drei führenden Dada-Künstler Köln verlassen hatten, trat aus der Dada-Bewegung die *Gruppe progressiver Künstler Köln* hervor. Die beiden führenden Maler dieser Gruppe waren Franz-Wilhelm Seiwert (1894–1933) und Heinrich Hoerle (1895–1936). Diese Maler wollten mit ihren Bildern auf die Missstände in der Gesellschaft aufmerksam machen. Sie waren den Sozialisten und Kommunisten eng verbunden. Besonders deutlich wird das in dem Bild *Arbeiter* (siehe Seite 200).

Zu der *Gruppe progressiver Künstler Köln* gehörte auch der Fotograf August Sander (1876–1964). Mit seinen Fotos stellte er uns die Wirklichkeit der damaligen Zeit nüchtern und sachlich dar. Ihm verdanken wir, dass wir uns von Köln, wie es früher aussah, ein *Bild* machen können. Seine Fotoserien *Menschen des*

hingeschaut

Die Arbeiter

Arbeiter von Franz-Wilhelm Seiwert.

Franz-Wilhelm Seiwert gehörte zu den Künstlern, die sich intensiv mit der Politik und den sozialen Bedingungen in der Gesellschaft beschäftigten. Er selbst nannte sich Marxist. Du erinnerst dich an Karl Marx und die Revolution Mitte des 19. Jahrhunderts? Als Marxist unterstützte Seiwert die Forderungen der Arbeiter – mit Texten und auch mit seinen Bildern. Vor allem die schlechten Arbeitsbedingungen in den Fabriken beschäftigten ihn. In seinem Bild Arbeiter von 1926 kannst du das gut sehen. Seiwert malte hier sechs Männer und eine Frau, die in einer Reihe hintereinanderstehen. Links hinten rauchen Fabrikschornsteine. Diese Menschen arbeiten in der Fabrik. Sie sind als gleiche Typen ohne individuelle Kennzeichen gemalt. In den Fabriken zählt der Einzelne nicht. Mit seinem Bild wollte Seiwert darauf aufmerksam machen, dass die Menschen wie Teile einer großen Maschine funktionieren, aber die Einzigartigkeit jedes einzelnen Menschen dabei in den Hintergrund rückt. Die Arbeiter hängen im Museum Ludwig.

20. Jahrhunderts und *Köln wie es war* erzählen uns von den Menschen, die in der schweren Zeit zwischen den beiden Weltkriegen in Köln lebten, und von Köln, wie es vor den Zerstörungen des Zweiten Weltkriegs aussah.

Schließlich möchte ich dir noch von zwei ganz besonders eindrucksvollen Kunstwerken erzählen, die an die Schrecken des Ersten Weltkriegs erinnern. Es sind Skulpturen, die als unmittelbare Reaktion auf den Ersten Weltkrieg entstanden sind. Das eine sind die *Trauernden Eltern* von Käthe Kollwitz und das andere der *Todesengel* von Ernst Barlach. Bei Bronzeskulpturen können mehrere

hingeschaut

Die Trauernden Eltern

Trauernde Eltern von Käthe Kollwitz.

Diese Skulptur von Käthe Kollwitz (1867–1945) erzählt uns von dem ganz persönlichen Schicksal der Künstlerin. Die dargestellten Eltern tragen die Gesichtszüge von Käthe Kollwitz und ihrem Mann. Sie trauern um ihren Sohn Peter. Der war im Ersten Weltkrieg in Belgien gefallen (= getötet worden). Käthe Kollwitz schuf dieses Werk für einen Soldatenfriedhof in Belgien, wo ihr Sohn begraben liegt. Nach dem Zweiten Weltkrieg wurde eine Kopie der Trauernden Eltern in der 1943 durch Bomben zerstörten Kirche Sankt Alban aufgestellt.

Wir wollen uns die Figuren etwas genauer anschauen: Der Vater hat die Arme vor dem Körper verschränkt, die Mutter senkt ihren Kopf nach vorne. Das sind deutliche Zeichen der Beklommenheit, Sprachlosigkeit und der tiefen Trauer. Viele Eltern trauerten während der beiden Weltkriege um ihre Söhne. So ist diese Skulpturengruppe auch eine Erinnerung für die vielen anderen gefallenen Soldaten und die große Trauer der Menschen geworden.

Abgüsse angefertigt werden. So kommt es, dass von dem Todesengel, der 1927 von Ernst Barlach für den Dom in Güstrow (= Stadt in Mecklenburg-Vorpommern) geschaffen wurde, seit 1952 ein Abguss in der Kölner Antoniterkirche an der Schildergasse hängt. Dieser Engel trägt die Gesichtszüge von Käthe Kollwitz. Barlach und Kollwitz waren eng befreundet, und vielleicht war Käthe Kollwitz für Barlach wie ein Engel, der in schlimmen Zeiten ein bisschen Frieden und Freude bringen konnte.

Über die Architektur des frühen 20. Jahrhunderts in Köln

1914 fand in Deutz, dort, wo später die Messe gebaut wurde, die *Werkbund-Ausstellung* statt. Viele Architekten nutzten die Möglichkeit, neue Ideen, Techniken und Werkstoffe vorzustellen. Dazu errichteten sie eigens für diese Ausstellung kleine Gebäude, an denen sie ihre Vorstellungen zeigen konnten. Die moderne Architektur sollte schnörkellos sein und die Konstruktion des Bauwerks nicht verschleiern, sondern klar zeigen. Die bevorzugten neuen Materialien waren Beton, Eisen, Stahl, Glas und Ziegel.

Hansahochhaus.

Neun Jahre später entstand in Köln das damals höchste Haus Europas, das keine Kirche war: das *Hansahochhaus* am Hansaring (dort, wo heute Saturn ist). Mit seinen 17 Geschossen war das Hansahochhaus 1925 eine echte Sensation. Bis dahin kannte man Wolkenkratzer nur aus Amerika. Und tatsächlich wurde das fast 70 Meter hohe Haus in nur einem Jahr mit einer Stahlkonstruktion nach dem Vorbild der amerikanischen Hochhäuser gebaut. Dieses Stahlskelett wurde mit Backsteinen ummauert. Die Backsteinverkleidungen von Bauwerken waren damals sehr beliebt, weil man in ihnen die Mauern und Fugen deutlich erkennen konnte. Du erinnerst dich – die Konstruktion des Bauwerks sollte sichtbar sein. Ebenfalls sichtbar gemauert wurden die Außenmauern der Messe und des 86 Meter hohen Messeturms, die Adolf Abel (1882–1968) 1928 baute. Warum heute davon nur noch die Außenmauern erhalten sind, erzähle ich dir später. Ein anderer bekannter Kölner Architekt dieser Zeit war Wilhelm Riphahn (1889–1963). Er hatte die verrückte Idee, auf dem Stumpf eines Befestigungsturmes aus der Preußenzeit einen deutlich breiteren Rundbau oben aufzusetzen, die Bastei. Aber Riphahn war auch auf anderen Gebieten wegweisend, wie zum Beispiel beim sozialen Wohnungsbau. Die Wohnungsnot in den zwanziger Jahren hatte zur Gründung von sogenannten *Genossenschaften* geführt. Diese versuchten, möglichst allen, auch den sozial Schwächeren, eine Wohnung zu vermitteln. Riphahn arbeitete gemeinsam mit Caspar Maria Grod (1878–1931) den Plan für eine ganze Siedlung in Köln-Buchforst aus, die später den Namen *Weiße Stadt* bekam. Zwischen 1929 und 1932 entstanden dort freundliche, weiß verputzte Mehrfamilienhäuser. Alle Wohnungen erhielten einen eigenen Balkon, und es wurde darauf geachtet, dass möglichst alle Sonnenlicht hat-

hingeschaut

Die Bastei

Als die Preußen Köln regierten, bauten sie mächtige Festungsanlagen, von denen ich dir bereits erzählt habe. Ein paar Forts existieren noch, genauso wie der am Rheinufer, nördlich des Doms gelegene Stumpf eines Eckpfeilers. Da kam der Architekt Wilhelm Riphahn 1924 auf die verrückte Idee, auf diesen Turm ein Restaurant zu bauen, die Bastei. Er setzte einen Rundbau auf den Stumpf, der weit über den Unterbau herausragt. Fast könnte man denken, ein Flugobjekt sei gerade dort gelandet, und man weiß noch nicht, ob es kippen wird oder liegen bleibt.

Bastei.

Riphahn selbst baute das im Zweiten Weltkrieg zerstörte Restaurant wieder auf. Heute wird der schwebende Bau nur noch bei besonderen Anlässen genutzt.

Dischhaus.

Sankt Petrus-Canisius.

ten. Außerdem wurden die Häuser so versetzt gebaut, dass eine gewisse Abgeschiedenheit der einzelnen Wohnungen gegenüber den anderen garantiert war. Mit der Weißen Stadt gelang es Riphahn und Grod, sozialen Wohnungsbau freundlich und abwechslungsreich zu gestalten. Viele Architekten kamen später nach Köln-Buchforst, um dort die Weiße Stadt zu besichtigen. Und noch ein Bauwerk erregte 1930 großes Aufsehen: das *Dischhaus* von Bruno Paul (1874–1968). Du findest es an der Kreuzung Brückenstraße/Herzogstraße. Der ungewöhnliche Name stammt noch von dem Gebäude, das vorher an dieser Stelle stand, dem *Hotel Disch*. Paul hat hier ein schwungvolles, abgerundetes Bauwerk entworfen, das fast wie ein großes Schiff um die Ecke zu kommen scheint. Mit den querlaufenden Fensterreihen ziehen sich ganz gleichmäßige Bänder um den Bau, die die Leichtigkeit noch verstärken. Das Gebäude wurde aufgrund seiner klaren und einfachen Formen auch *Büromaschine* genannt.

Natürlich wurden Anfang des 20. Jahrhunderts auch neue Kirchen in Köln gebaut. Zu der Weißen Siedlung in Köln-Buchforst gehörte eine der modernsten Kirchen dieser Zeit: Sankt Petrus Canisius. Die klare viereckige Form der Kirche war damals sehr ungewöhnlich. Zudem überraschte die Menschen damals der große Innenraum, der ohne Stützen die geometrischen Grundformen deutlich erkennen ließ. Leider bekommt diese Kirche heute kaum noch Aufmerksamkeit, obwohl sie es verdient hätte. Einer der bekanntesten Kölner Kirchenbauer des 20. Jahrhunderts war Dominikus Böhm (1880–1955). Zu seinen berühmtesten Bauwerken gehört Sankt Engelbert in Köln-Riehl aus den Jahren 1930/1931.

hingeschaut

Sankt Engelbert

Zwischen 1930 und 1932 entstand am Riehler Gürtel diese merkwürdig geformte Kirche. Ihr Architekt heißt Dominikus Böhm. Über einer kreisförmigen Fläche wachsen acht Wände so gewölbt nach oben, dass sie sich wie ein Zeltdach zusammenfügen. Kannst du dir eine Zitronenpresse vorstellen? Siehst du Ähnlichkeiten? Nun, die Kölner gaben der Kirche den Namen Zitronenpresse. Aber nicht nur diese äußere Form überrascht, sondern auch die Stimmung im Inneren. Böhm spielte hier mit der Wirkung des Lichts. Er hat die Fenster so angeordnet, dass du den Eindruck gewinnst, du würdest einen Weg vom Dunklen ins Helle beschreiten. Der Kirchenbau wurde mit den damals neuen Materialien Eisen und Beton gebaut. Außen ist er mit Backsteinen verkleidet. Das kennst du schon von anderen Gebäuden aus dieser Zeit, beispielsweise dem Hansahochhaus oder den alten Messehallen in Deutz.

Sankt Engelbert.

Wie Köln die Inflation und die Weltwirtschaftskrise erlebte

Die zwanziger Jahre waren eine Zeit der Widersprüche. Einerseits entstanden in Köln große beeindruckende neue Bauwerke, in Deutz fanden wichtige Ausstellungen statt, und die feine Gesellschaft feierte rauschende Feste. Andererseits litten immer mehr Menschen an Armut, Wohnungsnot und Arbeitslosigkeit. Die gesamte wirtschaftliche Lage war sehr schlecht – in Köln genauso wie in allen anderen Städten –, und das Geld verlor immer mehr an Wert. Dieser Vorgang wird mit dem Wort *Inflation* bezeichnet. Vielleicht hast du schon einmal von der sogenannten *Inflationsrate* gehört. Die bezeichnet den Wertverlust unseres Geldes. 1923 gab es die erstaunlichste und extremste Inflation aller Zeiten. Das Geld verlor von Minute zu Minute an Wert. Kannst du dir vorstellen, dass damals ein Liter Milch 280.000 Mark kostete und ein Kölner Stadt-Anzeiger 350 Milliarden Mark? Es gab sogar Geldscheine mit dem Aufdruck *Billionen*. Die Inflation konnte nur gestoppt werden, indem eine neue Währung eingeführt und das vorhandene Geld für wertlos erklärt wurde. Das war eine *Währungsreform*. Und tatsächlich – die Wirtschaft konnte sich noch einmal erholen.

Inflationsgeld.

Zum Ende der zwanziger Jahre verschlechterte sich jedoch die Situation wieder deutlich. Weltweit wuchsen die Probleme der Arbeitslosigkeit ins Unermessliche. Überall auf der Welt mussten immer mehr Firmen, Fabriken und auch Banken geschlossen werden. Und so verloren auch immer mehr Menschen ihre Arbeit. 1932 waren in Köln 110.000 Menschen arbeitslos. Das war ein Drittel aller Kölner, die hätten arbeiten können. Dadurch nahm die Stadt weniger Steuern ein. Aber die sozialen Ausgaben, wie beispielsweise das Arbeitslosengeld, stiegen. Köln ging – wie konnte es anders kommen – pleite!

Wie die Nationalsozialisten die Macht in Köln übernahmen

Viele Kölner waren enttäuscht von ihren Politikern und wählten nun eine Partei, die ihnen Besserung versprach. Diese neue Partei – sie war erst 1925 gegründet worden – nannte sich NationalSozialistische Deutsche ArbeiterPartei, kurz: NSDAP. Mit großen Demonstrationen und Kundgebungen beeindruckte die NSDAP die Kölner genauso wie die meisten anderen Deutschen. Und wie in vielen anderen deutschen Städten fanden die Nationalsozialisten auch in Köln sehr schnell Anhänger. Dass diese Partei Deutschland in verhängnisvolle Zeiten führen würde, ahnten die Menschen damals noch nicht.

Bald schon sollten die Nationalsozialisten die Macht in ganz Deutschland übernehmen. Die Vorbereitungen für die Machtübernahme fanden in Köln statt. Am 4. Januar 1933 trafen sich der Parteivorsitzende der NSDAP Adolf Hitler und der ehemalige Reichskanzler Franz von Papen im Haus des Baron von Schröder am Stadtwaldgürtel 35. Bei diesem Treffen in Köln-Lindenthal wurde die Ernennung Hitlers zum neuen Reichskanzler von Deutschland vorbereitet. Und tatsächlich erfolgte die offizielle Ernennung durch Reichspräsident von Hindenburg schon am 30. Januar. Hitler sollte nun bis zur Wahl im März 1933 die Regierung leiten. Diese Zeit nutzte Hitler, um seinen späteren Wahlerfolg vorzubereiten. Dazu gehörte auch, dass die Nationalsozialisten den Wahlkampf der anderen Parteien in ganz Deutschland massiv unterdrückten. Der Wahlkampf der NSDAP hingegen wurde groß inszeniert. Bei seinen Wahlkampftouren kam Hitler auch nach Köln. Erinnerst du dich noch an den Kölner Bürgermeister Konrad Adenauer? Noch war Adenauer im Amt. Er war kein Anhänger der Nationalsozialisten. Als Hitler vor den Wahlen nach Köln kam, weigerte sich Adenauer, ihn zu empfangen. Er ließ auch Fahnen mit dem Hakenkreuz, dem Zeichen der Nationalsozialisten, abhängen. Das war mutig von Adenauer. Aber leider konnte auch er den Erfolg der Nationalsozialisten nicht bremsen. Bei den Reichstagswahlen am 5. März 1933 erlangte die NSDAP im ganzen Land die Mehrheit mit über 43,9 Prozent der Stimmen. Hitler übernahm die Macht in Deutschland. In Köln lag der Stimmenanteil der NSDAP bei 33 Prozent.

Als die Kölner Nationalsozialisten nicht aufhörten, die anderen Parteien und Politiker zu beschimpfen und falsche Dinge über sie zu behaupten, reiste Adenauer nach Berlin, um sich über das Vorgehen der Nationalsozialisten in Köln zu beschweren. Während seiner Abwesenheit passierte jedoch etwas Unerwartetes. Die Nationalsozialisten besetzten das Kölner Rathaus und erklärten Adenauer kurzerhand für abgesetzt. Alle Politiker der anderen Parteien wurden durch NSDAP-Männer ersetzt. Mit einer eigenen Polizei, die brutal und rücksichtslos gegen Gegner der NSDAP vorging, konnten die Nationalsozialisten ihre Macht behaupten. Diese GEheime STAatsPOlizei wurde kurz nur *Gestapo* genannt. Sie hatte ihren Sitz im EL-DE-Haus. Keiner war vor ihr sicher, sie spionierte alle verdächtigen Kritiker aus. Gerechtigkeit gab es zu dieser Zeit nicht mehr in Köln. Die brutalsten Handlanger des Nazisystems waren die SA- und die SS-Männer, die als Schlägertrupps die Bürger einschüchterten.

hingeschaut

Das EL-DE-Haus

Dieses Haus gehörte dem katholischen Kaufmann Leopold Dahmen (Initialen: LD; daher kommt der Name EL-DE). Dahmen wollte hier ein Haus mit Wohnungen und Geschäften errichten. Aber 1935 wurde er von den Nationalsozialisten gezwungen, sein Haus an die Gestapo (= Geheime Staatspolizei) zu vermieten. Die Gestapo errichtete hier ein Gefängnis mit Zellen im Keller und einem Galgen im Hinterhof. Wie viele Menschen hier grausam gefoltert oder hingerichtet wurden, weiß man heute nicht genau. Aber es müssen mehrere Hundert gewesen sein. Die Qualen der Häftlinge waren furchtbar. Sie haben es auf die Wände ihrer Zellen geschrieben. Das EL-DE-Haus befindet sich am Appellhofplatz 23–25. Du kannst es besuchen und selbst die Zellen der Gefangenen sehen. In einem Dokumentationsraum kannst du noch mehr über den Krieg erfahren.

EL-DE-Haus.

Adolf Hitler und Josef Grohé.

Seit dem Frühjahr 1933 regierte in Köln nur noch eine Partei und vor allem nur noch ein Mann: Josef Grohé (1902–1987). Grohé war ein sogenannter *Gauleiter*. Das bedeutete, dass er über einen ganzen *Gau* (= ein Gebiet) zu bestimmen hatte, nämlich über den Gau Köln-Aachen. Grohé war ein mächtiger Mann. Er war auch verantwortlich für die Judenverfolgung in Köln, von der ich dir noch berichten werde. Nach dem Krieg kam er – unvorstellbar – nicht ins Gefängnis. Er konnte frei und wohlhabend bis zu seinem Tod in Köln leben.

Wie sich Köln in der NS-Zeit veränderte

Die Zeit der Herrschaft Hitlers und der Nationalsozialisten in Deutschland wird die *NS-Zeit* genannt. Die Menschen sollten nun alle den Vorstellungen und Anweisungen der Nationalsozialisten bedingungslos folgen. Kritische Wissenschaftler und andersdenkende Zeitgenossen wurden aus ihren Ämtern und Anstellungen entlassen. Am 17. Mai 1933 ließen die Nationalsozialisten sogar kritische Bücher – Bücher, in denen andere Ideen und Ziele vertreten wurden als die der Nationalsozialisten – vor der Kölner Universität öffentlich verbrennen. Die Nationalsozialisten wollten die Bürger daran hindern, sich eine eigene Meinung zu bilden, und sie wollten jeden Widerstand im Keim ersticken. Dazu gehörte auch, dass sie die Mitglieder anderer Parteien, vor allem die Kommunisten, so sehr bedrängten, dass sie sich nur noch heimlich treffen konnten. Wurde bekannt, dass irgendwo ein paar mutige Widerstandskämpfer zum Beispiel Flugblätter verteilten, war ihr Leben in Gefahr. Auch die Jugend sollte treu und kritiklos hinter der NS-Regierung stehen. Deshalb wurden schon die Kinder und Jugendlichen auf die nationalsozialistischen Parolen gedrillt. Mädchen und Jungen waren strikt getrennt. Die Mädchen waren im *Jungmädelbund* und im *BDU* (*Bund deutscher Mädel*) organisiert, die Jungen im *Jungvolk* und der *Hitlerjugend*.

Hitlerjugend.

Die Nationalsozialisten hatten kein gutes Verhältnis zu den Katholiken. Wer sich offen zur katholischen Kirche bekannte, war schon als Regierungsfeind verdächtig. Die *Katholische Jugend*, eine Jugendgruppe der katholischen Kirche, provozierte geradezu die Nationalsozialisten mit ihren Prozessionen und Gottesdiensten. Immer wieder kam es zu Prügeleien zwischen Mitgliedern der Hitlerjugend und der Katholischen Jugend. 1938 wurde die Katholische Jugend verboten.

Es gab noch eine Widerstandsgruppe aus der Jugend, die sogenannten *Edelweißpiraten*. Sie waren gegen den Einheitsdrill und die Einschränkungen durch die Nazis. Daraus wurde mit der Zeit ein offener Protest. Anfangs trugen sie nur eine andere Kleidung, und sie sangen andere Lieder als die Mitglieder der Hitlerjugend. Statt militärischen Drill zu üben, gingen sie wandern. Später druckten sie dann auch Flugblätter mit der Aufforderung, sich dem National-

Edelweißpiraten.

sozialismus zu widersetzen, und sie schrieben Parolen auf Häuser und Eisenbahnwaggons. Das alles führte dazu, dass die Edelweißpiraten von den Nationalsozialisten radikal verfolgt wurden. In Köln-Ehrenfeld hatte sich ein Zentrum der Edelweißpiraten entwickelt. Und hier erlebte die Verfolgung einen traurigen Höhepunkt. Am 10. November 1944 wurden in Ehrenfeld sechs jugendliche Edelweißpiraten öffentlich gehängt. Der Jüngste unter ihnen war gerade 16 Jahre alt.
Noch ein Letztes: Auch den künstlerischen Geschmack der Menschen wollten die Nationalsozialisten bestimmen. Die damals moderne, abstrakte Malerei stellte für sie eine Schande dar. Sie nannten sie *Entartete Kunst*. Bilder der sogenannten *Entarteten Kunst* wurden aus den Museen entfernt. Stattdessen sollten die Künstler in ihren Werken konkrete, schöne, ideale Menschenkörper zeigen.

Über ein besonders trauriges Kapitel der Kölner Stadtgeschichte: die Judenverfolgung zwischen 1933 und 1945

Eines der dunkelsten Kapitel deutscher und kölnischer Geschichte ist die Judenverfolgung in der NS-Zeit. Es ist kein leichtes Thema, aber du sollst auch von dieser traurigen und schrecklichen Zeit etwas erfahren, von den brutalen Morden und den Hinrichtungen, aber auch von den furchtbaren seelischen Kränkungen und Erniedrigungen.

Die Nationalsozialisten hatten von Anfang an die Juden diskriminiert. Sie machten sie für die schlechte wirtschaftliche Lage im Land verantwortlich. Sie seien *Untermenschen* und im Vergleich zu den Deutschen weniger wert. Schon 1928 konnte man Transparente mit der Aufschrift »Die Juden sind unser Unglück« lesen. Spätestens am 1. April 1933 wurden die Absichten der Nationalsozialisten dann jedem deutlich: Sie riefen die Bürger dazu auf, nicht mehr in jüdischen Geschäften einzukaufen oder zu jüdischen Ärzten und Anwälten zu gehen. Das nennt man einen *Boykott*. Viele jüdische Geschäftsleute bekamen durch den anhaltenden Boykott wirtschaftliche Probleme und mussten ihre Waren oder sogar die ganzen Läden billig verkaufen. Und wer – glaubst du – kaufte die Läden? Genau, es waren die Nationalsozialisten oder deren Anhänger. Du kennst doch den Kaufhof in der Schildergasse? Auch dieses Kaufhaus gehörte früher einmal einer jüdischen Familie. Diese Familie Tietz musste ihr großes und damals sehr bekanntes Kaufhaus, das *Kaufhaus Tietz*, wegen des Boykotts verkaufen.

Der Judenboykott war aber nur der Anfang der Judenverfolgung. Die jüdischen Bürger wurden fortan verhöhnt, ihr Besitz wurde ihnen weggenommen, und viele wurden verhaftet. Du kannst dir sicher vorstellen, wie schwer es besonders für die jüdischen Kinder war, als sie von heute auf morgen nichts mehr wert waren und beleidigt wurden, als sie aus ihren Wohnungen ausziehen und in alten Baracken wohnen mussten. Widerstand regte sich kaum. Die meisten Kölner nahmen die Veränderungen in ihrer Stadt einfach hin. Sie bejubelten Hitler, wenn er nach Köln kam. Was mit den Juden passierte, störte sie nicht. Im Gegenteil – viele Kölner machten sogar mit bei der Hetzjagd auf die jüdischen Mitbürger. Seit Oktober 1941 ließen die Nationalsozialisten die Juden vom Deutzer Bahnhof aus in die *Konzentrationslager* im Osten des Reichs *deportieren* (= wegbringen). In diesen Konzentrationslagern lebten die Gefangenen unter absolut menschenunwürdigen Bedingungen. Die meisten Häftlinge wurden ermordet. Nur ganz wenige haben diesen Albtraum überlebt.

Judenhetze.

Um dir das Ausmaß der Judenverfolgung in Köln deutlich zu machen, möchte ich dir ein paar Zahlen nennen: Vor 1925 lebten circa 16.000 Juden in Köln. Mehr als 7000 Juden wurden zwischen 1933 und 1945 in Konzentrationslager deportiert oder direkt ermordet. Etwa 8.000 Juden konnten aus Köln fliehen. Weniger als 50 Juden überlebten diese schlimme Zeit in Köln.

Wie Köln den Zweiten Weltkrieg erlebte

Nachdem Deutschland am 1. September 1939 Polen überfallen hatte, erklärten England und Frankreich, die Verbündeten Polens, Deutschland den Krieg. Nun hatten die anderen europäischen Länder endlich erkannt, dass sie Adolf Hitler entgegentreten mussten. Der Zweite Weltkrieg war ausgebrochen. Im Mai 1940 fielen die ersten Bomben auf Köln. Danach kamen immer öfter die Flugzeuge der Amerikaner und Briten, um über der Stadt ihre zerstörerische Last abzuwerfen. Einer der schlimmsten Bombenangriffe war in der Nacht vom 30. auf den 31. Mai 1942. Tausend bombenbeladene englische Flugzeuge

hingeschaut

Mahnmale in Deutz und »Stolpersteine«

Stolperstein.

Mahnmal in Deutz.

Die Nationalsozialisten hatten in Deutz ein großes Gefangenenlager eingerichtet. Dafür nutzten sie das gesamte Messegelände. Hier mussten sich die Juden sammeln, bevor sie vom Deutzer Bahnhof aus in die Konzentrationslager im Osten des Reichs gebracht wurden. Von Deutz wurden aber nicht nur Juden deportiert. Die Nationalsozialisten verfolgten auch andere Menschen, die nicht ihrem Ideal des deutschen Übermenschen entsprachen. Besonders hart waren von dieser Verfolgung die in Köln lebenden Sinti und Roma betroffen, die man früher Zigeuner nannte. Über tausend Angehörige der Sinti und Roma wurden vom Deutzer Bahnhof aus in Konzentrationslager gebracht. An die Verfolgung der Sinti und Roma werden wir auch erinnert, wenn wir vor dem Rathaus über einen Stein stolpern, einen der sogenannten Stolpersteine. Es gibt in Köln über 1000 Stolpersteine. Der Künstler Gunter Demnig hat diese Messingplatten immer da in den Boden eingelassen, wo die Nationalsozialisten Menschen verfolgt und ermordet haben. Die Menschen sollen darüber stolpern. Sie sollen sich wundern, was da auf der Straße steht, und darüber nachdenken, was damals passiert ist. Bist du auch schon einmal über so einen Stolperstein gestolpert?

Zurück nach Deutz: Im Deutzer Lager lebten auch viele Zwangsarbeiter. Das waren Menschen, die überwiegend aus Polen und Russland kamen. Sie waren im Krieg gefangen genommen worden und mussten nun – fast wie Sklaven – für die Deutschen arbeiten. Seit 1942 wurden dann auch noch Gefangene aus dem Konzentrationslager in Buchenwald (Ostdeutschland) nach Deutz gebracht. Sie mussten beispielsweise nach den Bombenangriffen den Schutt wegräumen oder sogar nach Bomben suchen, die noch nicht explodiert waren. Dabei verloren viele dieser Gefangenen ihr Leben.

An diesen schrecklichen Teil der Kölner Geschichte erinnern uns heute eine Gedenktafel an der Rückseite des Deutzer Bahnhofs und ein aus roten Backsteinen gemauerter Block neben dem Messeturm.

Bombenangriff auf Köln.

erschienen über Köln. Deshalb wird dieser Angriff auch der *Tausend-Bomber-Angriff* genannt. In dieser Nacht starben viele Kölner, und viele Häuser brannten nieder. Immer, wenn nachts die Sirenen tönten, rannten die Menschen in die Luftschutzkeller und Bunker. Die Angst war ein ständiger Begleiter der Kinder und Erwachsenen. Im Bunker waren sie wenigstens etwas geschützt vor den Bomben. Die Lage in Köln verschlechterte sich von Tag zu Tag.

Die meisten Männer kämpften im Krieg oder waren verwundet. So fehlten überall Arbeitskräfte. Das führte dazu, dass auch größere Kinder nun in den Fabriken arbeiten mussten. Schulkinder wurden durch die sogenannte *Kinderlandverschickung* evakuiert (= weggebracht). Weil die Stadt so zerstört war, es kaum noch zu essen gab und die Angriffe immer weitergingen, sollten die Kinder in sichere Gebiete gebracht werden. Circa 15.000 Kölner Kinder wurden mit dem Zug nach Tirol, Franken oder an die Ostsee geschickt. Manche blieben dort zwei bis drei Jahre – ohne jeglichen Kontakt zu ihren Familien. Seit Oktober 1944 waren alle Schulen in Köln geschlossen. Viele Kölner waren aus der Stadt geflohen und hielten sich in der Umgebung auf. Glücklich konnten die sein, die Freunde oder Verwandte außerhalb von Köln hatten, bei denen sie wohnten.

Plakat zur Kinderlandverschickung.

Keiner konnte mehr seine Augen vor dem Grauen des Kriegs verschließen. Unter den Kölnern wuchsen nun auch die Zweifel an ihrer Regierung. Schließlich hatten Hitler und die Nationalsozialisten diesen Krieg ausgelöst. Aber richtiger Widerstand kam nicht auf. Dazu regierten die Nationalsozialisten immer noch zu rücksichtslos. Jeder, der sich auch nur des kleinsten Vergehens schuldig machte, wurde drastisch bestraft. Diebe mussten mit dem Tod rechnen, und Kritiker wurden in Konzentrationslager geschickt. Der Terror der Nationalsozialisten kannte keine Grenzen.

Über kleine »Wunder« mitten im Krieg

Madonna in den Trümmern.

Ich habe dir im Kapitel zum Mittelalter von der großen Pfarrkirche Sankt Kolumba erzählt. Diese Kirche wurde im Krieg von Bomben größtenteils zerstört. Als die Staubwolken sich lichteten, trauten die Kölner ihren Augen nicht. An einem Pfeiler war eine gotische Steinskulptur der Maria fast unbeschädigt stehen geblieben. Für die Kölner war dies inmitten des ganzen Leids und der Zerstörung wirklich ein kleines *Wunder*. Sie verehren die *Madonna in den Trümmern* bis heute. Etwas Ähnliches war in Sankt Georg passiert. Dort hing nach der heftigen Zerstörung der Kirche nur noch das große, romanische Kreuz über dem Kirchenschiff.
Es ist auch ein Wunder, dass der Kölner Dom den Krieg fast unbeschadet überstanden hat. Er war zwar immer wieder auch von Bomben getroffen worden, Dächer und Fenster waren zerstört, aber das Gesamtbauwerk stand noch immer, mitten in Bergen von Schutt und Asche. Einmal wäre dann doch fast ein Teil des Doms eingestürzt. In der Nacht zum 4. November 1943 hatte eine Bombe den nördlichen Turm getroffen. Um den Einsturz zu verhindern, wurde das Loch schnell mit Ziegelsteinen zugemauert. Bis 2005 konntest du diese Flickstelle gut sehen. Die Kölner nannten sie die *Domplombe*. Sechzig Jahre nach dem Krieg ist der Nordturm nun wieder in dem Zustand wie vor der Bombardierung.

Kreuz in zerstörter Kirche Sankt Georg.

Ich möchte dir noch eine wundersame Geschichte erzählen: Als die Kölner im Mai 1941 mit den Arbeiten zu einem neuen Bunker in der Nähe des Doms begannen, stießen die Bauarbeiter tief in der Erde auf einen Mosaikboden. Sie hatten ein wunderschönes, großes, antikes Mosaik gefunden. Du kennst es! Es ist das Dionysosmosaik, das im Römisch-Germanischen Museum zu sehen ist – genau an der Stelle, wo es 1941 entdeckt wurde.

Zerstörter Domturm.

Wie der Krieg in Köln zu Ende ging

Amerikanische Panzer in Köln.

Ende 1944 lebten nur noch wenige Kölner in der Stadt. Die Bombardierungen gingen weiter. Anfang des Jahres 1945 gab es keinen Strom, kein Gas und kein fließendes Wasser mehr. Die Mülheimer und die Deutzer Brücke waren zerstört und die beiden Rheinseiten nur noch über die Hohenzollernbrücke miteinander verbunden.

Dann endlich – am Abend des 5. März 1945 – drangen amerikanische Soldaten bis nach Köln vor, um die Stadt von den Nationalsozialisten zu *befreien*. Warum man *befreien* sagt? Die Amerikaner besiegten Deutschland und befreiten damit die Deutschen von den Nationalsozialisten, dem Diktator Hitler und dem Terror.

Sie kamen von Westen her, wie in früheren Zeiten schon die Franzosen und die Engländer. Die deutschen Soldaten flohen über die Hohenzollernbrücke auf die rechte Rheinseite. Hinter sich sprengten sie die Brücke, damit die Amerikaner ihnen nicht folgen konnten. Am 6. März waren die Amerikaner bis zum Dom vorgedrungen. Das linksrheinische Köln war von der Naziherrschaft befreit. In das rechtsrheinische Köln kamen die Amerikaner Mitte April. Sie mussten erst bis nach Remagen Richtung Süden ziehen, um den Rhein dort über eine intakte Brücke überqueren zu können. Von dort aus konnten sie ihren Siegeszug im Rechtsrheinischen fortsetzen.

Als der Krieg endlich zu Ende war, sah Köln schrecklich aus. Köln war die am meisten bombardierte Stadt in Deutschland.

Von der Großstadt war nicht mehr viel übrig geblieben. Kannst du dir vorstellen, dass im Kölner Zentrum über 90 Prozent aller Gebäude zerstört waren? Auch sonst lagen weit mehr als die Hälfte aller Häuser und Kirchen, Schulen und Krankenhäuser im gesamten Stadtgebiet in Schutt und Asche. Der Krieg hatte viele Opfer gefordert. Allein 20.000 Kölner wurden durch die Bombenangriffe getötet, 40.000 verletzt. Im Krieg waren mehr als 17.000 Kölner Soldaten gefallen, 16.000 vermisst oder von den Gegnern gefangen genommen worden. Über 10.000 Kölner wurden von den Nationalsozialisten umgebracht.

Das zerstörte Köln.

EXTRA: Der Kölner Karneval

Kölsche Lieder ertönen, Menschen schunkeln und tragen lustige Hüte oder Pappnasen – richtig, es ist Karneval. Und in Köln ist der Karneval etwas ganz Besonderes. Hast du dich schon einmal gefragt, warum wir Karneval feiern und wie das alles angefangen hat? Das ist eine spannende Geschichte. Du wirst sehen, dass die Geschichte des Karnevals auch ein Spiegel der Geschichte der Stadt Köln ist und dass es zum Kölner Karneval durchaus mehr zu erzählen gibt als nur über das Verkleiden, Singen oder Kamellesammeln.

Um die Anfänge des Karnevals aufzuspüren, müssen wir in das Mittelalter zurückschauen. Es war eine zutiefst religiöse Zeit. Das wichtigste Christenfest war Ostern. Um sich darauf vorzubereiten, sollten die Menschen 40 Tage fasten. Aber vor der Fastenzeit konnte noch einmal richtig viel gegessen und getrunken werden. Die Leute waren laut und lustig. Zu den Feiern gehörten auch Verkleidungen und Maskenzüge. Das alles war die *Fastnacht*, die *Nacht vor dem Fasten*. In Köln spricht man auch von *Fastelovend*, dem *Abend vor der Fastenzeit*. Denselben Ursprung hat das Wort *Karneval*. Es ist abgeleitet von den lateinischen Wörtern *Carne vale*. Das bedeutet: *Fleisch, lebe wohl* und bezieht sich auf die folgende Fastenzeit, in der kein Fleisch gegessen werden durfte. 1341 wird der Fastelovend in Köln erstmals erwähnt. Die Fastnacht war die einzige Zeit im Jahr, in der man ausgelassen und verrückt sein durfte. Oft kam es aber auch zu heftigen Streitereien und Verbrechen. Es gab manchmal sogar Tote. Das führte dazu, dass sich der Rat der Stadt Köln immer mal wieder gezwungen sah, den Karneval zu verbieten.

Schon seit dem Mittelalter zogen an Karneval die Handwerker durch die Straßen und musizierten vor den Häusern der Reichen. Die luden sie dann zum Essen und Trinken ein. Das waren die Vorläufer der heutigen Veedelszüge. Im Barock waren es vor allem die Fürsten und Fürstbischöfe, die in ihren Schlössern aufwendige Maskenbälle feierten oder prachtvolle Festumzüge mit Festwagen und Musikgruppen inszenierten. Schon damals gab es einen König Karneval, der in einem Wagen mit in dem Zug fuhr.

Rosenmontagszug auf dem Neumarkt 1836.

Wie ging es nun mit dem Karneval weiter, als die Franzosen nach Köln kamen? Die Französische Revolution hatte sich gegen die Mächtigen und Reichen, gegen die Kirche und gegen die Fürsten gerichtet. Und da der Karneval ein christliches Fest ist und außerdem im 18. Jahrhundert vor allem von den reichen Fürsten gefeiert worden war, wurde er von den Franzosen erst einmal verboten. Aber nach kurzer Zeit wurde das Verbot aufgehoben. Nun war Karneval nicht mehr nur ein Fest der Reichen und Mächtigen, sondern aller Bürger, auch der einfachen Menschen. Überall wurde jetzt gefeiert, in den Gasthäusern, zu Hause und auf den Straßen. Als die Preußen dann nach Köln kamen, sorgten sie dafür, dass das wilde Treiben im Karneval geordnet wurde. Sie wollten eine bessere Kontrolle über das Geschehen haben. Dazu gründeten sie das *Festordnende Comitee*. (Das gibt es in leicht veränderter Form heute noch: das *Festkomitee*.) 1823 gab es dann *einen* großen, gut organisierten Karnevalsumzug in Köln, zu dem viele Besucher von auswärts kamen. Es war ein echter wirtschaftlicher Erfolg für Köln. Noch heute bringt der Karneval mit seinen vielen Besuchern viel Geld in die Stadt. Seit der Mitte des 19. Jahrhunderts entstanden immer mehr Karnevalsvereine und Garden. Anfangs gab es nur die *Roten Funken* als Erinnerung an die alten Stadtsoldaten. Nun wurden immer neue gegründet, und jeder Kölner – ob reich oder arm – konnte Mitglied in einem Karnevalsverein werden. Nach einem erneuten Verbot des Karne-

Dreigestirn 2005.

vals nach dem Ersten Weltkrieg lebte der Fastelovend in den dreißiger Jahren wieder auf. Als die Nationalsozialisten an die Macht kamen, verboten sie, dass die Jungfrau im Dreigestirn und die Mariechen in den Tanzgruppen von einem Mann dargestellt wurden, wie es bis dahin üblich war. Das Bild von Männern in Frauenkleidung passte nicht zu den männlichen Idealvorstellungen der Nationalsozialisten. Die Tanzmariechen blieben seitdem Frauen, aber die Rolle der Jungfrau wurde nach dem Krieg wieder von einem Mann übernommen. Die Nationalsozialisten nutzten den Karneval auch, um ihre rassistischen Diskriminierungen zu verbreiten. So gab es in den Rosenmontagszügen beispielsweise Wagen mit extrem judenfeindlichen Themen. Zugteilnehmer als Juden verkleidet machten ihre Späße darüber, dass Juden in die Konzentrationslager geschickt wurden oder aus Deutschland auswanderten. Grausame Scherze! Wie du dir denken kannst, fanden während des Zweiten Weltkriegs keine Rosenmontagszüge statt. Aber schon 1946 konnte man Kölner sehen, die inmitten der Trümmer Lieder sangen und Karneval feierten. Den ersten Rosenmontagszug gab es wieder 1949. In den fünfziger Jahren entwickelte sich der Karneval immer mehr zu einem festen Bestandteil der Kölner Bevölkerung. Heute hat fast jeder Stadtteil seine eigene Karnevalsgesellschaft, in der Frauen, Männer und Kinder das ganze Jahr über für die

Schull- und Veedelszög am Karnevalssonntag Kostüme nähen, Wagen bauen oder Sitzungen und Feste vorbereiten. Und zwischen dem 11.11. und Aschermittwoch finden wirklich viele, viele Sitzungen in Köln statt. Auch die Kölner Kinder feiern schon kräftig mit; beispielsweise auf der Kinderstunksitzung oder der Ziegenbartsitzung, wo eine echte Ziege der Präsident ist.

Was wäre der Kölner Karneval ohne sein *Dreigestirn*? Zunächst gab es nur den *Held Carneval*, der in einem prachtvoll geschmückten Wagen den Höhepunkt jedes Karnevals-Umzuges darstellte. 1823 war er das erste Mal dabei. Im Laufe des 19. Jahrhunderts änderte sich das. Aus dem *Held* wurde der *Prinz*, und statt allein Herr des Karnevals zu sein, begleiteten ihn nun Bauer und Jungfrau. Die *Jungfrau* gilt als Symbol für die Uneinnehmbarkeit und Unbesiegbarkeit der Stadt Köln. Auch der *Kölner Bauer* ist eine Symbolfigur. Neben dem Dreschflegel, dem Handwerkszeug eines echten Bauers, trägt der Kölner Bauer meist auch ein Schwert und die Stadtschlüssel. Damit verkörpert er die Wehrhaftigkeit und Unabhängigkeit der Stadt. Diese Bedeutung geht ins Mittelalter zurück. Damals gab es einige wenige freie Reichsstädte, die nur allein dem Kaiser unterstellt waren. Man nannte sie auch die *Reichsbauern*. So war der *Bauer* auch immer ein Zeichen für die Kaisertreue.

Noch eins: Hast du dich schon einmal gefragt, woher *Kölle Alaaf* kommt? Der Ausruf *Alaaf* ist aus *all af* entstanden. Das bedeutet: *alles andere weg*. Man könnte also *Kölle Alaaf* so übersetzen: *Köln und sonst nichts*!

Übrigens gab es schon in der Antike Menschen, die sich verkleideten und Umzüge veranstalteten. Das erzählen uns römische Masken, die unter anderem in Köln gefunden wurden. Auch von den Germanen kennt man solche Feste. Damit wollten sie den Winter vertreiben. Dass aber diese Feste etwas mit dem Kölner Karneval zu tun hatten, ist eher zweifelhaft.

Der Präsident der Ziegenbartsitzung.

52
7

Von der Nachkriegs-zeit bis heute

1945 bis 2007

Über die ersten schweren Jahre nach dem Zweiten Weltkrieg

Lebten vor dem Krieg noch 750.000 Menschen in Köln, so waren es danach gerade noch 40.000. Aber jeden Tag kamen etwa eintausend Kölner zurück in ihre Heimatstadt. Die größten Probleme waren der Hunger, die Kälte und die fehlenden Wohnungen. Die meisten Häuser waren zerstört, es gab keinen Strom, kein Wasser und kein Gas. Dann kam auch noch der Winter von 1946/1947, der so kalt war, dass sogar der Rhein zugefroren war. Die Kölner hatten Hunger. Die vorhandenen Lebensmittel reichten nicht für alle. Deshalb wurden die Nahrungsmittel aufgeteilt, und jeder bekam nur eine bestimmte Menge. Das war allerdings viel zu wenig, um davon satt zu werden. Wer ein wenig Platz hatte, pflanzte Kartoffeln oder Rüben an, hielt sich Kaninchen, Hühner oder Schweine. Die Situation wurde außerdem durch den sogenannten *Schwarzmarkt* verschlimmert. Denn wer genügend Geld hatte oder irgendwelche anderen kostbaren Dinge wie Uhren, Schmuck oder Zigaretten besaß, der konnte dafür Lebensmittel bekommen. Diese Geschäfte waren eigentlich verboten, aber weit verbreitet. Viele fuhren auch auf das Land, um direkt bei den Bauern etwas zu essen zu bekommen. Auch hier tauschten sie Dinge, die ihnen geblieben waren, gegen Lebensmittel. Das nannte man *hamstern*. Wieder andere klauten sich das, was sie zum Leben brauchten. Und das nannte man *fringsen*. Jetzt wirst du dich sicher über dieses komische Wort wundern. Ich möchte dir erzählen, wie es zu diesem Begriff kam: Seit 1942 war Josef Kardinal Frings (1887–1978) Kölner Erzbischof. Frings war ein sehr beliebter Mann in Köln. Er war einer der wenigen gewesen, die sich während der nationalsozialistischen Zeit kritisch über die Nationalsozialisten und den Krieg

Heimkehrer.

äußerten. Als die Not in der Nachkriegszeit so groß war, sagte Frings am 31.12.1946 während einer Predigt in Sankt Engelbert: »Wir leben in Zeiten, da in der Not auch der Einzelne das wird nehmen dürfen, was er zur Erhaltung seines Lebens und seiner Gesundheit notwendig hat, wenn er es auf andere Weise, durch seine Arbeit oder durch Bitten, nicht erlangen kann.« Die Kölner verstanden diesen Satz als Aufforderung, sich das zu nehmen, was sie brauchten, auch wenn sie kein Geld hatten. Sie nahmen sich Kohlen zum Heizen von den Kohlewaggons und Kartoffeln zum Essen von den Feldern. Das war *fringsen*.

Fringsen.

Und dann waren da noch die Unmengen von Schutt. Um die Stadt wieder aufbauen zu können, musste erst einmal dieser Schutt beseitigt werden. Aber wohin mit dem ganzen Dreck, den Steinen und dem Geröll? Die Trümmer wurden zu Hügeln aufgeschüttet, die dann später zuwuchsen. So entstanden die kleinen Berge im Beethovenpark, in der Merheimer Heide oder neben dem Aachener Weiher, die du heute noch sehen kannst. Und der Verkehr? Es gab kaum Autos oder Fahrräder. Die Menschen mussten alle Wege zu Fuß gehen. Die Rheinbrücken waren zerstört. Im Rhein lagen die Trümmer der Brücken und verhinderten den Schiffsverkehr. Damit die Menschen wenigstens wieder von der einen zur anderen Rheinseite kommen konnten, bauten die Amerikaner eine provisorische Brücke aus Holz. Mit Tausenden Wasserbomben und ungeheuren Mengen von Dynamit sprengten später die Engländer die ganzen Brückentrümmer im Rhein weg, damit wieder Schiffe auf dem Rhein fahren konnten.

Wie es den Kindern nach dem Krieg ging

Seit dem Herbst 1945 konnten die Kinder wieder in die Schulen gehen. Aber die damaligen Schulen musst du dir ganz anders vorstellen als die heutigen. Viele Fenster waren nur notdürftig abgedichtet, und anstelle der Türen hingen meist alte Wolldecken in den Durchgängen. Wenn es möglich war, brachten die Kinder Ziegelsteine von zu Hause mit, um das Nötigste zu reparieren. Auch die Tische und Stühle waren größtenteils zerstört. Bücher oder Schreib-

Schüler mit Ziegelsteinen auf dem Schulweg.

material fehlten sowieso. Nur wenige Lehrer konnten unterrichten, denn viele Lehrer und Lehrerinnen waren unter den Opfern des Krieges. Die Kinder hatten schon über ein Jahr keinen Unterricht mehr gehabt und litten unter den schlimmen Kriegserlebnissen. Deshalb versuchten die Lehrer einen möglichst fröhlichen Unterricht zu gestalten mit Tanzen und Singen, Sport und Spielen. Besonders schlimm waren für die Kinder damals der Hunger und die Kälte. Viele hatten nicht einmal Schuhe. Geschwister, die zu unterschiedlichen Zeiten Unterricht hatten, teilten sich ein Paar Schuhe. Im Winter brachten die Kinder Briketts von zu Hause mit, um die Klassenräume zu heizen. Aber das Schönste war für die Kinder die warme Suppe, die sie in der Schule bekamen. Das war die *Schulspeisung*. Es gab Nudelsuppe, Erbsenmehlsuppe oder Biskuitsuppe. Zweimal in der Woche bekamen sie sogar Bonbons und – wenn es genug gab – auch Vitamintabletten. Zu Weihnachten bekam jedes Kind einen Gutschein zum Kauf für ein Pfund Äpfel. Viele Kinder kamen in die Schule, um wenigstens einmal am Tag ein paar Stunden in geheizten Räumen zu sitzen und etwas Warmes zu essen – auch wenn es nur eine kleine Schale mit dünner Suppe war.

Wie es langsam bergauf ging

Im Jahr 1948 verbesserte sich dann langsam die katastrophale Situation. Das war in erster Linie auf die *Währungsreform* zurückzuführen. Am 21. Juni 1948 wurde die Deutsche Mark als neue Währung eingeführt. Sie galt in den drei Westzonen, die noch von den Engländern, Amerikanern und Franzosen besetzt waren. Der Umtausch der alten Reichsmark gegen die neue Deutsche Mark wurde von Polizisten überwacht. So konnten ganz nebenbei die Betreiber des Schwarzmarktes überführt werden. Damit endete von heute auf morgen der Schwarzmarkt. In den Geschäften gab es wieder zu normalen Preisen genügend Lebensmittel zu kaufen.

Um die Häuser und Straßen wieder aufzubauen, bekamen die Kölner viel Geld aus Amerika. Der Wiederaufbau konnte nun richtig losgehen. Ein besonders wichtiges Ereignis war für die Kölner das Domfest, das an die Grundsteinlegung des Doms vor 700 Jahren erinnerte. Im August 1948 war der Domchor wieder zu benutzen und mit einer Trennwand zum noch nicht reparierten

Langhaus abgetrennt. Im Oktober war auch die erste feste Brücke nach Deutz fertiggestellt. Die Kölner räumten die Trümmer aus der Innenstadt so weit weg, dass sie wieder durch die Straßen gehen konnten. Die Besucher aus dem Ausland, die extra zum Domfest nach Köln kamen, sollten einen guten Eindruck bekommen. Deutschland hatte den Krieg verloren und stand vor der ganzen Welt zu Recht als Kriegsverbrecher da. Mit dem Domfest gingen erste positive Zeichen von Deutschland aus in die Welt. Selbst der Papst hatte einen Gesandten geschickt. Die Kölner fühlten sich vom Ausland wieder ein wenig akzeptiert.

Domfest mit Prozession 1948.

Am Tag vor dem großen Fest hörten die Kölner die Glocken der noch stehenden Kirchen der Stadt läuten. Viele Menschen blieben auf der Straße einfach stehen und weinten. Es war eine Mischung aus Trauer über die Vergangenheit und Hoffnung für die Zukunft. Mit einer großen Prozession mitten durch die zerstörte Stadt wurde der Dreikönigenschrein wieder an seinen alten Platz im Dom zurückgebracht.

Damit zeigten die Kölner, dass ihre Stadt und ihr Dom weiterbestehen. Wie sehr die Menschen sich damals wieder ein normales Leben wünschten, zeigt dir auch die Tatsache, dass es schon 1945 in der Aula der Universität, dem einzigen nicht zerstörten großen Saal der Stadt, wieder Theater- und Opernaufführungen gab und 1946 die ersten Kunstausstellungen. 1947 wurde auch der im Krieg schwer getroffene Zoo wieder geöffnet. Viele Tiere waren im Krieg getötet und viele Käfige zerstört worden. Aber es war ein Anfang. Und diese vielen kleinen Neuanfänge machten den Menschen damals Mut. 1948 lebten wieder 500.000 Einwohner in Köln.

Über den politischen Neuanfang

Nach einer kurzen Übergangszeit setzten am 4. Mai 1945 die Amerikaner Konrad Adenauer als Oberbürgermeister in Köln ein. Er hatte sich schon vor dem Krieg in diesem Amt bewährt und war kein Nationalsozialist gewesen. Am 21. Juni 1945 übernahmen die Briten von den Amerikanern die Militärregierung in Köln. Sie waren mit der Arbeit Adenauers nicht zufrieden und entließen ihn bereits im Oktober aus seinem Amt.

Wie war es damals mit den Parteien in Köln? Die SPD (Sozialdemokratische Partei Deutschland) und die KPD (Kommunistische Partei Deutschland) gab es schon vor 1933. Sie waren während der nationalsozialistischen Zeit verboten worden und konnten nur im Geheimen arbeiten. Nach dem Krieg starteten sie mit neuen Programmen wieder in die Politik. Die CDU dagegen wurde 1945 neu gegründet. Ihr Vorläufer vor dem Krieg war die Zentrumspartei gewesen. Die Vorbereitungen für die Gründung der neuen CDU in Köln waren wegweisend für die folgende Entwicklung dieser Partei in ganz Deutschland. Maßgeblich war daran Leo Schwering (1883–1971) beteiligt, der auch erster Vorsitzender der rheinischen CDU wurde. 1946 verdrängte ihn Konrad Adenauer aus diesem Amt, der später auch Vorsitzender der Gesamt-CDU in der Bundesrepublik Deutschland wurde, bevor er – wie du schon weißt – von 1949 bis 1963 der erste deutsche Bundeskanzler war.

Ernst Schwering.

Robert Görlinger.

Zurück zu Köln. Die ersten Wahlen 1946 gewann die CDU klar. 1948 endeten die Wahlen unentschieden. So einigten sich die beiden führenden Parteien darauf, sich im Amt des Oberbürgermeisters abzuwechseln. Zu diesen ersten Oberbürgermeistern der Stadt nach dem Zweiten Weltkrieg gehörten Ernst Schwering (1886–1962) von der CDU und Robert Görlinger (1888–1954) von der SPD.

Wie gingen die Kölner nun mit der schrecklichen Vergangenheit der Nazizeit um? Ihre Unterstützung für Hitler und die Judenverfolgung hatten sie schnell vergessen. Sie fühlten sich alle als Opfer, und keiner wollte selbst an den furchtbaren Verbrechen mitschuldig gewesen sein. Dabei hatte die Mehrzahl der Kölner die Nationalsozialisten gewählt. In den wichtigen Ämtern und Positionen sollten nun aber nur Menschen mit einer tadellosen Vergangenheit sein. Deshalb wurden die Menschen geprüft, ob sie ihre Einstellung und ihr Denken verändert hätten. Wer einen speziell dafür formulierten Fragebogen zufriedenstellend ausfüllte, bekam den sogenannten *Persilschein*. Persil ist ein Waschmittel, und mit dem Persilschein war man sozusagen reingewaschen von der Vergangenheit.

Über den Wiederaufbau

Alte Oper am Ring.

Schon 1945/1946 wurde die *Wiederaufbaugesellschaft* gegründet. Deren Vorsitzender Rudolf Schwarz (1897–1961) war einer der wichtigsten Architekten in Köln nach dem Krieg. Die Männer und Frauen des Vereins diskutierten nun die Frage, welche Gebäude wiederaufgebaut werden konnten und welche abgerissen werden mussten. Recht schnell waren sie sich einig, dass die zwölf romanischen Kirchen wieder so aussehen sollten wie vor dem Krieg. 1985, im *Jahr der romanischen Kirchen*, waren sie dann tatsächlich weitestgehend fertiggestellt. Auch die Synagoge in der Roonstraße sollte wiederaufgebaut werden. Manche Ruinen ließen sie bewusst in ihrem zerstörten Zustand stehen, um an den Krieg zu erinnern, wie beispielsweise Sankt Alban und Sankt Kolumba. Andere Bauwerke, die man durchaus auch wieder hätte aufbauen können, wurden abgerissen, weil sie den Menschen nicht mehr gefielen. Das betraf vor allem Gebäude des späten 19. Jahrhunderts. So kam es, dass damals auch die noch halbwegs intakte Oper

hingeschaut

Neu-Sankt Alban

Am Rande des Stadtgartens findest du diese trutzige Kirche. Erbaut wurde sie vom Architekten Hans Schilling von 1957 bis 1959. Die Kirche spiegelt klare geometrische Formen wider, beispielsweise ein Rechteck und ein Oval. Nur sehr schmale Fenster durchbrechen die Mauern. Der ganze Bau wirkt wie eine Burg. Zu dieser Kirche gibt es eine spannende Geschichte, die du nicht einfach so sehen kannst. Denn es waren ganz besondere Steine, die für den Kirchenbau verwendet wurden. Sie stammten von der alten Oper, die nach dem Krieg abgerissen wurde. Schilling ließ die Ziegel für seine Kirche aus dem Trümmerhaufen holen. Damit wurde Neu-Sankt Alban ein deutliches Symbol für den Wiederaufbau.

Neu-Sankt Alban.

am Ring abgerissen wurde. Gleichzeitig mit dem Abriss oder dem Wiederaufbau der zerstörten Gebäude entstanden auch neue Kirchen und Museen. Zu den frühesten neuen Kirchenbauten gehört Neu-Sankt Alban im Stadtgarten.

Besondere Aufmerksamkeit widmeten die Kölner der Verkehrsplanung. So entstand die Nord-Süd-Fahrt. Sie sollte den gesamten Verkehr aus der Innenstadt auf einer breiten Straße zusammenführen, um die anderen Straßen der Innenstadt zu entlasten. Leider schneidet die Nord-Süd-Fahrt aber genau diese Innenstadt mitten durch. Für den Verkehr waren auch die Brücken wichtig. 1951 konnte die Mülheimer Brücke wieder eingeweiht werden, 1954 die Rodenkirchener Autobahnbrücke und 1959 die Severinsbrücke. Und die Eisenbahnen konnten wieder über die Hohenzollern- und Südbrücke fahren.

Aber viel wichtiger als der Wiederaufbau der Kirchen und Brücken war das Errichten von Wohnhäusern für die Menschen. Die Stadtplaner ließen in den fünfziger Jahren ganze Siedlungen neu erbauen. Aus dieser Zeit stammen beispielsweise die Bruder-Klaus-Siedlung, die Stegerwaldsiedlung, die Gartenstadt Nord in Longerich oder die Fordsiedlung in Niehl.

Wie Köln in den fünfziger Jahren wieder an Bedeutung gewann

Mit dem Wiederaufbau bekamen viele Menschen in Köln Arbeit. Über den Zusammenhang von einer gut funktionierenden Bauindustrie und dem Wohlstand einer Stadt habe ich dir bereits in dem EXTRA zu *Verkehr, Handel und Geld* erzählt. Die Kölner konnten sich wieder etwas leisten. Köln war wieder eine richtige Stadt. Eines der ersten Bilder vom wiederaufgebauten Köln war die *Stadtansicht* von Oskar Kokoschka.

Kölner Stadtansicht von Oskar Kokoschka.

Einen wichtigen Schub für den Aufschwung bekam Köln von Bonn, der damaligen Hauptstadt. Behörden, Banken und Versicherungen legten ihren Hauptsitz nach Köln. Große Messen wie die *photokina* und die *Anuga*, die immer noch regelmäßig Besucher aus der ganzen Welt nach Köln locken, hatten ihre Anfänge ebenfalls in den fünfziger Jahren. Bedeutende Staatsgäste kamen nach Köln: unter anderen die englische Königin Elizabeth, der amerikanische Präsident John F. Kennedy (siehe Abbildung Seite 228) und der französische Staatspräsident Charles de Gaulle.

Kennedy in Köln 1963.

Kurt Hackenberg.

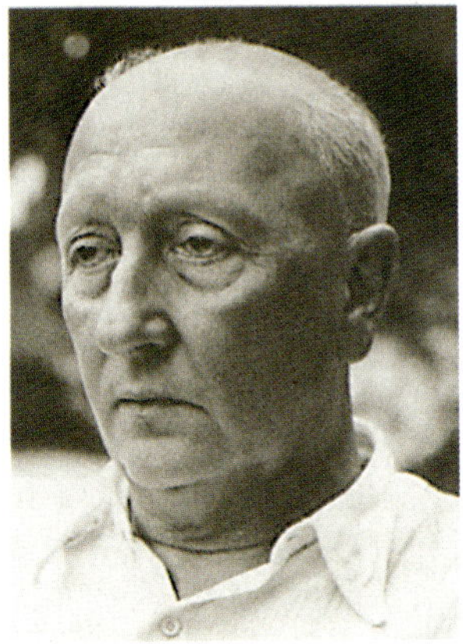

Josef Haubrich.

In den fünfziger Jahren wurden auch die Wurzeln für den Ruf Kölns als Kunststadt gelegt. Daran hatten besonders zwei Männer einen großen Anteil: Zum einen Kurt Hackenberg (1914–1981), der von 1955 bis 1979 Kulturdezernent in Köln war, und zum anderen der Rechtsanwalt und SPD-Stadtrat Josef Hau-

hingeschaut

Die Oper

Da man sich nach dem Krieg entschlossen hatte, die alte Oper am Ring abzureißen, musste nun eine neue Oper gebaut werden. Wilhelm Riphahn übernahm den Auftrag. Es ist ein ungewöhnliches Bauwerk. Es besteht nicht aus einem in sich geschlossenen Baukörper, sondern aus mehreren, unterschiedlich geformten. Wie zwei große Flügel ragen im hinteren Abschnitt die Seitenteile hoch. Nach vorne hin wird der Bau von einem rechteckigen Baukörper mit großen Fenstern abgeschlossen. Dadurch wirkt die Oper nicht groß und massig, sondern eher durchlässig. 1957 konnte die Oper auf dem Offenbachplatz feierlich eingeweiht werden. Nun lass uns aber noch einen Blick in das Innere der Oper werfen. Sitzen kannst du im Parkett, dem Innenraum, und auf den Balkonen, die wie freischwebend in den Innenraum hineinragen. Insgesamt gibt es über 1300 Plätze. Von allen Plätzen hast du eine gute Sicht und gute Akustik. Die Oper zählt zu den wichtigsten Zeugnissen der Nachkriegsarchitektur in Köln.

Opernhaus.

brich (1889–1961). Hackenberg war für die Wiedereröffnung der ganzen Museen zuständig, und Haubrich schenkte Köln seine Gemäldesammlung moderner Kunst. Das waren vor allem Bilder, die von den Nationalsozialisten verurteilt und am liebsten verbrannt worden wären. Aber Haubrich ist es gelungen, diese Bilder zu retten. Für diese und die anderen Gemälde wurde ein neues Wallraf-Richartz-Museum gebaut, weil das alte im Krieg zerstört worden war. Die Architekten Rudolf Schwarz und Joseph Bernard bauten es direkt neben der Minoritenkirche, an seinen alten Platz. 1957 konnte es eingeweiht werden. (Heute befindet sich dort das *Museum für Angewandte Kunst*, und die Sammlung Haubrich ist nun im *Museum Ludwig zu sehen*.) Das Jahr 1957 war überhaupt ein ganz besonderes Jahr für Köln. Denn neben dem Wallraf-Richartz-Museum konnte auch die neue Oper eröffnet werden. Außerdem fand in diesem Jahr die Bundesgartenschau in Köln statt. Zu diesem Anlass wurde die Seilbahn über dem Rhein gebaut. Nun konnten wirklich alle – die Kölner und die vielen Besucher – sehen, dass Köln wieder eine bedeutende Stadt in Deutschland geworden war.

Plakat zur Bundesgartenschau.

Den Kölnern ging es so gut, dass es Anfang der sechziger Jahre mehr Arbeit gab als Menschen, die Arbeit suchten. Das können wir uns heute bei den vielen Menschen, die ohne Arbeit sind, gar nicht mehr vorstellen. Aber damals war das so. Darum kamen die ersten ausländischen Arbeiter nach Köln, die *Gastarbeiter*. Sie kamen mit ihren Familien aus Italien, Spanien, Griechenland und der Türkei. Wie schon früher die Römer wollten sie nicht auf ihre gewohnten Speisen aus der Heimat verzichten. So eröffneten sie in Köln italienische Eisdielen, Pizzerien, griechische Restaurants und nach und nach die typischen türkischen Dönerbuden. Kannst du dir Köln heute ohne sie vorstellen?

Über die Kunstszene der sechziger Jahre in Köln

Hast du schon einmal etwas von der Kölner Kunstszene, den Galerien oder der *Art Cologne* gehört? Wusstest du, dass Köln zu den bedeutendsten deutschen Zentren zeitgenössischer Kunst gehört? Das hat seinen Ursprung in den sechziger Jahren. Es war eine wilde, sehr bewegte Zeit. Die junge Generation wollte alles anders machen als ihre Eltern. Auch in der modernen Kunst setzten sich Neuerungen und Provokationen durch. Der bereits 1946 gegründete *Kölnische Kunstverein* wurde der Ort, an dem sich die zeitgenössischen Künstler

Wolf Vostell.

trafen und ihre Arbeiten der Öffentlichkeit zeigten. Aber was war das für eine Kunst? Sie wird mit den etwas merkwürdigen Begriffen *Fluxus* und *Happening* beschrieben. Mit *Fluxus* (lateinisch = *fließend*) bezeichneten die Künstler eine Form der Kunst, die ständig in Bewegung, *im Fluss* ist. Dabei sollten sowohl die unterschiedlichen Kunstarten wie Musik, Architektur, Malerei, Bildhauerei und Literatur *ineinanderfließen* als auch das künstlerische Schaffen mit dem alltäglichen Leben. Die *Happenings* waren Kunstaktionen – oder auch *Aktionskunst* –, deren Verlauf und Ende zu Beginn noch offen waren. Diese Happenings provozierten die Besucher, indem beispielsweise eine Kuh öffentlich ihr Kalb auf die Welt brachte oder eine Frau mit nacktem Oberkörper Cello spielte. Oft waren die Kunstaktionen und Kunstwerke mit einer Kritik an der Gesellschaft und der Politik verbunden. Der wichtigste Vertreter des Fluxus in Köln

hingeschaut

Der Ruhende Verkehr

Der Ruhende Verkehr ist das Ergebnis eines Happenings im Jahr 1969. Wolf Vostell ließ sein Auto, einen Opel Kapitän L, mit laufendem Autoradio vor einer Parkuhr auf einem Parkplatz einbetonieren. Warum hat er das gemacht? Vostell wollte damit auf den ständig zunehmenden Verkehr hinweisen. Immer dann, wenn etwas Ungewöhnliches passiert oder etwas Unerwartetes zu sehen ist, werden die Menschen stutzig. Den Verkehr mit seinem Gestank und Krach in der Stadt nahmen die Menschen in ihrem Alltag gar nicht mehr wahr. Aber als da plötzlich ein Auto in Beton gegossen wurde und damit nicht mehr zu bewegen war – was ja eigentlich die Aufgabe eines Autos ist –, wurden sie mit dem Thema konfrontiert. Vostell hat auch andere Dinge des Alltags einbetoniert, wie beispielsweise Fernseher. Er wollte die Menschen auf ihre Handlungen und Gewohnheiten im alltäglichen Leben aufmerksam machen. Heute steht das einbetonierte Auto auf dem Mittelstreifen des Hohenzollernrings.

Ruhender Verkehr von Wolf Vostell.

war Wolf Vostell (1932–1998). Die Skulptur *Ruhender Verkehr* erzählt uns noch heute von dieser ungewöhnlichen Zeit. Unterstützung fand Vostell besonders bei dem Koreaner Nam June Paik (1932–2006), der zeitweise auch in Köln lebte und arbeitete. Die beiden waren es auch, die erstmals Video und Fernsehen als Elemente in die Kunst brachten.

Schon 1945 eröffneten Hein und Eva Stünke ihre Galerie *Der Spiegel* und wurden damit die Vorreiter für die Galerienszene in Köln. Gemeinsam mit Rudolf Zwirner gründeten sie den *Verein progressiver Kunsthändler*. Mit der Unterstützung des Kulturdezernenten Kurt Hackenberg konnte dann 1967 der erste Kölner Kunstmarkt stattfinden. Daraus entwickelte sich die Kunstmesse *Art Cologne*, die jedes Jahr Besucher aus der ganzen Welt anlockt. Diese lebendige und abwechslungsreiche Kunstszene machte den Ruf Kölns als Kunststadt aus. Viele Künstler lebten damals in Köln. Ernst Wilhelm Nay (1902–1968) zog 1951 nach Köln, später folgten ihm die international bekannten Künstler Sigmar Polke (geboren 1941) und Gerhard Richter (geboren 1932).

Sigmar Polke.

Gerhard Richter.

Über den Widerstand der Schüler und Studenten in Köln

Die sechziger Jahre brachten nicht nur radikale Veränderungen in der Kunst, sondern auch heftige politische Auseinandersetzungen zwischen der Jugend und der älteren Generation. In Köln spitzten sich die Unruhen 1966 deutlich zu, als der Rat der Stadt beschloss, die Fahrpreise für Schüler und Studenten in Bahnen und Bussen um mehr als 50 Prozent zu erhöhen. Ein Ticket sollte nun statt 33 Pfennig 50 Pfennig kosten (50 Pfennig = circa 25 Cent). Die aufgebrachten Schüler von 18 Kölner Gymnasien verbündeten sich mit den Studenten und riefen zu einer großen Demonstration auf. Bei diesem Protestmarsch kam es auch zu gewalttätigen Ausschreitungen. Die Straßenbahnen konnten nicht mehr fahren, und die Polizisten nahmen einige Demonstranten fest. So etwas hatte es in Köln bis dahin noch nicht gegeben: eine Revolte, einen Aufstand der Jugend gegen die Stadtregierung! Es folgten eine Rei-

KVB-Demo 1966.

he von Protestaktionen, die sich gegen die Politiker, die Eltern, die Gesellschaft und auch gegen den Krieg richteten.

Ich möchte dir noch von einer anderen großen Protestaktion erzählen, die sich 1980 zugetragen hat. 1975 war die Schokoladenfabrik Stollwerck aus der Südstadt in neue Fabrikgebäude in Köln-Porz umgezogen. Die alte Fabrik sollte nun abgerissen werden, um Platz für Neubauten zu schaffen. Dagegen protestierte die *Bürgerinitiative Südliche Altstadt* (= Bisa). Die Bisa schlug vor, in die Fabrikhallen Wohnungen einzubauen. Diese Wohnungen wären dann billiger als Neubauten und sollten vor allem den Studenten und den Menschen zur Verfügung gestellt werden, die wenig Geld haben. Die Bisa baute sogar eine Musterwohnung. Die Stadt aber hielt an ihren Plänen fest. Darauf besetzten die Abrissgegner die Schokoladenfabrik. Fast 50 Tage lebten sie in der alten Fabrik. Während dieser ganzen Zeit fanden auf dem Stollwerckgelände Konzerte, Theateraufführungen und Feste statt. Schließlich kam es zu einer friedlichen Räumung der alten Fabrikhallen. Die Besetzer hatten sich mit der Stadt geeinigt, dass ein Teil der Fabrik stehen bleiben sollte, während der größere Teil abgerissen wurde. Die Stadt hielt sich nicht an die Abmachung und ließ alles abreißen. Heute ist dort ein Wohngebiet mit Wohnungen, Einfamilienhäusern und dem Bürgerhaus Stollwerck entstanden.

Über den Sport in Köln

Die sportlichen Erfolge einer Stadt hängen eng mit dem Ansehen und der Bekanntheit der Stadt im übrigen Land zusammen. Zu den bekanntesten Kölner Sportvereinen gehört ohne Frage der 1. FC Köln. Auch wenn es schon etwas länger her ist, der 1. FC war einige Male Deutscher Fußball-Meister (1962 + 1964) und Pokalsieger (1968, 1977 + 1983) und im Jahr 1978 sogar mit seinem Trainer Hennes Weisweiler Meister und Pokalsieger in einem Jahr. Das war der bisherige Höhepunkt in der Vereinsgeschichte des 1. FC. Zu den bekanntesten Spielern der letzten 30 Jahre gehörten beispielsweise Wolfgang Overath, Heinz Flohe, Pierre Littbarski, Harald Schumacher, den alle nur Toni nennen, oder zuletzt Lukas Podolski. Sicher kennst du das Maskottchen des FC: *Hennes*, den Geißbock, benannt nach dem großen Trainer Hennes Weisweiler. Das ist schon etwas ungewöhnlich, dass eine Fußballmannschaft einen Geißbock als Glücksbringer hat. Aber die FC-Fans lieben Hennes, der bei jedem Heimspiel dabei ist. Apropos Heimspiel – Anfang der zwanziger Jahre entstand auf Anregung Adenauers auf dem Grüngürtel in Müngersdorf die damals größte Sportanlage Europas. Dazu gehörte auch das *Müngersdorfer Stadion*. 2003 wurde es durch ein neues Stadion ersetzt, das nun den Namen *RheinEnergieStadion* trägt. Dieses neue Stadion wurde 2005 als eine der weltweit besten Sportstätten ausgezeichnet.

FC-Maskottchen Hennes.

Natürlich gibt es in Köln auch noch andere Sportarten, die erfolgreich betrieben werden. 1898 wurde das erste Pferderennen auf der Rennbahn in Weidenpesch gestartet. Mit dem *Preis von Europa* verfügt die Kölner Rennbahn über eines der ältesten und bekanntesten Galopprennen. 1925 gründete der Kölner Peter Mühlens, ehemaliger Chef von 4711, das erfolgreiche Gestüt Röttgen. Auch Wassersportarten wurden seit jeher gerne in Köln betrieben. Zu einem der ältesten Schwimmbäder in Köln gehört das 1910 gebaute Genovevabad in Mülheim. Der Rhein lud schon immer die Ruderer ein, ihren Sport hier zu treiben. An vielen Stellen findest du Bootshäuser direkt am Rhein. Seit 1906 gibt es die ersten Hockeyclubs in Köln. Eishockey wurde erst etwas später populär. Die Haie vom KEC (= Kölner Eishockey-Club) gibt es erst seit 1972. 1977 wurden sie erstmals Deutscher Meister. Seitdem spielen sie fast immer an der Spitze der Bundesliga mit. Vielleicht hast du auch schon einige der packenden Zweikämpfe zwischen den Eishockeyspielern aus Köln und Düsseldorf erlebt.

Marathonlauf in Köln.

1958 wurde eine der vorhandenen Messehallen zur *Sporthalle* umgebaut. Dort fanden unter anderem die berühmten Sechs-Tage-Rennen im Fahrradsport statt. Außerdem gibt es das Straßen-Fahrradrennen *Rund um Köln*. Bei all dem soll die Leichtathletik in Köln nicht vergessen werden. Seit 1929 gibt es den ASV (= Athletik Sportverein Köln). In den achtziger Jahren veranstaltete der ASV große Sportfeste im Müngersdorfer Stadion. Mancher Weltrekord wurde hier gelaufen. Seit 1997 wird jährlich der Köln Marathon ausgetragen, bei dem die Läufer 42,195 Kilometer quer durch ganz Köln laufen. Weißt du, woher der *Marathon* seinen Namen hat? Marathon ist ein kleines griechisches Dorf. Hier besiegten 490 v. Chr. die Athener die Perser. Von Marathon aus soll der Langläufer Diomedon die Nachricht vom Sieg nach Athen gebracht haben. Es waren etwas mehr als 42 Kilometer. Als Diomedon in Athen ankam, brach er aus Erschöpfung tot zusammen.

Nun aber zurück in das Köln von heute. Sehr erfolgreich waren in jüngster Zeit die Hockey-Damen von Rot-Weiß-Köln, die 1999 sogar den Feldhockey-Europacup gewannen, und die Basketballer, die im Juni 2006 erstmals Deutscher Meister wurden.

Über die Entwicklung der Kunststadt Köln seit den siebziger Jahren

Lass uns noch einmal zur Kunst kommen. Köln ist eine Museumsstadt. Wenn ich dir nur allein die bedeutendsten Museen der Stadt aufzähle, wirst du das verstehen. Also, in Köln gibt es das Wallraf-Richartz-Museum/Fondation Corboud, das Museum Ludwig, das Römisch-Germanische Museum, das Museum Schnütgen, das Museum für Angewandte Kunst, das Museum für Ostasiatische Kunst, das Rautenstrauch-Joest Museum, das Kölnische Stadtmuseum, das Karnevalsmuseum, das Schokoladenmuseum, das Deutsche Sport und Olympia Museum, das Käthe Kollwitz Museum, das Straßenbahnmuseum, das Diözesanmuseum Kolumba – und das sind noch nicht alle! In einigen dieser Museen haben wir während unserer Reise durch die Kölner Geschichte schon einmal haltgemacht. Nun aber der Reihe nach: Nach dem Zweiten Weltkrieg konnten das Rautenstrauch-Joest Museum und das Museum Schnütgen bald wieder eröffnet werden. Aus Deutz zog 1958 das Rheinische und Historische Museum in das wieder aufgebaute Zeughaus und hieß nun Kölnisches Stadtmuseum. 1967 wurde als Ausstellungshalle die Josef-Haubrich-Kunsthalle am Neumarkt eingeweiht, die mittlerweile abgerissen ist. In den siebziger Jahren kamen die Neubauten des Römisch-Germanischen Museums (1974) und des Ostasiatischen Museums am Aachener Weiher (1977) dazu. 1985 wurde das Käthe-Kollwitz-Museum am Neumarkt eröffnet, und 1986 konnte das Doppelmuseum Wallraf-Richartz-Museum/Museum-Ludwig feierlich eingeweiht werden. Dazu muss ich dir die Geschichte vom Sammlerehepaar Peter und Irene Ludwig erzählen, denen eine Süßwarenfabrik in Aachen gehörte. Schon früh kauften die beiden Werke von bekannten zeitgenössischen Künstlern. So entstand eine große und sehr gute Kunstsammlung. Und wie schon Wallraf, Schnütgen und Haubrich vor ihnen, schenkten 1976 die Ludwigs ihre Sammlung der Stadt Köln – allerdings unter der Bedingung, ein neues, größeres Museum dafür zu bauen. So kam es, dass zwischen Dom und Rhein ein großes Doppelmuseum entstand. In den alten Bau des Wallraf-Richartz-Museums zog das Museum für Angewandte Kunst ein. Mittlerweile wird der Bau zwischen Dom und Rhein nur noch vom Museum Ludwig genutzt. Warum? Peter Ludwig versprach der Stadt die Schenkung seiner weltberühmten Picasso-Sammlung, wenn sie im Gegenzug ein neues Wallraf-Richartz-Museum bauen würde. Das Museum am Rhein sollte nur noch für die Kunst des 20. Jahrhunderts da sein. Und so kam es auch. Der Architekt Oswald Matthias Ungers (geboren 1926) entwarf den Neubau für das Wallraf-Richartz-Museum am Rathausplatz, das 2001 eröffnet werden konnte. Auch hier spielt wieder ein Sammler eine Rolle.

Peter Ludwig.

Wallraf-Richartz-Museum.

hingeschaut

Das Museum Ludwig

Dieses ehemalige Doppelmuseum heißt nur noch *Museum Ludwig*, nachdem das Wallraf-Richartz-Museum 2001 ein neues Gebäude bezogen hat. Als die Stadt beschlossen hatte, zwischen Dom und Rhein dieses Museum zu bauen, schrieb sie einen Wettbewerb aus, bei dem die bekanntesten Architekten der Welt ihre Pläne für den Neubau vorstellen konnten. Peter Busmann und Godfrid Haberer bekamen schließlich den Auftrag. 1986 wurde das Museum unter großem Interesse eröffnet. Unter dem Museum wurde noch ein großer Konzertsaal, die *Philharmonie*, gebaut.

Ein besonders wichtiger Aspekt für den Neubau war, dass das Museum nicht die Sicht auf den Dom versperren durfte. Und das ist auch gelungen. Der Ziegelsteinbau mit den leuchtenden, gebogenen Sheddächern aus Zink wirkt leicht und schwungvoll. Er steigt langsam vom Rhein nach oben an und schmiegt sich sanft an den Dom. Die Sicht auf den Ostchor bleibt frei. Wenn du vom Rheingarten aus über die Treppenanlage nach oben steigst, siehst du den fließenden Übergang vom Rhein zum Dom.

Das Museum Ludwig (kurz: ML) beherbergt die Kunst des 20. und des noch so jungen 21. Jahrhunderts. Es ist ein großes Haus mit einer vielfältigen und abwechslungsreichen Sammlung. Es lädt dich ein, dich einfach treiben zu lassen. Vielleicht gefallen dir besonders gut die farbintensiven Bilder der *Expressionisten* vom Anfang des 20. Jahrhunderts wie das *Blaue Wildschwein* von Franz Marc oder die abstrakten (= gegenstandslosen) Gemälde von Wassily Kandinsky. Einer der bedeutendsten Künstler des 20. Jahrhunderts ist besonders stark vertreten: Pablo Picasso. Er malte sowohl abstrakt als auch gegenständlich. Experimentierfreudig und spielerisch probierte er immer wieder neue Darstellungsformen aus. Das ML verfügt außerdem über eine große Sammlung der sogenannten *Pop-Art*, einer Kunstrichtung aus den sechziger Jahren, die sich in den USA entwickelte. Die Comic-Bilder von Roy Lichtenstein oder die Werbeplakate von Andy Warhol sind Beispiele dafür. Auch europäische Künstler dieser Zeit sind im ML vertreten. Du findest Werke des bis heute umstrittenen Joseph Beuys genauso wie die vollkommen blau bemalten Leinwände von Yves Klein oder die verspielten Arbeiten von Jean Tinguely, der mit allerhand Schrottteilen lustige, sich bewegende Apparate baute. Vielleicht begegnest du auch der *Frau mit Umhängetasche* von Duane Hanson, die nicht – wie es zuerst wirkt – echt ist, aber absolut echt aussieht. Zu den bedeutendsten deutschen Künstlern seit 1960 gehört Gerhard Richter. Von ihm hängen die *48 Porträts* im Treppenhaus, die auf den ersten Blick wie Fotos aussehen. Erst beim genauen Hinschauen erkennst du, dass sie gemalt sind. Natürlich wird auch Kunst der letzten Jahre gezeigt, teils poppig und schrill, manchmal geheimnisvoll und irritierend.

Frau mit Umhängetasche
von Duane Hanson.

Flügelauto.

Gérard J. Corboud (geboren 1925) überließ seine Bilder dem Museum. Dafür heißt das Museum nun: *Wallraf-Richartz-Museum/Fondation Corboud*. Ich gebe zu: Das ist alles etwas verwirrend.

Kunst findest du in Köln aber nicht nur in den Museen. Du kannst überall darauf stoßen. Ob es Reliefs an Häusern sind, Skulpturen auf den Straßen oder Brunnen auf den Plätzen. Zwei der schönsten Brunnen in Köln sind der Taubenbrunnen und der Frauenbrunnen. Bei manchen spektakulären Kunstwerken schaut ganz Köln hin. Hast du schon die riesenhafte *Eistüte* von Claes Oldenburg gesehen, die auf einem Geschäftshaus am Neumarkt kopfüber aufgesetzt ist; oder die *Weltkugel* oder *Kölner Kugel* von HA Schult (geboren 1939), befestigt auf dem DEVK-Haus nahe dem Zoo? Auch das *Flügelauto* auf dem Stadtmuseum und der *Müllmann* aus 365 Frühkölschdosen am Brauereihaus *Früh* sind von HA Schult. Es gibt wirklich viele Skulpturen in der ganzen Stadt. Schau ruhig einmal genauer hin!

hingeschaut

Der Taubenbrunnen

Er ist recht unscheinbar – du könntest ihn leicht übersehen. Der Taubenbrunnen ragt nicht in die Höhe und lässt auch nicht das Wasser von oben heruntersprudeln. Er ist zwischen der Kreuzblume vor dem Dom und dem Domforum in den Boden eingelassen. Wie eine flache Schale liegt er da. Das Wasser läuft in einer spiralförmigen Rinne von oben nach unten in die Mitte. Der Brunnen strahlt gleichzeitig Ruhe und gleichmäßige Bewegung aus.

Ewald Mataré (1887–1965) hat ihn geschaffen. Es ist eine Taubentränke, an der die Vögel sich stärken oder baden können. Mataré mochte Tiere besonders gerne. Immer wieder hat er sich in seinen Kunstwerken mit ihnen beschäftigt. Die Taube ist aber auch – wie du sicher weißt – ein Symbol für den Frieden. Der Taubenbrunnen wurde 1953 geschaffen. Der Krieg lag noch nicht lange zurück. Die Menschen sehnten sich vor allem nach anhaltendem Frieden.

Taubenbrunnen.

hingeschaut

Der Frauenbrunnen

An Farina, einem Häuserblock in der Nähe des Rathauses, findest du diesen sehr bildhaften Brunnen, der uns von der Kölner Geschichte erzählt. Anneliese Langenbach hat ihn 1987 für den stillen Innenhof entworfen. Um einen runden Kern sind Reliefs mit Frauen angeordnet. Wenn du herumgehst, siehst du eine Ubierin, eine Fränkin, die heilige Ursula und eine Kölner Marktfrau aus dem Mittelalter. Weiter geht es mit einer Jüdin aus dem 15. Jahrhundert, einer Niederländerin, einer Italienerin und einer Preußin. Den Abschluss bildet eine moderne Kölnerin. Sicher kannst du nun diese Frauen alle in ihre historische Zeit einordnen. Mit dem Brunnen möchte die Künstlerin auf die Rolle der Frauen an der geschichtlichen Entwicklung in Köln hinweisen. Und weil es ein Brunnen ist, darf auch das Wasser nicht fehlen. Es fließt ganz sanft über die Reliefs.

Frauenbrunnen.

Über Musik, Theater und Literatur in Köln

Köln ist auch eine Musikstadt, sowohl für die Klassik als auch für die Rockmusik. Mit dem Museumsneubau zwischen Rhein und Dom wurde 1986 die neue Philharmonie eröffnet. Dort ist die Heimat des Gürzenich-Orchesters, das seinen Namen daher hat, weil es vor dem Umzug in die Philharmonie im Gürzenich gespielt hat. Außerdem gibt es in Köln das WDR Rundfunksinfonieorchester. Wie alle großen Städte hat Köln eine Oper – und sogar *in* der *großen* Oper noch eine *kleine* Oper für Kinder. Genauso gibt es neben den Theatern für die Erwachsenen eine Reihe von Orten, wo Theaterstücke für Kinder und Jugendliche aufgeführt werden. Im Theater *Comedia Colonia* findest du beispielsweise das Kindertheater *Ömmes & Oimel*. Nun möchte ich dir noch von zwei sogenannten *Volksschauspielern* erzählen, die im übrigen Deutschland das Bild des *Kölners* oder des *kölschen Typen* geprägt ha-

Philharmonie, Innenansicht.

Millowitsch-Denkmal.

ben: Der eine war Willy Millowitsch (1909–1999), die andere Trude Herr (1927–1991). Beide besaßen ihre eigenen Theater in Köln: das *Millowitsch-Theater* auf der Aachener Straße und das *Theater im Vringsveedel* auf der Severinstraße, wo sich heute das Kino *Odeon* befindet. Im ganzen Land wurden sie vor allem durch ihre Fernsehfilme bekannt, wo sie mit deftigem kölschem Dialekt humorvolle Typen spielten. Millowitsch war bei den Kölnern besonders beliebt. Sein neunzigster Geburtstag wurde ein großes Volksfest. 1992 hat man ihm auf dem Eisenmarkt ein besonderes Denkmal errichtet: die Millowitsch-Bronzefigur auf einer Bank. Du kannst dich einfach danebensetzen. Dieses Denkmal wurde aufgestellt, als Millowitsch noch lebte. Das ist recht ungewöhnlich. Normalerweise wartet man mit solchen Denkmalen bis nach dem Tod der Persönlichkeiten.

Neben Musik und Theater hat auch die Literatur in Köln ihren Platz. Einige große Schriftsteller haben hier gelebt wie Heinrich Böll (1917–1985), der 1972 den Nobelpreis für Literatur erhielt, einen der bedeutendsten Preise auf der ganzen Welt. Seit einigen Jahren findet jedes Jahr die *lit.COLOGNE* statt. Da kannst du an vielen verschiedenen Orten in Köln Schriftstellern zuhören, wie sie aus ihren Büchern vorlesen. Vielleicht hast du schon einmal einen Kinder-Köln-Krimi gelesen? Das sind spezielle Bücher für Kölner Pänz.

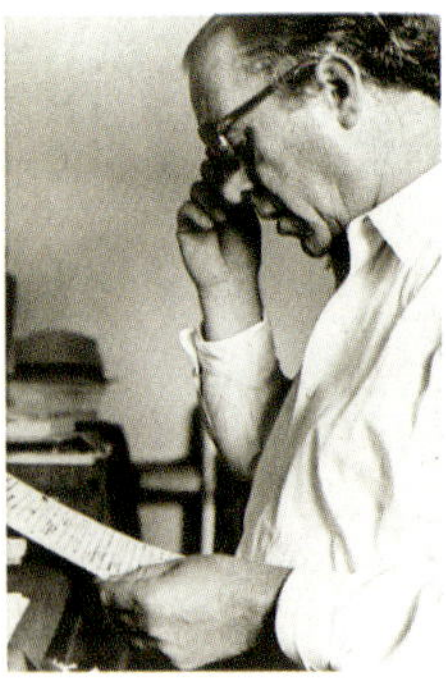

Heinrich Böll.

Nun lass uns noch einmal zur Musik zurückkommen. Denn mit Recht hast du bisher die Rock- und Popmusik vermisst. Großen Anklang haben in den letzten Jahren die *Popkomm* (= eine Messe rund um die moderne Musik) und das *Ringfest* gefunden. Auch wenn die Popkomm nun nach Berlin umgezogen ist, ist die Musikbegeisterung gerade der jungen Leute in Köln ungebrochen, wie beispielsweise das *Summerjam* am Fühlinger See jedes Jahr beweist. Es gibt unzählige kleine Bands. Und natürlich gibt es auch die eigentlich kölschen Bands wie beispielsweise BAP, Bläck Fööss, Brings oder basta, um nur einmal ein paar mit *B* zu nennen. Die großen Konzerte der bekannten Rockbands oder Sänger fanden früher in der Sporthalle statt, die mittlerweile abgerissen ist. Dort spielten 1967 die Rolling Stones. Heute finden die großen Konzerte in der Kölnarena, im RheinEnergie-

Stadion, auf den Jahnwiesen, im Palladium oder im E-Werk in Köln-Mülheim statt. Kleinere, aber sehr schöne Veranstaltungsorte sind auch der Rheinpark mit dem Tanzbrunnen oder das Waldbad in Köln-Dünnwald. Manchmal gibt es sogar Konzerte auf dem Roncalliplatz vor dem Dom. Woher hat eigentlich der Roncalliplatz seinen Namen? Nein, nicht vom Circus Roncalli! Der Platz erinnert an den Papst Johannes XXIII., der mit richtigem Namen Angelo Giuseppe Roncalli hieß. Dazu siehe auch das EXTRA zum Kölner Dom. Trotzdem hat auch der Circus Roncalli etwas mit Köln zu tun. In Köln-Höhenhaus hat der Circus sein Winterlager, und alle paar Jahre gibt er seine Vorstellungen auf dem Neumarkt mitten in der Stadt.

Stones-Konzert 1973.

Über die Stadtplanung seit den achtziger Jahren

Bei all den vielen interessanten Bauwerken der letzten dreißig Jahre kann ich dir nur von einigen wenigen erzählen. Wie in der Römerzeit und im Mittelalter möchte ich dich mitnehmen auf einen Streifzug durch das moderne Köln. Lass uns zuerst einen kurzen Blick zurück in die Siebziger werfen. Ausgehend vom Aachener Weiher verläuft ein Kanal bis nach Lindenthal. Am Ende des Kanals steht die Auferstehungskirche. Gottfried Böhm (geboren 1920), Sohn von Dominikus Böhm, baute sie von 1967 bis 1970. Sie wirkt recht ungewöhnlich – aus vielen verschiedenen Formen abwechslungsreich zusammengefügt. Aber, von Kirchen will ich dir nun wirklich nicht mehr viel erzählen, schließlich hast du schon einige kennengelernt. Und Köln besteht ja nicht nur aus Kirchen! 1973 wurden die ersten richtigen Hochhäuser in Köln gebaut: das Colonia-Haus in Köln-Riehl und das Uni-Center im Kölner Süden. Ganz hoch hinaus ging es dann 1980 mit dem Fernmeldeturm *Colonius* (266 Meter hoch). Vom Fernsehturm aus kommen wir in die westliche Innenstadt und zum MediaPark. Mit seinen 148,5 Metern Höhe bildet der 2001 fertiggestellte *KölnTurm* den Hauptakzent. Sicher kennst du auch den *Cinedom* mit seinen vielen Kinos, der als erstes Bauwerk im MediaPark bereits 1991 eingeweiht wurde. Gehen wir nun in Richtung Innenstadt

Auferstehungskirche.

Colonius.

Museum Ludwig.

Vierscheibenhaus.

die Breite Straße entlang. Dann kommen wir an dem ungewöhnlichen sogenannten *Vierscheibenhaus* des WDR vorbei. Es wurde zwischen 1962 und 1970 gebaut und besteht aus vier quer nebeneinanderliegenden Gebäudescheiben. Sie überspannen die Nord-Süd-Fahrt. Im Vierscheibenhaus befinden sich die Büros der meisten Mitarbeiter des WDR. Weiter geht es zum Dom, wo wir die großen Veränderungen zwischen Dom und Rhein in den letzten 30 Jahren anschauen können. 1974 wurde die Domplatte gebaut. Aber hinter dem Chor war praktisch kein Durchgang zum Rhein möglich. Dort befand sich ein großer, unansehnlicher Busparkplatz. So war es wirklich ein Glücksfall für die Attraktivität der Innenstadt, dort das Museum Ludwig zu errichten, von dem ich dir schon erzählt habe. Der Verkehr, der auf der Rheinuferstraße bisher laut durch die Altstadt gebraust war, verläuft nun seit 1982 im Rheinufertunnel. Und direkt am Rhein erstreckt sich der 1986 fertiggestellte Rheingarten mit einem begehbaren Kletterbrunnen, der vor allem von den Kindern sehr geschätzt wird. Von dort erreichst du über eine große Treppenanlage die Domplatte. Die gesamte Anlage von Museumsbau, Platz, Treppe und Brunnenanlage im Rheingarten bildet eine Einheit. Beteiligt waren daran Dani Karavan, der den Platz gestaltete, und Eduardo Paolozzi, der den Brunnen entwarf. 2006 wurde schließlich auch noch die andere Seite des Doms, der Bahnhofsvorplatz, umgestaltet. Auch hier führt nun eine große Treppe hoch zum Dom. Im Zuge der ganzen Innenstadtveränderungen entstanden auch eine ganze Reihe von neuen großen Hotels. Sie versuchten sich gegenseitig mit ihren exklusiven Häusern zu übertrumpfen. Da ist das *Hyatt*, das *Maritim* oder das *Hotel im Wasserturm*. Viele Film- und Rockstars steigen gerne im Hyatt ab. Kein Wunder – bei der freien Aussicht auf die Kölner Altstadt und den Dom! Auch Kaufhäuser und Einkaufspassagen wurden neu gebaut. Das jüngste, aufsehenerregende Gebäude ist das 2005 fertiggestellte *Weltstadthaus Peek & Cloppenburg*, das der weltbekannte Architekt

Weltstadthaus.

hingeschaut

Die Kölnarena

Erinnerst du dich noch an Gottfried Böhm und seinen Vater Dominikus, die beiden Kölner Architekten? Nun lernst du den Dritten der Familie kennen: Peter Böhm, den Sohn von Gottfried und Enkel von Dominikus. Peter Böhm und sein Architektenbüro haben die Kölnarena entworfen. Mit einer Höhe von 76 Metern inklusive Stahlbügel ist sie längst als Henkelmännchen ein Wahrzeichen der Stadt geworden. Schon lange gab es die Idee, in Köln eine große Mehrzweckhalle zu bauen. 1998 war es so weit. Nach nur 26 Monaten wurde die Kölnarena eröffnet. 20.000 Zuschauer finden darin Platz. Es gibt dort Konzerte, Sportveranstaltungen und dank einer abdeckbaren Eisfläche auch Eishockeyspiele zu sehen. Die Kölnarena gehört zu den weltweit größten und bestbesuchten Mehrzweckhallen. Bei der Handball-Weltmeisterschaft 2007 und der Eishockey-Weltmeisterschaft 2010 ist sie einer der Austragungsorte.

Kölnarena.

Renzo Piano entworfen hat. Wie ein riesiger gläserner Walfisch erstreckt es sich von der Schildergasse bis hin zur Cäcilienstraße.

Schauen wir noch einmal in den Kölner Süden. 1993 wurde das Schokoladenmuseum neben der alten Drehbrücke am Rheinauhafen eröffnet. Seitdem wird nun auch das gesamte alte Hafengebiet neu gestaltet.

Schließlich lass uns noch einen Blick auf die rechte Rheinseite werfen. Gegen Ende der neunziger Jahre bekam der

nachgefragt

Wie und wann wird ein Denkmal zum Weltkulturerbe?

Zunächst einmal sollst du wissen, dass es neben dem Weltkulturerbe auch das Weltnaturerbe gibt. Welche Denkmäler oder Landschaften zum Welterbe erklärt werden, entscheidet die UNESCO. Was heißt eigentlich UNESCO? Die Abkürzung steht für United Nations Educational, Scientific and Cultural Organization. Übersetzt bedeutet das: Organisation der Vereinten Nationen für Erziehung, Wissenschaft und Kultur. Die UNESCO wurde 1945 gegründet und hat ihren Sitz in Paris. Sie ist eine Unterorganisation der Vereinten Nationen (UN) wie auch das Kinderhilfswerk UNICEF, das in der ganzen Welt armen und kranken Kindern hilft. Die Idee der UNESCO ist, wertvolle und einmalige Denkmäler vor der Zerstörung zu retten. Das können ganze Städte, einzelne Bauwerke, Parks und Gärten, Landschaften oder Flusstäler sein, die besonders alt oder sehr selten, einzigartig oder bedeutungsvoll für eine Epoche sind. Seit 1975 gibt es dafür Regeln. Allein in Deutschland gehören circa 30 Denkmäler zum Welterbe. 1996 wurde auch der Kölner Dom zum Weltkulturerbe erklärt. Aber es gibt auch die berüchtigte Rote Liste. Darauf werden die Objekte gesetzt, die besonders gefährdet sind. Seit Juli 2004 stand der Kölner Dom auf dieser Roten Liste. Die Begründung: Der Dom würde wegen der geplanten Hochhäuser in Köln-Deutz nicht mehr uneingeschränkt sichtbar sein. Die Auszeichnung als Welterbe ist aber für eine Stadt oder eine Region besonders wichtig, denn sie bringt Besucher aus aller Welt. Darum versuchen sich auch die verantwortlichen Politiker einer Stadt möglichst mit der UNESCO zu einigen. Im Falle des Kölner Doms ist nach langen Verhandlungen vereinbart worden, dass außer dem einen schon gebauten Hochhaus kein weiteres Haus in der Nähe des Doms, ob linksrheinisch oder rechtsrheinisch, höher als 60 Meter sein darf. Mit dieser Abmachung wurde der Dom im Juli 2006 wieder von der Roten Liste genommen.

Wiener Platz in Köln-Mülheim ein neues Aussehen. Er sollte attraktiver werden, auch weil ganz in der Nähe des Wiener Platzes sich in den alten Industriegebieten immer mehr Fernsehsender und Produktionsfirmen ansiedeln und Köln-Mülheim als Stadtteil an Aufmerksamkeit gewinnt.

In Deutz hatte die Stadt Großes vor. Zuerst entstand die Kölnarena. Außerdem waren einige Bürohäuser geplant, die am rechten Rheinufer in den Himmel wachsen sollten. Aber die Hochhäuser würden die Sicht auf den Dom verstellen, und dann würde der Dom seine Auszeichnung als *Weltkulturerbe* verlieren. So bleibt es bei einem einzigen Hochhaus, dem *KölnTriangel*. Dort kannst du auf 103 Metern Höhe von einer begehbaren Plattform aus eine faszinierende Sicht auf die linke Rheinseite genießen. In Deutz gibt es noch eine weitere große Baustelle. In die alten Messehallen wird der Sender RTL einziehen. Dazu muss die Messe komplett umgebaut werden. Nur die alten Fassaden bleiben stehen. Schauen wir noch nach Kalk. Dort wurde auf dem ehemaligen Gelände der *Chemischen Fabrik Kalk* 2005 das große Einkaufszentrum *Köln Arcaden* eröffnet. Damit soll auch Kalk attraktiver werden.

Und was ist mit den Museen? Natürlich werden auch zurzeit wieder neue gebaut. Das Diözesanmuseum zieht Ende 2007 in seinen Neubau an Sankt Kolumba ein. Dort wird die Ruine der im Krieg zerstörten Kirche spektakulär zu einem Museum umgebaut. Am Neumarkt sind die Arbeiten für ein neues Kulturzentrum im Gange. Dort sollen eine Kunsthalle, das neue Rautenstrauch-Joest Museum und Erweiterungen für das Museum Schnütgen entstehen.

KölnTriangel.

Kolumba mit Diözesanmuseum.

Über das, was man alles »unter« Köln finden kann

Der Wiederaufbau nach dem Zweiten Weltkrieg führte dazu, dass an vielen Stellen neue Fundamente gelegt, neue Löcher gegraben oder Schuttberge abgetragen werden mussten. So kamen hier und da unerwartete Dinge zum Vorschein. Bereits 1946 wurden bei Ausgrabungen unter dem Dom die Reste einer ersten christlichen Kirche aus dem 4. Jahrhundert, zwei fränkische Fürstengräber und die Mauern des Alten Doms entdeckt. 1953 stießen Bauarbeiter in der Nähe des Rathauses auf das römische *Praetorium*. 1964 entschied man, die Komödienstraße zu verbreitern. Dazu mussten einige Häuser abgerissen werden. Und was entdeckte man unter den Häusern? Reste der römischen Stadtmauer. Die kannst du heute dort noch sehen. Das sind nur drei Beispiele. So ist es überall im Zentrum von Köln. Wenn du an einer Stelle in die Tiefe gräbst, findest du Reste und Zeugnisse aus den letzten 2000 Jahren.

Nun wird seit 2002 an der neuen *Nord-Süd-Stadtbahn* gebaut. Die neue U-Bahn soll vom Alter Markt bis zum Chlodwigplatz verlaufen. Bei den Bauarbeiten wird bis zu 13 Meter tief gegraben. Und immer sind Archäologen dabei, um genau zu beobachten, was so alles auftaucht. Das ist zurzeit eines der größten Bauprojekte Deutschlands und das größte archäologische Unternehmen in Europa. Die Wissenschaftler wissen schon ziemlich genau, was sie wo finden könnten. Aber sie erhoffen sich vor allem durch kleinere Funde neue Erkenntnisse über die alten Zeiten. So können uns beispielsweise Reste von Lebensmitteln etwas über die Lebensgewohnheiten der Römer erzählen, oder Reste von Fischen und Pflanzen etwas über die Sauberkeit des Rheins. Die Archäologen hoffen auch, den Grund zu erfahren, warum seit dem 2. Jahrhundert der römische Hafen versandete.

Vor Kurzem erst wurde auf dem Grund des römischen Hafenbeckens der Schädelknochen eines Wollnashorns gefunden. Wollnashörner lebten in der Steinzeit und sind vor 12.000 Jahren ausgestorben. Der Knochen ist einen Meter lang, 20 Kilogramm schwer und unglaubliche 37.000 Jahre alt. Weil er spezielle Kerben aufweist, vermuten die Archäologen, dass der Knochen in der Römerzeit als Hackbrett benutzt wurde, bis man ihn dann vielleicht als Müll in den Fluss warf. Demnach waren römische Handwerker die ersten Entdecker dieses Steinzeitknochens.

Über die Kölner Politik der jüngeren Vergangenheit

Erinnerst du dich daran, dass bei den ersten Wahlen nach dem Krieg 1946 die CDU in Köln deutlich gewonnen hatte? Seit Mitte der fünfziger Jahre sah das ganz anders aus. Die SPD beherrschte die Kölner Stadtregierung bis zum Ende des letzten Jahrhunderts. Mit Theo Burauen (1906–1987) hatten sie von 1956 bis 1973 einen bei den Kölnern sehr beliebten Oberbürgermeister. Ihm folgten von 1973 bis 1980 John van Nes Ziegler (1921–2006) und schließlich über 19 Jahre lang – 1980 bis 1999 – Norbert Burger (geboren 1932). 1999 verlor die SPD ihre jahrelange Macht in Köln. Neuer Oberbürgermeister von Köln wurde Harry Blum von der CDU. Dieser hatte mehr Macht und Einfluss als seine Vorgänger. Das kam so: Eine neue Verordnung sah vor, dass Köln nur noch von einer Person an der Spitze regiert werden soll. Die Engländer hatten während ihrer Besatzung verordnet, dass die Stadt von zwei Spitzen geführt werden sollte, einem Oberbürgermeister und einem Oberstadtdirektor. Diese Doppelspitze wurde nun abgeschafft. Unerwartet verstarb Oberbürgermeister Blum schon im folgenden Jahr. Seitdem regiert Fritz Schramma, der im Jahr 2000 für neun Jahre gewählt wurde. Aber Schramma regiert nicht allein, sondern gemeinsam mit dem Stadtrat. Im Stadtrat sitzen die Vertreter der gewählten Parteien. Um Gesetze zu verabschieden und Entscheidungen zu fällen, müssen sich die Parteien untereinander verständigen, sogenannte *Koalitionen* bilden. Diese Koalitionen im Kölner Stadtrat haben sich in den letzten Jahren ständig verändert. In der Zeit, in der ich diesen Text geschrieben habe, haben sich wieder einmal SPD und Grüne zusammengetan. Aber wenn du dieses Buch liest, kann das schon wieder anders sein.

Theodor Burauen.

Norbert Burger.

Wie sich Köln gegen den Rechtsradikalismus stellte

Hast du schon einmal von *Rechtsradikalismus* gehört? Das bedeutet eine intolerante politische Einstellung, die die Nazizeit verharmlost und Ausländer diskriminiert. Die sogenannten *rechten* Parteien hatten bei den Stadtrat-Wahlen 1989 relativ viele Stimmen bekommen, und rechtsradikale Jugendliche verübten Anschläge auf Ausländer. Darum rief 1992 Oberbürgermeister Burger zu einer Kundgebung gegen Ausländerhass auf. Mehrere Demonstrationen folgten. Den Höhepunkt bildete ein Konzert mit dem Motto *Arsch huh, Zäng ussenander*

Tommy Engel beim Konzert »Arsch huh, Zäng ussenander«.

auf dem Chlodwigplatz am 9. November 1992. Neben vielen Kölner Musikern kamen auch Schriftsteller wie Günter Wallraf oder Elke Heidenreich, die Texte vorlasen und Reden hielten. Auch Willy Millowitsch las einen Text aus einem Theaterstück gegen Diskriminierung vor. Mit dem Konzert wollten die Künstler darauf aufmerksam machen, dass Ausländerhass sehr gefährlich und unmenschlich ist. Die Kölner sollten ihren *Hintern hochheben und die Zähne auseinandernehmen*, das heißt etwas gegen den Rechtsradikalismus tun und den Mund aufmachen. Das Konzert wurde ein riesiger Erfolg. 100.000 Besucher drängelten sich auf dem Chlodwigplatz.

Über aufregende Ereignisse der letzten Jahre

Zuerst möchte ich dir von einem politischen Ereignis aus dem Jahr 1999 erzählen. Da schaute die ganze Welt auf Köln. Warum? Im Juni 1999 hatten sich in Köln zuerst die Spitzen der europäischen Länder zum EU-Gipfel versammelt. Ein paar Tage später kamen zum Weltwirtschaftsgipfel die Regierungschefs der sieben wichtigsten Industrieländer (Deutschland, Frankreich, Großbritannien, Italien, Japan, Kanada, USA) und Russland, genannt die *G8*, um über dringende politische Themen zu beraten. Großes Aufsehen erregte damals ein gemeinsames Essen der G8-Regierungschefs, zu dem der damalige Bundeskanzler Gerhard Schröder eingeladen hatte. Hast du eine Idee, wo diese Herren gespeist haben? Du wirst es nicht erraten. Sie saßen auf dem römischen Dionysosmosaik im Römisch-Germanischen Museum. Natürlich war als Schutz für das Mosaik noch eine Glasplatte dazwischengelegt worden, aber eindrucksvoll war dieses Bild auf jeden Fall.

Die G8-Runde im Römisch-Germanischen Museum 1999.

Nun lass uns ins Jahr 2005 gehen. Wieder richteten sich viele Blicke auf Köln. Hunderttausende Jugendliche kamen in die Stadt. Warum? Papst Benedikt XVI. hatte sie zum Weltjugendtag nach Köln eingeladen. Eine Woche lang war Köln ein großes Jugendcamp. Die Stimmung war ausgelassen, und zum Abschlussgottesdienst auf dem Marienfeld westlich von Köln kamen über eine Million Menschen. Im Sommer 2007 findet der evangelische

Kirchentag in Köln statt. Auch da wird eine gute Atmosphäre erwartet.

Im Jahr 2006 war Köln einmal mehr im Blickpunkt der Welt, denn die Stadt gehörte während der Fußball-Weltmeisterschaft zu den ausgewählten Austragungsorten. Unter anderen wurde im Kölner Stadion das Spiel England–Schweden angepfiffen. Die Stadt war ein Meer von englischen und schwedischen Fans. Und wenn afrikanische Mannschaften in Köln spielten, dann war Köln im Afrikafieber. Die WM war für Köln, wie für die anderen deutschen Städte, ein großes Erlebnis.

Rucksack vom Weltjugendtag.

Und noch eine WM bezauberte die Kölner: die Handball-Weltmeisterschaft Anfang 2007. Einige der packendsten und aufregendsten Spiele fanden in der Kölnarena statt. Und dann der Höhepunkt: In der ausverkauften Kölnarena vor circa 19.000 Fans gewannen die deutschen Handballer das WM-Finale gegen die polnische Mannschaft. Die anschließende Feier auf dem Rathausplatz ging bis tief in die Nacht.

Schließlich möchte ich dir von einem großen Ereignis erzählen, das sich jedes Jahr wiederholt: der Christopher Street Day (CSD) mit seiner großen Parade. An diesem Tag ziehen homosexuelle Männer und Frauen in schrillen, fantasievollen und durchaus provokanten Kostümen durch die Straßen. Sie erinnern damit an einen der ersten Protestzüge gegen die Diskriminierung von Homosexuellen 1969 in New York. Damals hatten sich Polizisten und Demonstranten tagelange Straßenschlachten geliefert. Heute verläuft der CSD friedlich und lockt jedes Jahr über eine Million Menschen nach Köln, die entweder selbst verkleidet und geschminkt im Zug mitgehen oder einfach nur zuschauen.

Teilnehmer der Parade am Christopher Street Day.

Über Medien und Wissenschaft in Köln

Seit einiger Zeit hat sich Köln einen guten Namen als Medienstadt erarbeitet. Den WDR gibt es ja schon ziemlich lange in Köln. In den Kölner Studios werden zum Beispiel *Die Sendung mit der Maus* oder *Wissen macht Ah* produziert. Als dann 1987 RTL nach Köln zog, folgten weitere Fernsehsender, Produktionsfirmen und Radioanstalten, wie VOX, VIVA und Radio Köln. Heute ist Köln ein europaweit angesehener Standort für Medien. So entstanden einige neue große Medienzentren, wie beispielsweise in der Innenstadt der *MediaPark*, in Ossendorf das *Coloneum* oder das *Medienzentrum* in Mülheim an der Schanzenstraße.

Köln ist auch eine Stadt der Wissenschaft und Forschung. Die Kölner Universität ist eine der größten Deutschlands. Daneben gibt es viele Fachhochschulen, die Hochschule für Musik, die Sporthochschule und die Hochschulen für Medien, Kunst und Design. In Köln-Porz befindet sich das *Zentrum für Luft- und Raumfahrt*. Schon mehrfach nahmen deutsche Astronauten aus Köln-Porz an Weltallflügen teil.

Die Maus.

Und es entstehen immer neue Forschungsinstitute. In Köln-Kalk wird zurzeit an einem Technologiezentrum gearbeitet, und in direkter Nähe zum Zoo wird das *Cologne Science Center* geplant, das sich mit Natur, Technik und Biologie beschäftigen wird.

Wenn du selbst Lust auf spannende Fragen, neue Themen und interessante Diskussionen hast, dann kannst du jedes Jahr im Sommer zur *Kinder-Uni* gehen. Dort wird Wissenschaft mit und für Kinder und Jugendliche angeboten.

Kinder am Rheinufer.

In Köln leben heute circa eine Million Menschen. Hinter Berlin, Hamburg und München ist Köln die viertgrößte Stadt in Deutschland. Köln ist nicht schöner, berühmter oder einzigartiger als viele andere Städte. Wie alle anderen deutschen Großstädte hat auch Köln viele Arbeitslose und hohe Schulden. Die Finanzlage ist schlecht, die Stadtkasse ist leer. Gespart wird an Schulen, Büchereien, Hallenbädern, Jugendeinrichtungen und Sportvereinen. Es gibt viele Menschen in großer Armut, immer wieder kommt es zu Konflikten zwischen Deutschen und Ausländern, und oft fehlen den Politikern gute Ideen zur Lösung der Probleme.

Aber Köln strahlt eine ganz besondere Stimmung aus. Das empfinden sowohl die Kölner als auch die Besucher aus Deutschland und der ganzen Welt. Es mag mit der zweitausendjährigen Geschichte und den vielen unterschiedlichen kulturellen Wurzeln dieser Stadt zusammenhängen.

Ich bin Kölnerin und mag diese Stadt. Ich hoffe, dass dich unser Streifzug durch die Kölner Geschichte und Gegenwart, durch die Kölner Kunst und Kultur neugierig gemacht hat und dass du nun Lust bekommen hast, Köln für dich weiterzuentdecken.

Register